胡永萍　主　编
汪小琴　陈美荣　副主编

学校
心理健康教育（第二版）
XUEXIAO XINLI JIANKANG JIAOYU

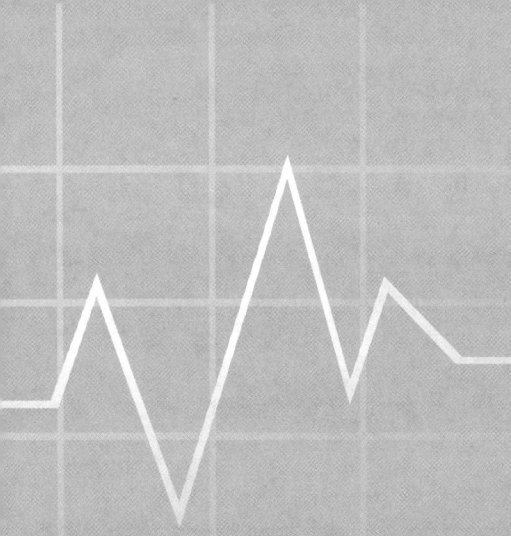

中山大学出版社
·广州·

版权所有　翻印必究

图书在版编目（CIP）数据

学校心理健康教育/胡永萍主编；汪小琴，陈美荣副主编．—2版．—广州：中山大学出版社，2010.8

ISBN 978-7-306-03665-0

Ⅰ. 学… Ⅱ. ①胡…②汪…③陈… Ⅲ. 学校—心理卫生—健康教育 Ⅳ. G479

中国版本图书馆 CIP 数据核字（2010）第 086049 号

出版人：祁　军
策划编辑：嵇春霞
责任编辑：嵇春霞
封面设计：曾　斌
责任校对：陈　霞
责任技编：何雅涛
出版发行：中山大学出版社
电　　话：编辑部 020-84111996，84111997，84113349，84110779
　　　　　发行部 020-84111998，84111981，84111160
地　　址：广州市新港西路 135 号
邮　　编：510275　　　　传　真：020-84036565
网　　址：http://www.zsup.com.cn　　E-mail:zdcbs@ mail.sysu.edu.cn
印 刷 者：广州市友盛彩印有限公司
规　　格：787 mm×1092 mm　1/16　14.75 印张　280 千字
版次印次：2005 年 8 月第 1 版，2010 年 8 月第 2 版　2019 年 7 月第 9 次印刷
定　　价：28.00 元
印　　数：29001－32000 册

如发现本书因印装质量问题影响阅读，请与出版社发行部联系调换

前　言

随着社会的发展，社会竞争压力不断增大，社会刺激变得多样化，青少年的心理健康问题也越来越多、越来越严重。加强青少年学生的心理健康教育势在必行。心理健康教育是根据青少年学生生理、心理发展的特点，运用有关心理学的方法和手段，培养学生良好的心理素质，促进学生身心全面和谐发展与素质全面提高的教育活动，是素质教育的重要组成部分，是实施《面向21世纪教育振兴行动计划》、落实《跨世纪素质教育工程》、培养跨世纪高质量人才的重要环节。因此，对青少年学生及时有效地进行心理健康教育是现代教育的必然要求，也是广大教育工作者所面临的一项紧迫任务。

如何对青少年学生进行心理健康教育，是摆在广大教育工作者面前的重要课题。虽然20世纪80年代中后期，心理咨询作为提高学生心理健康水平的手段被引入我国的教育教学过程中，特别是在一些大中城市中更为广泛；但是，与我国的实际需要相比，还有一定的距离。因此，我们迫切需要一批既懂得心理学理论知识又能熟练掌握心理咨询技巧的教师。鉴于这一点，我们特意编写了《学校心理健康教育》一书。

本书的特点是：第一，理论联系实际。本书较系统地介绍了心理学界较权威的心理咨询理论，同时选择编排了一些具有实践意义的可操作性的内容。第二，应用范围广泛。本书所介绍的理论和技术适合中小学甚至是更高级的学校开展心理健康教育，书后附了一些常用量表，可供读者选择使用。第三，时代性强。本书在每章后面都附有现实生活中的热门话题，每一个话题反映的都是在学生中普遍存在的现象，不仅对这些现象进行了分析，而且提出了相应对策。

本书的主要内容包括：学校心理健康教育概述，青少年心理特点及常见心理问题，学校心理健康教育的理论基础、内容和途径，教师心理健康，等等。

本书撰写的具体分工为：胡永萍撰写第一章、第二章、第六章和第七章，汪小琴撰写第三章和第五章,陈美荣撰写第四章。

  在撰写过程中,作者曾广泛参阅了国内外大量文献资料,引用了诸多相关研究成果和测量量表,谨向这些文献资料的著作权人和作者致以衷心的感谢。此外,我们也感谢江西教育学院教育系叶存洪主任、胡小萍副主任、张甫清书记和教材科熊华科长的大力支持与鼓励。

  由于作者学识有限,书中疏漏和不妥之处敬请专家和广大读者批评指正。

胡永萍
2005 年 3 月 18 日

再 版 说 明

随着社会的发展，学校心理健康教育越来越引起人们的重视，已经成为学校教育工作的重要组成部分。

我们编写的《学校心理健康教育》于2005年出版后，受到广大读者和师生的欢迎。为了与时俱进，精益求精，我们根据出版社的要求、社会的需要和读者的建议，对全书进行了认真的修改。这样，本书不仅可以作为学校的教材用书，而且也可供那些对心理健康教育感兴趣的读者阅读。

在本书的修改过程中，一方面，我们继续坚持"人无我有，人有我优"的编写方针和"以写为主，以讲促写"的写作教学理念；另一方面，我们又站在时代的最前沿审视本书的不足之处，把读者的需求作为我们修订本书的目标，对所有章节进行了严格的梳理和更新，在写作风格上也做了很大改变。例如，如下每章前增加了"本章要点"，以方便读者阅读；根据内容的需要增加了"信息视窗"，以扩大读者的知识面。

本书的修订工作主要由原编写者承担。具体分工如下：胡永萍撰写第一章、第二章、第六章和第七章，汪小琴撰写第三章和第五章，陈美荣撰写第四章。最后由胡永萍编稿定稿。

在本书的修改过程中，我们广泛参阅了国内外大量文献和资料，引用了一些有关的研究成果，在此谨向这些文献资料的著作权人和作者致以由衷的感谢。此外，我们也感谢江西教育学院教育系叶存洪主任、胡小萍书记和饶玲副主任的大力支持与鼓励。

我们认为，书的编写者与读者的关系是服务与被服务的关系，书的出版不是编写工作的终结，而是服务工作的新起点。我们希望各校师生和读者一如既往支持我们的工作，对本书存在的问题提出宝贵意见，以使其日臻完善。

编　者

2010年2月28日于南昌

目　录

第一章　心理健康及青少年学生心理健康问题 （1）

第一节　健康与心理健康 （1）
一、什么是健康 （1）
二、心理健康的含义 （2）

第二节　心理健康的标准 （5）
一、制定心理健康标准的依据 （5）
二、国内外关于心理健康标准的代表性观点 （7）
三、当前青少年学生心理健康的标准 （14）

第三节　青少年学生常见的心理健康问题及其成因 （17）
一、青少年学生常见的心理健康问题 （17）
二、青少年学生产生心理问题的原因 （19）

第二章　学校心理健康教育概述 （24）

第一节　学校心理健康教育的含义 （24）
一、什么是学校心理健康教育 （24）
二、心理健康教育与思想政治教育的关系 （25）

第二节　学校心理健康教育的意义 （27）
一、学校开展心理健康教育的重要性 （27）
二、学校开展心理健康教育的紧迫性 （28）
三、学校开展心理健康教育的可行性 （29）

第三节　学校心理健康教育的目标和任务 （29）
一、学校心理健康教育的目标 （30）
二、学校心理健康教育的任务 （35）

第四节　心理健康教育的发展状况 （37）
一、心理健康教育的发展简史 （37）
二、我国不同地区心理健康教育的发展概况 （40）

第三章　学校心理健康教育的内容 …………………………………… (50)

第一节　学习问题的心理健康教育与辅导 ………………………… (50)
　　一、学习动机的辅导 ……………………………………………… (50)
　　二、学习兴趣的辅导 ……………………………………………… (55)
　　三、学习方法的辅导 ……………………………………………… (57)
　　四、考试心理的辅导 ……………………………………………… (63)

第二节　生活问题的心理健康教育与辅导 ………………………… (67)
　　一、自我意识的辅导 ……………………………………………… (67)
　　二、情绪情感的辅导 ……………………………………………… (69)
　　三、人际交往的辅导 ……………………………………………… (71)
　　四、性心理的辅导 ………………………………………………… (72)

第三节　升学与就业心理健康教育与辅导 ………………………… (73)
　　一、升学与就业辅导的含义 ……………………………………… (73)
　　二、升学与就业辅导的目标 ……………………………………… (73)
　　三、升学与就业辅导的内容 ……………………………………… (74)
　　四、升学与就业心理辅导 ………………………………………… (74)
　　五、升学与择业技巧辅导 ………………………………………… (76)

第四章　学校心理健康教育的理论基础 …………………………… (79)

第一节　精神分析理论 ……………………………………………… (79)
　　一、精神分析理论的基本观点 …………………………………… (80)
　　二、精神分析理论在心理咨询与心理治疗过程中的运用 ……… (83)

第二节　行为主义理论 ……………………………………………… (85)
　　一、行为主义理论的基本观点 …………………………………… (85)
　　二、行为主义理论在心理咨询与心理治疗过程中的运用 ……… (88)

第三节　人本主义理论 ……………………………………………… (90)
　　一、人本主义理论的基本观点 …………………………………… (90)
　　二、人本主义理论在心理咨询与心理治疗过程中的运用 ……… (91)

第四节　认知心理学理论 …………………………………………… (92)
　　一、合理情绪疗法的基本观点 …………………………………… (93)
　　二、合理情绪理论在心理咨询与心理治疗过程中的运用 ……… (95)

第五节　森田疗法 …………………………………………………… (98)
　　一、森田的神经症理论 …………………………………………… (99)

二、森田疗法的治疗理论 …………………………………………… (99)
三、森田疗法的治疗体制 …………………………………………… (100)

第五章　学校心理健康教育的途径（上）——个别心理咨询 ………… (102)

第一节　心理咨询概述 ………………………………………………… (102)
一、心理咨询与心理治疗的概念 …………………………………… (102)
二、心理咨询的常见形式及原则 …………………………………… (105)

第二节　心理咨询前的心理诊断 ……………………………………… (109)
一、初诊接待 ………………………………………………………… (109)
二、摄入性谈话 ……………………………………………………… (110)
三、正确使用心理测验或心理检查 ………………………………… (110)

第三节　咨访关系与咨询特质 ………………………………………… (112)
一、咨访关系的意义 ………………………………………………… (112)
二、影响咨访关系的因素 …………………………………………… (112)
三、咨询特质 ………………………………………………………… (113)

第四节　心理咨询的一般技巧 ………………………………………… (124)
一、咨询的参与技巧（倾听的技巧） ……………………………… (124)
二、咨询的影响技巧 ………………………………………………… (129)
三、非言语行为 ……………………………………………………… (133)

第六章　学校心理健康教育的途径（下）——团体心理辅导 ………… (142)

第一节　团体心理辅导概述 …………………………………………… (142)
一、团体心理辅导的概念与特点 …………………………………… (142)
二、团体心理辅导的功能 …………………………………………… (144)
三、团体心理辅导的类型 …………………………………………… (145)

第二节　团体心理辅导活动课的设计 ………………………………… (150)
一、团体心理辅导活动课的设计原则 ……………………………… (150)
二、团体心理辅导活动课的目标设置 ……………………………… (151)
三、团体心理辅导活动课的内容与形式 …………………………… (152)

第三节　团体心理辅导活动的组织与实施 …………………………… (153)
一、团体心理辅导前的准备工作 …………………………………… (153)
二、团体成员的选择 ………………………………………………… (155)
三、团体心理辅导活动的启动与运作 ……………………………… (157)
四、团体心理辅导效果的评估 ……………………………………… (162)

第四节　学校团体心理辅导中常见的活动 …………………… (164)
　　一、认知心理辅导活动 …………………………………………… (164)
　　二、情绪心理辅导活动 …………………………………………… (165)
　　三、意志心理辅导活动 …………………………………………… (166)
　　四、个性心理辅导活动 …………………………………………… (168)
　　五、交往心理辅导活动 …………………………………………… (169)
　　六、青春期心理辅导活动 ………………………………………… (171)

第七章　教师心理健康 ………………………………………… (178)

第一节　教师心理健康的标准及意义 ………………………… (178)
　　一、教师心理健康的标准 ………………………………………… (178)
　　二、教师心理健康的意义 ………………………………………… (180)
第二节　教师的心理问题及其成因 …………………………… (182)
　　一、教师常见的不适应行为 ……………………………………… (182)
　　二、教师的心理异常现象 ………………………………………… (184)
　　三、教师心理健康问题产生的原因 ……………………………… (187)
第三节　教师职业倦怠 ………………………………………… (190)
　　一、什么是教师职业倦怠 ………………………………………… (190)
　　二、教师职业倦怠的具体表现 …………………………………… (190)
　　三、造成教师职业倦怠的因素 …………………………………… (192)
第四节　教师心理健康的维护和增进 ………………………… (195)
　　一、注重教师心理健康的自我保健 ……………………………… (195)
　　二、提供和改善教师心理健康的外部环境 ……………………… (201)

附录　几种常用的心理测量工具 ……………………………… (203)

小学生心理健康评定量表 ………………………………………… (203)
中学生心理健康评定量表 ………………………………………… (207)
考试焦虑自我检查表 ……………………………………………… (210)
气质类型测验量表 ………………………………………………… (213)
临床症状自评量表（SCL-90） …………………………………… (216)
情商自我评定量表 ………………………………………………… (221)

参考文献 ………………………………………………………… (223)

第一章

心理健康及青少年学生心理健康问题

【本章要点】
1. 什么是健康和心理健康；
2. 制定心理健康标准的依据；
3. 国内外关于心理健康标准的代表性论述；
4. 当代青少年学生心理健康的标准；
5. 青少年心理健康问题及其成因。

第一节 健康与心理健康

一、什么是健康

健康是人类的基本需求之一，是个人事业成功之本、幸福之源。在现代社会，人们越来越认识到健康的重要性；然而，人们对健康的理解还存在一些误区。因此，有必要对健康概念作一科学的诠释。

（一）健康概念的演变

1. 传统的健康观。在传统的观念里，人们对健康的理解就是身体没病，不吃药、不打针、不感到身体不舒服。事实上，健康是一个综合的、历史性的概念。在不同的历史发展阶段，人们对健康概念的理解是不同的。人类对健康的认识和要求，与物质生产、科学技术、社会结构等变化密切相关。

在人类社会发展的早期，由于生产力发展水平低下，人们在与大自然搏斗的过程中，一旦失去健康就无法生存，此时的健康等同于生命。随着生产力不断提高和物质日渐丰富，人类才有可能考虑抵御和消除疾病与伤痛，改善生活质量，以求得更长的生存期。在很长的一段历史时期中，人们往往仅在患病时才寻医问药，并认为衡量一个人是否健康，是以其是否患病及患病的严重程度为尺度的。

2. 现代健康观的发展。到了20世纪中叶以后，由于现代科技与社会文化的迅猛发展，使现代社会生活中的人普遍面临着激烈的竞争、频繁的应激、快速的节奏，前所未有的巨大心理压力使人不堪重负，这对人类的健康产生了严重的影响。同时，科学技术的迅猛发展和新兴边缘科学的出现，为人类认识自身提供了多种手段和方法,使人类对健康的认识与要求不断地扩展和更新,并赋予健康概念更丰富的内涵。人们逐渐认识到心理、社会因素在健康与疾病及其相互转化中不容忽视的重要作用,因而逐渐确立了身心统一的健康观,即健康的全面观。

(二) 健康的含义

1946年,世界卫生组织在其《世界卫生组织宣言》中开宗明义:"健康不仅是没有疾病和虚弱现象,而且是一种个体在身体上、心理上、社会上完全安好的状态。"1989年,该组织又在健康的定义中增加了道德健康的内容以使其更全面。但实质上,社会适应和道德健康都可归于心理健康的范畴。因此,健康包括生理健康和心理健康。所以一个健康的人,既要有健康的身体,又要有健康的心理。

根据现代生物—心理—社会医学模式,世界卫生组织确定了个体健康的10项标准。

1. 有足够的充沛的精力,能从容不迫地应付日常生活和工作压力而不感到过分紧张。

2. 处事乐观,态度积极,乐于承担责任,事无巨细,不挑剔。

3. 善于休息,睡眠良好。

4. 应变能力强,能适应环境的各种变化。

5. 能够抵抗一般性感冒和传染病。

6. 体重适当,身材匀称,站立时头、臂、臀位置协调。

7. 眼睛明亮,反应敏锐,眼睑不发炎。

8. 牙齿清洁,无空洞,无痛感,齿龈颜色正常,无出血现象。

9. 头发有光泽,无头屑。

10. 肌肉、皮肤富有弹性,走路感觉轻松。

在世界卫生组织的推动下,健康的新概念在全球得到了传播并日益为人们所接受。世界已公认,健康是社会进步的一个重要标志和潜在动力;促进健康不仅是卫生部门的责任,也是教育部门的责任,是全社会共同的责任。个体不但要对自己的健康负责和向社会求得医疗服务,而且要在促进他人和全社会的健康方面承担义务。这就要求人们重视健康的价值,具有增进健康的强烈意识,树立"人人为健康,健康为人人"的正确观念。

二、心理健康的含义

关于什么是心理健康,至今在心理卫生界还没有一个统一的标准,因为还没有一种定义能得到专业工作者的一致公认。不过,国内外有关方面的专家从不同的角度对此进行了积极的探索。现收集几种提法列举如下。

第一章 心理健康及青少年学生心理健康问题

1. 1929年，美国第三次健康及保健的白宫会议对心理健康的解释是："在个体的心理功能活动尚未显露出明显心理障碍时所常见的症状表现。"[①]

2. 1948年，第三届国际心理卫生大会是这样定义心理健康的："心理健康是指在身体、智能以及在情感上与他人心理不矛盾的范围内，将个人的心境发展到最佳的状态。"[②]

3. 心理学家英格里希（H. B. English）认为："心理健康是一种持续的心理状态，当事者在那种状态下能做出良好的适应，具有生命的活力，且能充分发展其身心的潜能。这乃是一种积极的丰富的状况，不止是免于心理疾病而已。"[③]

综观心理健康概念的发展，我们可以看出，人们对心理健康的认识经历了三个层次：①没有精神病。②能有效地对付各种心理压力，保持精神上的愉快。③高心理效能，使人们在智力、道德方面最大限度地发挥心理潜能。再对心理健康的论述加以横向比较，我们可以看出，有的学者从心理健康的基本、平均状态中来定义；有的学者描述的心理健康是高于现实生活的理想图景；有的学者定义时侧重于适应与调节的角度；有的学者更强调自我意识的作用；还有的人则更肯定发展的重大意义。这些多种多样的视角对于理解心理健康都有一定的启发。

综合各学派、学者对人的特性的思考与见解，并结合中国的国情，我们认为心理健康有广义和狭义之分。广义的心理健康是指一种高效而满意的、持续的心理状态；狭义的心理健康是指人的基本心理活动的过程内容完整、协调一致，即认知、情感、意志、行为、人格完整和协调。基于以上观点，我们认为心理健康是指个体在适应环境的过程中，生理、心理和社会性方面达到协调一致，保持一种良好的心理功能状态。

所谓良好的心理功能状态，并不是绝对的，而是相对的。即个体心理在自身和环境条件许可的范围内所能达到的最佳心理功能状态，而不是绝对完美的心理功能状态。良好心理功能状态的相对性包含两层含义：一是个体的心理与大多数人相比，其心理功能是正常的；二是心理健康与心理疾病是心理功能状态这一序列的两极，是一种相对关系，并不是一种非此即彼的关系。

保持良好的心理功能状态，必须符合三项基本原则。其一是心理活动与客观环境的同一性原则。不论在形式上还是在内容上都与客观环境保持同一。失去同

[①] 转引自姚本先、方双虎著《学校心理健康教育导论》，中国科学技术大学出版社2002年版，第4页。

[②] 转引自姚本先、方双虎著《学校心理健康教育导论》，中国科学技术大学出版社2002年版，第4页。

[③] 转引自姚本先、方双虎著《学校心理健康教育导论》，中国科学技术大学出版社2002年版，第4页。

一,即失去平衡,则心理失调,行为异常。例如,青少年儿童富于想象,幻想未来,无疑是正常现象;但若一儿童整天想入非非,甚至产生幻觉,则属心理异常表现。其二是心理过程之间协调一致性原则。即一个人的认知、情感、意志等心理活动保持自身的完整统一,协调一致,保证准确有效地反映客观现实。如果失去这种协调和统一,必然会出现异常心理。例如,当一个人对令人愉快之事却做出冷漠的反应,而对使人痛苦之事却做出欢迎的反应,这是心理异常的表现。其三是个性特征的相对稳定性原则。即一个人在长期的生活经历中形成的个性心理特征,具有相对稳定性,一般是不易改变的。但是,如果在外部环境没有巨大变化的情况下,一个人的个性出现明显变化,就应考虑到心理活动是否出现异常。例如,一个平常热情活泼的人,突然变得沉默寡言,一反常态。

中西文化差异对心理健康观念的影响

在西方国家,人们认为社会是由一个个自由、平等、独立的个人所组合起来的,集体的幸福是建立在个人以自我奋斗获得个体幸福的基础上的,社会的功能是帮助每个人完成自我奋斗的目标。西方文化看重个人,鼓励自我奋斗,于是,自我(self)在西方心理学中一直是很热门的研究课题。西方心理学词典中有很多自我方面的词语,例如自我接受、自我实现、自我分析、自我一致性、自我发展、自我观念、自我导向等等。从这些术语中可看出,西方心理学对自我的研究倾注了大量热情,在某种程度上,西方文化可以简单地概括为一种尊重自我的文化。

在中国传统文化中,虽然人们也认为社会是由个人组合起来的,但是认为个人的幸福应该建立在集体幸福的基础之上,社会幸福是个人幸福的前提。由于中国文化重先天,轻后天,重集体,轻个人,自我在中国文化中是受歧视的。中国有关自我方面的词语多是带有贬义的,例如自大、自夸、自负、自私、自以为是、自由放任、自作主张、自作聪明、自命不凡、自高自大等等。

在长期自给自足的自然经济条件下,家庭、血缘、宗法等级关系和社会等级制度的势力太强大了,个人的力量显得那么渺小、可怜,自我只好被压抑,遭贬斥。

第一章　心理健康及青少年学生心理健康问题

故此，西方的自我是小我，认为小我是大我幸福的基础。而中国文化中，自我是大我，认为大我幸福是小我幸福的前提。中国的自我在为人处世时很大程度上是满足别人的愿望。西方的自我看重个人的自由和权利及成就；中国的自我看重对社会的责任与义务，只有时刻想到家庭、朋友、集体、国家利益的人才会得到人们的赞许。西方的个人以自己的独立性、创造性感到自豪；中国的个人尽量与他人保持一致，害怕与众不同。

因此，在西方，一个人推崇自己，时刻想着自己，人们认为他很正常；而在中国，一个人推崇自己，人们会说他自私，需要改变，需要他懂得先人后己，心理才算健康。

因此，在西方，当一个人提出人类有一天会再次演化成猴子，人们会用科学根据判断他言论的是与非；而在中国，人们只会用讥讽的眼神看他一眼，再说一句——"神经病"。

（信息来源：刘小明、张明编著《中小学心理健康教育》，东北师范大学出版社2004年版，第12页。）

第二节　心理健康的标准

一、制定心理健康标准的依据

弄清心理健康与否的标准，对于开展心理卫生工作具有重大的意义，然而这并不容易，因为心理健康与否往往是相对的。首先，心理健康与心理异常之间没有一个绝对的界限，不像生理疾病经过各种检查，如体温、脉搏、血压、肝功能等各项指标，综合结果即可知道。心理健康与否的差别常常是相对的，显示出的是程度的不同，没有明确的数值。其次，对心理健康与否的判别还受社会环境、主观经验、文化风俗、宗教信仰等多种因素的制约。最后，受个人思想方式及看问题不同角度的影响，判别者会对心理健康标准作不同的解释。

在心理卫生工作的实践中人们常结合专家们的研究成果，并综合运用以下判别尺度，来评定个体心理健康与否。

（一）统计分析

根据统计学的常态分布曲线，可认为处于总体平均标准范围内者为心理正常，偏离这一范围者就是心理异常。正常与不正常为一连续的曲线，其广大的中间地带是正常的，两端则是偏离的。（如图1-1）

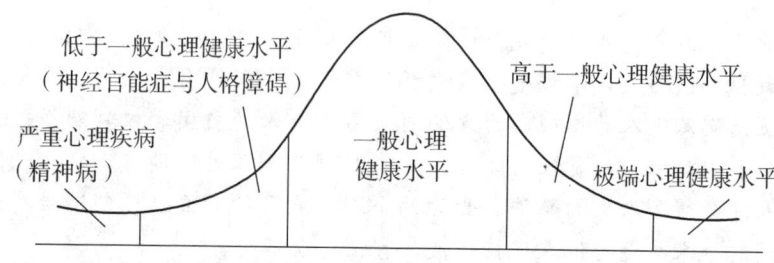

图1-1　心理健康常态分布曲线

从图1-1中我们可以看到，在分布曲线上，大部分人都集中在中间区域，具有一般的正常的心理健康水平，少部分人高于或低于一般的心理健康水平，而极少的人属于极端健康或有精神病。我们还看到，各心理水平之间并不是截然断开的，而是相互联系、相互依存的。

这种统计学上的常模比较，也被直接用到心理测量上来判定某一个体的心理健康水平。

（二）社会规范

社会规范是以个人的社会适应为出发点，以社会道德规范为准则，衡量个体的行为是否符合社会的要求。如果某个人的行为不为社会认可，他就会被视为异常。这种方法只适用于对异常现象的鉴别，而且有比较明显的社会文化特征。

（三）生活适应

生活适应判定法是以个体是否表现出与生活场景相一致的感情、言语、行为为依据，判断人们的心理正常与否，尤其是判断个人的行为是否具有攻击性、是否干扰了他人等等。比如，有些多动症的儿童，由于整日多动不安、好恶作剧、打架说谎，因而容易被判断成不正常。这种方法与社会适应法相似，比较直观，易于识别异常。

（四）主观感受

有心理疾病的人常会感受到情绪和身体上的痛苦，于是有人试图从个人主观的感受来划分常态与变态。此种区分亦有局限，因为任何人都难免短时间出现上述症状，而且有些病人看上去无忧无虑，乐似神仙，但实际上可能是躁狂症患者。

（五）心理测验

在西方，临床上普遍采用心理测验，将其结果和其他方面的资料汇在一起，以作为诊断常态与变态的依据。这些测验有的是测量感知觉和运动的，有的是测量智力的，有的是测量一般个性倾向的。例如《韦克斯勒智力量表》就是常用的诊断工具。但目前真正有效的测验还不太多,而且适用于一种文化环境的测验不见得能同样有效地适用于另一种文化环境。更重要的是,测验必须由受过专门训练的人员实施,由他们来解释其结果。

以上几种判断方法都不是完美无缺的,到目前为止,没有任何一个标准能将"正常"和"异常"的行为完全区分开来。所以,我们在使用"变态"一词时,务必小心,不要随便给别人或自己的行为冠以此类名称。

二、国内外关于心理健康标准的代表性观点

(一) 西方关于心理健康标准的代表性观点

1. 第三届国际心理卫生大会关于心理健康的标准。
(1) 身体、智力、情绪十分协调。
(2) 适应环境,人际关系中能彼此谦让。
(3) 有幸福感。
(4) 在工作和职业中,能充分发挥自己的能力,过有效率的生活。[①]
2. 美国心理健康协会(NAMA)关于心理健康的标准。
(1) 经常感到快慰、舒适。
(2) 不为恐惧、愤怒、爱、妒忌、罪恶或者忧愁等情绪所捆绑。
(3) 能坦然接受不如意的事。
(4) 能以容忍、开放的心胸,面对自己、面对他人,必要时,还能自我解嘲。
(5) 能不高估也不低估自己的能力。
(6) 能接受自己的缺失。
(7) 能保持高度的自尊心。
(8) 能善于处理所面临的各种情境。
(9) 能从每日生活的点点滴滴中汲取生活乐趣。
(10) 能经常感受人际关系的乐趣。
(11) 能经常关怀他人,热爱他人。
(12) 拥有永久的、非常良好的友谊。
(13) 相信别人,由衷地喜欢别人,也渴望人家爱自己、信任自己。
(14) 尊重别人的思想与意念,尽管这些思想与意念与自己有些分歧。
(15) 不强迫他人接受自己的意见,也不随便接受别人的看法,甚至甘心让

[①] 转引自姚本先、方双虎著《学校心理健康教育导论》,中国科学技术大学出版社2002年版,第4页。

人家颐指气使。

（16）乐于参与各种团体的活动。

（17）对左邻右舍，甚至所接触的任何人，都具有高度的责任心。

（18）胜任并愉快地面对生活中的各种需求。

（19）能自行处理所有的问题。

（20）勇于负责。

（21）尽可能谋求与环境的良好相处。

（22）乐于接受新经验与新观念。

（23）能充分运用自己的天赋。

（24）能确立合理的人生目标。

（25）能自我思索、自我抉择。

（26）能全力投入工作，从而寻求乐趣。[①]

3. 马斯洛和密特曼（H. A. Maslow & Mittelman）关于心理健康的标准。

（1）有充分的安全感。

（2）对自己有充分的了解，并能对自己的能力做出适当的评价。

（3）生活理想和目标切合实际。

（4）与周围环境保持良好的接触。

（5）能保持自身人格的完整与和谐。

（6）具有从经验中学习的能力。

（7）保持良好的人际关系。

（8）适度的情绪发展与控制。

（9）在集体要求的前提下，较好地发挥自己的个性。

（10）在社会规范的前提下，恰当满足个人的基本需要。[②]

4. 斯柯特（Scott）关于心理健康的标准。

（1）一般的适应能力。指应对环境的适应性和灵活性。该能力具体包括：把握环境的能力，适应和对付变化多端的世界的能力，阐明目的并完成目的的能力，成功的行为、顺利改变行为的能力。

（2）自我满足的能力。该能力具体包括：生殖性欲（获得性感高潮的能力），适度满足个人需要，对日常生活感到乐趣，行为的自然性，放松片刻的感觉。

[①] 转引自姚本先、方双虎著《学校心理健康教育导论》，中国科学技术大学出版社2002年版，第4页。

[②] 转引自姚本先、方双虎著《学校心理健康教育导论》，中国科学技术大学出版社2002年版，第4页。

（3）人际间各种角色的扮演。具体包括：完成个人社会角色，行为与角色一致，社会关系适应，行为受社会的赞同，与他人相处的能力，参与社会活动，利用切合实际的帮助，托付他人，工作和爱的能力。

（4）智慧能力。具体包括：知觉的准确性，心理功能的有效性，认知的适当、机智及合理性，接触现实、解决问题的能力，智力，对人类经验的广泛了解和深刻理解的能力。

（5）对他人的积极态度。具体包括：利他主义，关心他人，信任、喜欢他人，待人热情，与人亲密的能力，情感移入。

（6）创造性。具体包括：对社会的贡献，主动精神。

（7）自主性。具体包括：情感的独立性、同一性，自力更生，一定的超然。

（8）完全成熟。具体包括：自我实现，个人成长，人生哲学的形成，在相反力量之间得以均衡，成熟的而不是自相矛盾的动机，自我利用，具备把握冲动、能量和冲突的综合能力，保持一致性，完整的复杂层次，成熟。

（9）对自己的有利态度。具体包括：控制感，任务完成的满足，自我接受、自我认可，自尊，面对困难、解决问题充满信心，积极的自我形象，自由和自决感，摆脱了自卑感，幸福感。

（10）情绪与动机的控制。具体包括：对挫折的耐受性，把握焦虑的能力，道德、勇气、自制力，对紧张的抵抗，道义、良心、自我的力量，诚实、清廉正直。[①]

5. 阿卡夫（A. Arkoff）关于心理健康的标准。

（1）幸福感。

（2）和谐。

（3）自尊感。

（4）个人成长。

（5）个人成熟。

（6）个人完整性。

（7）保持与环境良好接触。

（8）有效适应环境。

（9）从环境中自我独立。[②]

[①] 转引自姚本先、方双虎著《学校心理健康教育导论》，中国科学技术大学出版社2002年版，第4页。

[②] 转引自姚本先、方双虎著《学校心理健康教育导论》，中国科学技术大学出版社2002年版，第4页。

6. 坎布斯（A. W. Combs）关于心理健康的标准。

（1）积极的自我观念。

（2）恰当地认同他人。

（3）面对和接受现实。

（4）主观经验丰富，可随时提供使用。①

7. 舒尔兹（D. Schulth）关于心理健康的标准。

（1）能够控制自己的生活。

（2）能认识自己是怎样的人。

（3）能正视现实。

（4）能向新目标或新经验挑战。

（5）独特性的人格特质。②

8. 麦克宁（Mckinney）关于心理健康的标准。

（1）幸福感。

（2）良好的意愿和动机。

（3）适应的社会性。

（4）统一和调和。

（5）志向现实。③

9. 科恩（R. Coan）关于心理健康的标准。

（1）效能：机能胜任，能独立有效地工作，专注于自身之外的事务。

（2）创造性：以常新的态度体验熟悉事物，对新奇、陌生、尚未被社会认可的事物持开放态度，创造出新的生活方式。

（3）内心的平静：喜爱自己，有独处的需要。

（4）密切的关系：同情心，真诚坦率，能迅速准确地了解别人的意思。

（5）超脱：与宇宙神秘地融为一体，与大自然或上帝相通。④

10. 罗杰斯（C. Rogers）关于心理健康的标准。

（1）经验的开放性。

---

① 转引自姚本先、方双虎著《学校心理健康教育导论》，中国科学技术大学出版社2002年版，第4页。

② 转引自姚本先、方双虎著《学校心理健康教育导论》，中国科学技术大学出版社2002年版，第4页。

③ 转引自姚本先、方双虎著《学校心理健康教育导论》，中国科学技术大学出版社2002年版，第4页。

④ 转引自姚本先、方双虎著《学校心理健康教育导论》，中国科学技术大学出版社2002年版，第4页。

(2) 时刻保持生活充实。
(3) 对自身机体高度信任。
(4) 有较强的自由感。
(5) 有高度的创造性。

另外,罗杰斯还提出了一个"未来新人类"的心理健康标准:
(1) 对经验开放。
(2) 拒绝伪善和欺诈。
(3) 对科学技术持怀疑态度。
(4) 追求生命的完整。
(5) 渴求亲密的关系。
(6) 重视生活的过程。
(7) 热情帮助别人。
(8) 有强烈的生态意识。
(9) 反对僵化的体制,反对因循守旧。
(10) 信赖自身的经验。
(11) 不看重物质的享受。
(12) 向往与追求精神生活。[①]

11. 杰霍塔(M. Jahoda)关于心理健康标准的理论。

目前,在心理学理论中,特别是在人格心理学和临床心理学中,美国心理学家杰霍塔关于心理健康标准的理论观点影响最大,他从综合各家共同点的角度来概括健全人格的标准。

(1) 自我认知的态度。有意识地对自身进行适当的探索;自我概念的现实性,接受自我,能现实地评价自己的长处和短处;心理认同感觉的明确性和稳定性。

(2) 成长、发展和自我实现。实现自己各种能力及才干的动机水平,实现各种较高目标的程度。

(3) 整合的人格。各种心理能量的适宜的动态平衡,有完整的生活哲学,在应激条件下能坚持并具有忍耐能力和应付焦虑的能力。

(4) 自主性或独立性。遵从自身的内部标准,行为有准则,行为独立。

(5) 对现实的感知能力。没有错误的知觉,对于所预期及所见之物重视实际证据,对于他人的内心活动有敏锐的觉察力和同情心。

---

① 转引自姚本先、方双虎著《学校心理健康教育导论》,中国科学技术大学出版社 2002 年版,第 4 页。

（6）对环境的适应能力。具有爱的能力，并建立了令人满意的性关系；有足够的爱、工作和娱乐；人际关系适宜；能够适应环境的要求；具有适应和调节自身的能力；能有效地解决问题。①

（二）我国关于心理健康标准的代表性观点

1. 黄坚厚关于心理健康的标准。

（1）乐于工作。

（2）与他人建立和谐的关系。

（3）对自身有适当的了解。

（4）和现实有良好的接触。②

2. 张春兴关于心理健康的标准。

（1）了解自己并肯定自己。

（2）掌握自己的思想、行动。

（3）有自我价值感与自尊心。

（4）能与人建立亲密关系。

（5）有独立谋生的意愿和能力。

（6）理想追求不脱离现实。③

3. 王极盛关于心理健康的标准。

（1）智力正常。

（2）情绪稳定而愉快。

（3）意志健全。

（4）行为统一协调。

（5）人际关系的心理适应。

（6）行为反应适度。

（7）心理特点符合年龄。④

4. 郑日昌关于心理健康的标准。

（1）认知功能良好。

（2）情感反应适度。

（3）意志品质健全。

---

① 转引自姚本先、方双虎著《学校心理健康教育导论》，中国科学技术大学出版社2002年版，第4页。

② 转引自朱敬先《健康心理学》，五南图书出版公司1992年版，第30页。

③ 参见张春兴《现代心理学》，东华书局1991年版，第633页。

④ 转引自姚本先、方双虎著《学校心理健康教育导论》，中国科学技术大学出版社2002年版，第4页。

(4) 自我意识正确。

(5) 个性结构完整。

(6) 人际关系协调。

(7) 社会适应良好。

(8) 人生态度积极。

(9) 行为规范化。

(10) 行为活动与年龄相符。①

5. 王登峰、张伯源关于心理健康的标准。

(1) 了解自己，悦纳自己。

(2) 接受他人，善于处人。

(3) 正视现实，接受现实。

(4) 热爱生活，乐于工作。

(5) 能协调与控制情绪，心境良好。

(6) 人格完整和谐。

(7) 智力正常，智商80分以上。

(8) 心理行为符合年龄特征。②

6. 莫雷关于心理健康的标准。

(1) 智力正常。

(2) 能协调与控制情绪，心境良好。

(3) 意志坚强可控。

(4) 心理特点符合年龄特征。

(5) 人际关系和谐。

(6) 适应社会生活。

(7) 热爱生活。

(8) 有完整和谐的人格。③

7. 郭念峰关于心理健康的标准。

(1) 对环境的适应能力。

(2) 心理活动的强度特点。

---

① 转引自姚本先、方双虎著《学校心理健康教育导论》，中国科学技术大学出版社2002年版，第4页。

② 转引自姚本先、方双虎著《学校心理健康教育导论》，中国科学技术大学出版社2002年版，第4页。

③ 转引自姚本先、方双虎著《学校心理健康教育导论》，中国科学技术大学出版社2002年版，第4页。

(3) 心理活动的耐受性。
(4) 自控能力。
(5) 自信心。
(6) 自尊心。
(8) 社会交往状态。
(9) 对暗示的敏感性。
(10) 心理康复能力。[①]

三、当前青少年学生心理健康的标准

正如对健康的标准充满争议一样，心理健康的标准至今也没有定论。综合各家观点，概括起来可归纳为八个方面。

（一）智力发展正常

智力是对人的感知力、记忆力、思维能力及操作能力的综合，它是衡量一个人心理健康最重要的标志之一。正常的智力水平是人们生活、学习、工作最基本的心理条件。一般地讲，智商在130以上，为超常；智商在120～129之间，为优秀；智商在110～119之间，为中上；智商在90～109之间，为中等；智商在80～89之间，为中下；智商在70～79之间，为临界迟钝；智商在69以下，为智力落后。智力落后的人较难适应社会生活，很难完成学习或工作任务。衡量一个人的智力水平要与同龄人的智力水平相比较，应及早发现和防止智力的畸形发展。例如，对外界刺激的反应过于敏感或迟滞、知觉出现幻觉、思维出现妄想等，是智力不正常的表现。

（二）情绪反应适度

人的心理健康不仅受其认知的支配，更受其情绪的直接影响。积极情绪能提高活动水平，有利于身心健康；消极情绪则会降低活动水平，有害于身心健康。所以，我们把积极的情绪状态作为心理健康的一个重要标志。

心理健康的人乐观积极，热爱生活，积极向上，在一般情况下，总能保持满意的良好心境（一种微弱、平静而持久的愉快的情绪状态）。这并不是说，心理健康的人不会产生消极情绪，而是消极情绪持续时间短，以及它在整个情绪生活中所占的比重较少。心理健康的人积极的情绪状态占优势，面对失败、疾病和死亡等因素他们也会产生焦虑、悲伤、忧愁等消极情绪，但是不会长久。他们能控制、调节、转移消极情绪，善于避免消极情绪对自身的伤害。如果一个人对别人的一句无关痛痒的话就耿耿于怀，不是暴跳如雷就是闷闷不乐，甚至日不思食，

[①] 参见郭念峰《心理健康的标准》，载《中国教育报》2000年6月25日。

夜不能寐；或者对不可笑的事大笑不止，对不悲伤的事悲痛欲绝；等等，都说明心理有问题了。

（三）意志品质健全

一个人的意志是否健全主要表现在意志品质上。意志品质是衡量心理健康的主要意志标准，其中行动的自觉性、果断性、坚持性和自制性是意志健全的重要标志。行动的自觉性是对自己的行动目的有正确的认识，能主动支配自己的行动，以达到预期的目标；行动的果断性是善于明辨是非，适当而又当机立断地采取决定并执行决定；行动的坚持性是在做出决定、执行决定的过程中，克服困难、排除干扰、坚持不懈的奋斗精神；行动的自制性是善于控制自己的行动，对自己的行为后果负责，较好地抑制激动、愤慨和暴怒等激情的爆发，既不任性也不怯懦。反应适度是意志品质健全的主要组成部分，也是心理健康的外在表现之一。反应适度说明人的行为表现协调有度。主要表现为：意识和行为一致，即言行一致；为人处世，合情合理，灵活变通；在相同或类似情境下，行为反应符合情境，既不过分也不突然。

（四）人格统一完整

人格是指一个人的整个精神面貌，即具有一定倾向性的心理特征的总和。人格的各种特征不是孤立存在的，而是有机结合成一定联系和关系的整体，对人的行为进行调节和控制。各种成分之间，如果关系协调，人的行为就是正常的；如果关系失调，就会造成人格分裂，产生不正确的行为，双重人格或多重人格是人格分裂的表现。一个人的人格一经形成，就具有相对稳定的特点。如果一个人的行为表现不一贯、不统一，则说明他的心理健康有问题了。因此，形成一个统一的、协调的人格或形成一个残缺的、失调的人格，其性质对心理发展和精神表现的影响是截然不同的。

（五）自我意识正确

自我意识正确是提倡一种积极的自我观念，是对自我的正确认知，它包括了解自我与接纳自我。了解自我就是有自知之明，对自己有客观的评价。心理健康的人了解自己的优点和缺点，了解自己的能力、性格、爱好和情绪的特点，并据此来安排自己的生活与工作，不自傲也不自卑；而且，由于了解自我，其所制定的生活目标、自我期待会切合实际，不会对自己提出过高的期望。相反，一个不了解自我的人，目标超越现实，对自己要求过高而又达不到，为此自卑、自责、自怨，因而易陷入心理危机；或者狂妄自大，透过于人，用嘲笑讽刺甚至攻击的手段，来消除受挫的紧张感。心理健康的人，一方面，不仅了解自我而且还接纳自我，他总是努力发展自身的潜能，肯定自己；另一方面，对于自己无法弥补的缺陷，他能泰然处之，特别是在不利的条件下，还能安慰自己。

一个人能了解自我、接纳自我，就能修正自我、完善自我；一个人没有自知力，其行为就会与社会发生偏差。

（六）人际关系和谐

人际关系和谐是心理健康的重要标准，也是维持心理健康的重要条件之一。人际关系和谐具体表现为：在人际交往中，心理相容，相互接纳、尊重，而不是心理相克、相互排斥与贬低；对人真诚、善良，而不是冷漠无情、施虐或害人；以集体利益为重，乐于奉献，而不是私字当头、损人利己；等等。健康的人际关系还应具备以下具体特点：第一，了解他人，理解他人。心理健康的人能客观地了解他人的认知和情感的需要，了解他人的个性、兴趣和品质，能看见并学习他人的优点，并善意地指出他人的错误；心理不健康的人并不想了解他人，只关心自己的私利，对别人的痛苦、欢乐、兴趣、爱好都漠不关心。第二，乐于接受他人，也愿意被他人接受。心理健康的人与人相处时积极的态度总是多于消极的态度，例如与他人相处时同情、友善、信任、欢欣、尊重总是多于猜疑、嫉妒、畏惧和敌视。由于心理健康的人喜欢别人，接受别人，所以他总是受到欢迎。

（七）社会适应良好

社会适应良好表现在：能了解现实，正视现实；对社会有责任心，爱岗敬业；遵守社会规范和主动改造环境。

心理健康的人能够面对现实，接受现实，他们对周围事物和环境能做出客观的评价，并能与现实环境保持良好的接触，既有高于现实的理想，又不会沉湎于不切实际的幻想与奢望；心理不健康的人往往以幻想代替现实，不敢面对现实，没有足够的勇气接受现实的挑战，总是抱怨自己生不逢时，或责备社会环境对自己不公而怨天尤人。心理健康的人对社会有较强的责任心，热爱工作，能干一行爱一行，在工作中体验生活的充实以及自身的价值；而心理不健康的人缺乏责任心，常体验到生活的无奈和生活的无价值。心理健康的人还会主动积极地适应环境，而不是消极地适应环境，他们能够在正确认识的指导下，做出积极有效的行动，适当地改善周围条件。

（八）心理特点符合年龄特征

人的一生包括不同年龄阶段，每一年龄阶段其心理发展都表现出相应的质的特征，称为心理年龄特征。一个人心理行为的发展，总是随着年龄的增长而发展变化。如果一个人的认识、情感和言谈举止等心理行为表现基本符合其年龄特征，是心理健康的表现；如果严重偏离相应的年龄特征，例如一个成年人常耍小孩子脾气，喜怒无常、好吵好闹，或者心理发展严重滞后或超前，则是行为异常或心理不健康的表现。

第三节 青少年学生常见的心理健康问题及其成因

青少年学生正处在身心发展的重要时期，大多又是独生子女，随着生理、心理的发育和发展以及竞争压力的增大，特别是当前社会快速发展，使青少年学生发展与成长的生态环境和社会环境日趋复杂，身心健康发展受到的负面影响越来越大，致使青少年学生的心理健康问题较以前更显著和突出。

一、青少年学生常见的心理健康问题

关于学生的心理健康问题，国内外的学者从不同的角度进行分类，主要有四种代表性的观点。

（一）美国心理学家威克曼（E. K. Wickman，19世纪20年代）的观点[①]

1. 扰乱性的。如破坏课堂秩序、不遵守纪律、不道德等。
2. 心理性的。如退缩、抑郁、神经过敏等。

这种分类是以后学者们把学生心理健康问题分为品行性和性格性两类的最早渊源。

（二）美国心理学家琼斯（Jones，1957）的观点[②]

1. 健康与身体发展问题。身体缺陷、缺乏活力、营养不良、体型不匀称等。
2. 家庭与亲属关系问题。父母独裁或对子女不能控制，缺乏温暖的破碎家庭，受社会谴责的家庭，与学校不合作的家庭，等等。
3. 休闲生活问题。缺乏运动或阅读的兴趣、缺乏休闲活动的有关技艺等等。
4. 人格问题。多愁善感、害羞、自卑、过分自信、过度幻想、粗心大意、缺乏同情心、与人不能相处、情绪不稳定等。
5. 宗教生活问题。宗教信仰的改变、父母强迫子女信教、科学与宗教的冲突等。
6. 学校教育与生活问题。学习缺乏计划性、学习习惯欠佳、读书不专心、厌恶学习、逃学旷课等。
7. 社会与道德问题。说谎、吸烟饮酒、不礼貌、过度从事社交活动、交友恋爱中的问题等。

[①] 转引自姚本先、方双虎著《学校心理健康教育导论》，中国科学技术大学出版社2002年版，第28页。

[②] 转引自姚本先、方双虎著《学校心理健康教育导论》，中国科学技术大学出版社2002年版，第4页。

8. 职业问题。缺乏职业兴趣、不知如何择业、缺乏职业准备等。

（三）**我国学者冯江平的观点**①

1. 发展性问题。这类问题多由神经系统发育过程中的功能障碍所引起，如排泄功能障碍（遗尿、不自主排便、拒绝排便）、睡眠障碍（夜惊、经常性头痛或头晕）、神经易紧张或生长发育迟缓与发育不良等。

2. 情绪方面的问题。例如，情绪抑郁、冷漠、缄默、易幻想或情绪波动剧烈、易激怒；过分焦虑引起的神经质式的敏感、多虑、多疑、害怕；烦躁不安、过分依赖父母、教师，或与别的孩子总是关系恶劣，甚至有敌对情绪；对学校、考试、师生关系等会产生恐惧情绪；等等。

3. 性格方面的问题。例如，显著偏执、怪僻、爱发脾气、急躁、粗暴；性情反复无常、反抗性强、攻击性强、鲁莽好斗；过分的胆怯、退缩、孤独；等等。

4. 学习与智力方面的问题。由于智力低下或智力发展滞后，导致学习成绩不良、反应迟缓；由于学习压力过大、教育要求过高而引起厌学、弃学、逃学的行为，视学习为最大痛苦；抄袭作业、破坏纪律；等等。

5. 活动过度的问题。如异常好动、上课不能安静地听讲、不断地做小动作、注意力分散、维持注意的时间很短、极易冲动、忍耐力差、自控能力低下、废话多、爱争吵打架等。

6. 神经性方面的问题。例如，总是出现一些毫无意义、不断重复的强迫性行为，或歇斯底里行为；神经性失声，心理性不适；由于精神方面的问题，使得行为过于轻率与活跃、动作言语过多以及精神紧张、无故生气、动作奇特、性格突变；等等。

7. 社会及品德方面的问题。例如，打人骂人、破坏、说谎、偷窃；与父母、教师、同学关系恶劣；过度反抗与任性，离家出走；等等。

8. 习惯性方面的问题。例如，习惯性吮吸手指、咬指甲、晃头、眨眼、玩弄生殖器；饮食、睡眠、排泄上的不良习惯，如厌食、睡眠失调；等等。

（四）**我国学者姚本先的观点**②

1. 学习和升学方面的心理问题。如记忆障碍、思维障碍、考试焦虑、注意力分散、学习兴趣贫乏、厌学等。

2. 品行方面的心理问题。如偷窃、说谎、斗殴、逃学、出走、多动症、退缩行为以及各种不良习惯，包括不由自主地反复皱眉、嗅鼻、摇头、吮吸指头、

---

① 参见冯江平《儿童心理问题咨询与矫治》，浙江教育出版社2000年版，第6页。
② 参见姚本先、方双虎著《学校心理健康教育导论》，中国科学技术大学出版社2002年版，第33页。

抠鼻等。

3. 情绪和情感方面的心理问题。如焦虑、压抑、紧张、忧郁、沮丧、恐惧、孤独、冷漠以及因突发性事故（亲人亡故、天灾人祸）所产生的情绪情感骤变。

4. 人际关系和青春期方面的心理问题。如交往中的胆怯、自卑、内向、孤僻、自负、不随和以及由恋爱、失恋、单相思和性行为等而产生的问题。

5. 个性与人格方面的心理问题。如猜疑、固执、狭隘、怯懦、嫉妒、独断、专横、自私、残忍、对立和破坏等。

6. 特种心理障碍问题。如口吃、遗尿、失眠、夜惊、梦游、神经性厌食、偏食、异食等。

7. 严重心理失常问题。如强迫症、轻度精神疾病、自杀、性变态（窥阴癖、恋物癖、露阴癖等）及反社会情绪等。

二、青少年学生产生心理问题的原因

根据近几年对青少年学生健康状况的大量调查来看，青少年学生产生心理问题的原因是多方面的。概括起来，主要是生物遗传因素、家庭因素、学校因素、社会因素及自我因素。

（一）生物遗传因素

生物遗传因素的影响主要有遗传因素、病菌或病毒感染、脑外伤或化学中毒，以及严重躯体疾病或生理机能障碍等。

第一，遗传因素。一般而言，人的心理活动是不能遗传的。但是，一个人作为身心兼备的整体，与遗传因素的关系又是十分密切的，特别是一个人的躯体、气质、智力、神经过程的活动特点等，受遗传因素的影响更为明显。根据调查和临床观察表明，在精神病患者的家族中，患精神发育不全、抽风发作、性情怪僻、躁狂抑郁等神经精神病或异常心理行为表现的人占相当比例。例如，对躁狂抑郁症和精神分裂症患者亲属患病率的调查数据显示，精神疾病发病的原因确实具有明显的血缘关系，血缘关系越亲近，患病率越高，而这正是遗传因素的影响。

第二，病菌或病毒感染。临床研究证明，中枢神经系统的传染病，如斑疹伤寒、流行性脑炎等，由于病菌、病毒损害神经组织结构而导致器质性心理障碍或精神失常，它可以阻抑心理的发展，造成智力迟滞或痴呆。

第三，脑外伤或化学中毒。由于种种原因造成的脑震荡、脑挫伤等都可以导致意识障碍、遗忘症、言语障碍、人格改变等心理障碍。由有害化学物质侵入人体，毒害中枢神经系统，如酒精中毒、食物中毒、煤气中毒、药物中毒等，也会导致心理障碍或精神失常。

第四，严重躯体疾病或生理机能障碍。这方面的影响也是造成心理障碍和精神失常的原因之一。例如，内分泌机能障碍中，最突出的如甲状腺机能紊乱、机能亢进时，往往出现敏感、暴躁、易怒、情绪冲动、自制力减弱等心理异常表现；肾上腺素分泌过多会引起躁狂症，而肾上腺素分泌不足则可能导致抑郁症。

（二）家庭因素

家庭作为社会的基本单元，对孩子各种心理的产生有着直接的影响。孩子最早开始了解的就是父母并潜移默化地受到父母个性的影响。心理学研究表明，心理不健康者与其家庭不健康有极为密切的联系。同样，我们发现，心理不健康的学生的家庭往往形成了一种对孩子成长很不利的环境。例如家庭结构不全、家庭教育方法简单粗暴、父母不和等。其中，对学生影响最大的家庭因素当属家庭结构不良和家庭教育方法不当两种。

1. 家庭结构遭到破坏。家庭自然结构一旦遭到破坏，如父母离异、亲人死亡、成员关系恶劣等，对孩子的心理会产生很大的影响。据江西省1992年的一项调查发现，中学生罪犯中，有36%的父母离异或为单亲父母。在这种家庭中，孩子缺少爱护和关怀，家庭成员之间关系紧张，结构不纯，使孩子逐渐形成一种变态心理，仇视社会。怀疑、冷淡、孤独、反抗、报复等心理是他们的主要特点，进而演变成自卑、自暴自弃等不健康心理。

2. 没有良好的家庭教育功能。前些年，中国儿童与美国儿童之间有一项比较研究。当问及"你最爱的人是谁"，美国孩子把父母排在第1位，而我国的孩子则把影星、歌星排在第1位，父母排到第11位。这从一个侧面反映出我国家庭教育存在着许多问题。目前，我国家庭对孩子的教育偏向大概有两个方面：一方面对孩子娇惯溺爱、纵容放任；另一方面对孩子简单粗暴、动辄打骂。这两个方面都属家庭教育中的极端形式，说明有些家长素质差，缺乏教育方法。在这些环境中成长的孩子，其心理出现不正常现象就不足为奇了。

父母对孩子的态度和教养方式

不同的父母对孩子的态度和教养方式各不相同，因而对孩子心理发展的影响也是不同的。

1. 民主型。父母对孩子采取爱而不娇、严格而又民主的态度。子女性格多表现为亲切、直率、活泼、快乐、端庄、协作、有活动能力、善于和大家共事。

2. 溺爱型。父母对孩子过分溺爱，视为掌上明珠。子女多表现为依附、自私、任性、骄傲、放肆、自以为是、好吃懒做、胆小怯懦、缺乏独立精神和责任心、没有耐力、情绪不稳等。

3. 专制型。父母对孩子过分严厉、粗暴，动不动就打骂孩子。这会使孩子感到家庭没有温暖，容易养成抑郁、胆怯、退缩、逃避或反抗、执拗的性格，缺乏自信心、自尊心；有的甚至会变得冷酷、残忍，遇到小动物也会去虐待它，以发泄自己内心的痛苦与不满；有的还会形成当面一套、背后一套的不良习气，或者以说谎来保护自己。

4. 保护型。父母对孩子过分照顾、保护，不放手让孩子自己做事与活动。子女性格多半消极、依赖、怯懦、没有责任感，缺乏忍耐力和社会性；有的孩子遇事优柔寡断，不适应集体生活。

5. 放任型。父母对孩子冷淡、置之不理。子女多愿寻求他人的爱护，力图引起别人对自己的注意，因而有的孩子喜欢惹是生非，有的好攻击挖苦别人，有的却表现为性格淡漠、与世无争。

6. 忽视型。父母对孩子的态度忽冷忽热、反复无常，使人捉摸不定。子女多表现为情绪不稳定、多疑多虑、缺乏判断力，甚至轻生厌世。

7. 分歧型。父母对孩子的管教常常意见分歧，各搞一套。这会使子女无所适从，因而形成易生气、警惕性高、两面讨好、投机取巧、好说谎等特征。

在以上各种类型的家长中，民主型家长抚养的孩子往往最幸福、快乐、正常。调查表明（石淑华等，1996），对孩子过分严厉、动辄打骂的专制型及溺爱型与放任型的父母抚养的儿童，出现心理问题的最多。

（信息来源：冯江平主编《儿童心理问题咨询与矫治》，浙江教育出版社2000年版，第23页。）

（三）学校因素

学校是影响学生心理健康的重要因素，其具体表现在：学校管理不严，对学生缺乏严格的批评教育和耐心帮助；教师言传身教不够，有的教师缺乏最起码的责任心和义务感；学校和教师教育思想片面化，为了升学率，忽视大多数学生的学习；班集体没有良好的学风和班风；人际关系紧张、师生心理气氛压抑；等等。但具体来讲，当前对学生心理影响最突出的现实问题有两个方面。

1. 课业负担问题。目前，我国中小学办学思想是一种升学教育模式，其中出现的负效应已众所周知。从1995年起，国家就已明确：把应试教育转向素质教育，但问题没法轻易解决。因为"千军万马过独木桥"的现象还存在，所以学生的课业负担就得不断加重，而课业负担的过重会直接影响学生的心理健康，这是一种恶性循环。

学校片面追求升学率所带来的学习负担过重问题给学生带来的心理问题是严重的。首先,学生的心理激发水平处于一种不正常状态下。心理学研究表明,心理激发水平与学习效率有密切的关系,温和的心理激发水平能使人增加兴趣并提高注意,长期亢奋的心理激发水平会降低学习效率甚至会瓦解人的有组织的学习行为。学生学习负担过重,当然会给学生造成巨大的精神压力和心理紧张,从而助长了学生抑郁和固执行为的发展。其次,课业负担过重阻碍了学生的全面发展,对于学生的个性形成和发展产生了不良影响,在许多极端情况下诱发学生的精神性疾病。

2. 教育方式的影响。我们的很多地方和学校,采取的教育方式还存在许多令人遗憾的现象。一是教育教学方法跟不上形势的发展,满足不了学生的需要,尽管在不断地进行教学改革,但没有突破性的进展,还是不尽如人意。二是个别教师教育方式简单、粗暴,特别是变相体罚学生还时有所闻。这样带来的后果是学生精神压力上升,自尊心受挫伤,从而使学生形成一些不健康的心理。

教育格言

生活在批评之中的孩子学会谴责,生活在溺爱之中的孩子学会自私;
生活在仇视之中的孩子学会格斗,生活在娇纵之中的孩子学会任性;
生活在鼓励之中的孩子学会自信,生活在恐吓之中的孩子学会胆怯;
生活在赞扬之中的孩子学会自尊,生活在礼仪之中的孩子学会博爱。

(信息来源:冯江平主编《儿童心理问题咨询与矫治》,浙江教育出版社2000年版,第24页。)

(四)社会因素

对学生而言,社会因素的影响虽没有家庭、学校、自我诸因素影响大,但随着社会发展不断变化的形势,对学生心理健康的影响也是广泛而巨大的。

1. 社会的不良思潮和观念。近年来,社会上"黄毒"现象蔓延,少数青少年学生不同程度地受"性自由"、"性解放"等错误思潮的影响,由迷恋色情发展到性变态、性犯罪。

2. 社会政治、经济生活中的不健康因素。社会政治、经济生活中的丑陋面,如贪污腐化、金钱美色等,使个别学生产生消极的认识定势。这种定势一旦产生,将使他们对正面的教育产生逆反心理。

3. 文学艺术宣传中的消极影响。当前,各种各样的文学作品,电视、电影的不健康形象,大量的色情、迷信宣传也开始侵入中学。个别学生由于自制能力差,经不住诱惑,长期迷恋于此,不但学业荒废,而且易形成性变态和迷信心理。

4. 社会紧张性刺激的负面影响。在现代社会中,青少年学生面临的挑战也越来越多,心理上承受着多方面的压力,尤其是升学竞争的压力使得部分学生感到活得沉重,由此导致心理障碍。

(五) 自我因素

青少年学生的世界观、人生观正处在形成的初始阶段,可塑性很强,自我因素直接制约着他们心理发展的性质和水平。影响学生心理健康的自我因素很多,主要有三种。

1. 基本的生理和心理卫生知识严重缺乏。青少年学生正处在对外部世界充满矛盾和冲突的时期,其自理、自主能力较差,不能很好地处理自己学习和生活中的问题,不能妥善地解决与环境、与他人的矛盾。另外,随着生理水平的发展,他们对性已有一定的认知和需求,经受外界不良风气的诱惑力和辨别力较差,因此,性的生物性与社会性冲突也特别显著。

2. 认同危机。青少年学生在确定"自我同一性"的过程中,会经历种种内心矛盾和迷茫,情感起伏大。他们一方面思想活跃,接受能力强,记忆水平高,富有想象力;另一方面心理发展还不成熟,经不起失败的考验。由此,随着矛盾的严重激化,少数学生就会产生心理疾病。

3. 心理素质脆弱。青少年学生的心理素质普遍缺乏较强的承受挫折的能力,由此易造成心理的易损伤性和对刺激的易感性。患心理障碍的学生,大部分有这方面的缺陷,即性格类型属于内向不稳定型的结构,情绪反应强烈,两极性特点显著,不稳定性突出,表现出过分孤僻、急躁、好钻牛角尖、唯我独尊、爱慕虚荣、娇生惯养等。

第二章

学校心理健康教育概述

【本章要点】
1. 什么是学校心理健康教育；
2. 学校心理健康教育与思想政治工作的差异；
3. 学校心理健康教育的重要性、紧迫性和可行性；
4. 学校心理健康教育的目标和任务是什么；
5. 学校心理健康教育的发展简史；
6. 内地、香港和台湾地区学校心理健康教育的状况。

第一节 学校心理健康教育的含义

一、什么是学校心理健康教育

学校心理健康教育是教育工作者根据青少年学生生理、心理发展的特点，运用有关心理学的方法和手段，培养学生良好的心理素质，促进学生身心全面和谐发展与素质全面提高的教育活动，是素质教育的重要组成部分，是实施《面向21世纪教育振兴行动计划》、落实《跨世纪素质教育工程》、培养跨世纪高质量人才的重要环节。

为了更好地掌握学校心理健康教育的含义，我们可以从三个方面加以理解。

（一）心理健康教育的全面性

心理健康教育的根本在于促进学生的身心全面和谐发展。学校开展心理健康教育，不仅应面向全体学生，根据学生群体心理发展规律，解决学生心理发展的共性问题，而且要以发展性、预防性为重点，因为成长中的青少年更多面对的是发展过程中的矛盾与冲突。心理健康教育最主要的作用是为学生提供解决这些矛盾与冲突的方法与应对策略，帮助学生心理尽快成熟，增强适应社会的能力，预防心理障碍和心理疾病的产生，并对已经产生心理问题的学生进行积极的"补救"。同时，由于每个学生的先天、后天环境教育以及生活经历不同，他们的心理也会千差万别，因此，心理健康教育必须考虑个别差异性，从学生个性需要出发，针对个体特点区别对待，关注每个学生的具体问题，才能促进全体学生心理都获得主动的、健康的、全面的发展。

（二）心理健康教育的发展性

心理健康教育的发展性是指心理健康教育必须着眼于心理素质结构的优化及整体素质的可持续发展。心理健康教育是学校全面素质教育的一个重要组成部分，因为心理素质是人整体素质结构中的核心，在人的整体素质结构中占有特殊的地位和功能。人的心理素质在生理素质的基础上产生，又反过来调节生理活动，制约和影响生理素质的发展；人的心理素质及其活动水平，决定人对社会文化的内化和外显水平，是人的社会文化素质形成与发展的中介和基础。开展心理健康教育，培养学生良好的心理素质，不但可以帮助学生增强战胜心理弱点的勇气，掌握有效调控心理过程与状态的方法，自觉改善自身的心理素质，而且也为学生其他方面素质（如思想品德素质、文化素质等）的培养准备了基础条件。因此，心理健康教育应该是学校实施素质教育优先选择的切入口，也是优化学校素质教育活动的基本策略。

（三）心理健康教育的全面渗透性

心理健康教育不应局限于开设心理教育课程、开展心理训练、进行个别心理咨询，更要全面渗透学校教育的全过程中，包括各学科教学、各项教育活动、班主任工作、环境课程等，这就必须动员全体教师积极参与。心理健康教育只有依靠全体教师来推行，才能真正落到实处；因为，教师最熟悉学生和教学过程，他们往往能在许多关键性问题上和细微之处将心理健康教育具体化和深化。因此，心理健康教育要通过学校素质教育的整体运行机制来实施。

二、心理健康教育与思想政治教育的关系

心理健康教育与思想政治教育的关系问题，是我国心理健康教育过程中颇具中国特色的问题，也是人们争论不休的问题。正确理解两者的关系，对于促进学校心理健康教育事业的发展，提高思想政治教育的科学性和效能，都具有重要的意义。

（一）心理健康教育与政治思想教育的联系

心理健康教育与政治思想教育的联系主要表现在两个方面。

1. 思想上的一致性。心理咨询的目的是促进来访者的自强自立，增强来访者的心理素质，而自强自立过程实质上是人格健康发展的过程。政治思想教育的一个重要目的是帮助学生树立正确的人生观、世界观和价值观，形成良好的思想道德品质。这一目标和人格的健康发展具有一致性。心理咨询和思想教育工作都以促进青少年人格的健康成长为目标，这个共同目标是这两项工作的交叉处和重合点。

2. 组织上的联系性。在学校开设的面向青少年学生的心理咨询是学校整体工作的一个有机组成部分，在组织上接受学校有关部门的领导和支持。学校心理咨询机构在得到学校有关部门的领导和支持的情况下，重在为学生身心健康服务，而不以开业营利为目的，与学校其他各项工作的目标也是一致的。

（二）心理健康教育与思想政治教育的区别

心理健康教育是一种特定的专业，有系统的理论、方法与技巧，在许多方面都不同于一般的思想政治教育。二者的区别主要表现在五个方面。

1. 工作目标和范围不同。心理咨询的主要目标是解决求助学生的心理问题，排除心理障碍，恢复心理平衡，促进潜能实现；思想教育的目标则是从客观上解决学生的政治立场和方向，提高学生的思想政治觉悟和道德价值观念。可以说，心理咨询和思想教育的任务及内容有一定的交叉，但工作目标的侧重点却各不相同。

2. 工作方法和手段不同。思想教育的工作方法和手段是多种多样的。例如，开设思想修养课程，组织报告会，进行参观、访问、座谈，开展讲演比赛、辩论会、讨论会等形式多样的活动，还可以批评、表扬和个别谈心的方式进行思想教育。心理咨询以个别咨询为主，同时配合心理健康教育课程、团体咨询、心理测验等方式。

3. 遵循的理论原则不同。心理咨询的理论体系属于心理科学的范畴，理论基础是心理治疗理论。咨询工作的开展要在一系列心理学理论的指导下进行，并且要遵循心理咨询工作的原则和方法，它不是一般的思想工作和谈心活动。思想教育工作则属于社会意识形态的领域和范畴，它的指导思想是马列主义、毛泽东思想、邓小平理论等，与心理咨询分属两种不同的体系和范畴。

4. 工作人员的专业方向不同。思想教育工作者的专业方向属于政治学和德育。心理咨询工作者则需要有丰富的心理学知识，必须经过心理咨询专业的培训和考核。不过，从我国目前的情况来看，受过专门心理咨询专业训练的人员为数甚少，有很多心理咨询机构的从业人员是从德育工作者改行而来的。这种状况很容易把心理咨询混同于一般思想政治教育，从而可能改变心理咨询的工作性质，必须引起高度重视。

5. 工作效果的评估标准不同。心理咨询工作的评估是依据心理咨询的目的任务来衡量，主要从心理问题的解决与否和解决程度的角度来衡量。思想教育工作是从思想素质的高度来衡量，主要看是否把受教育者培养成有理想、有道德、有文化、守纪律的"四有"新人。

第二节 学校心理健康教育的意义

近几年,由于社会竞争加剧,各种压力不断增大,学生心理健康问题越来越突出。在大、中、小学生中,严重心理障碍或心理变态导致的被迫休学、自杀、违法犯罪等现象屡见不鲜。因此,为了国家的未来,为了学生的健康成长,心理健康教育应成为学校教育的必修课。

一、学校开展心理健康教育的重要性

(一) 心理健康教育是素质教育的重要组成部分

当今世界,科学技术突飞猛进,知识经济已见端倪,国力竞争日趋激烈;而国力的强弱越来越取决于各类人才的质量和数量,取决于劳动者的素质。因此,加强素质教育已势在必行!素质教育包括很多方面,心理健康教育便是其中的一个重要内容。在1999年6月召开的第三次全国教育工作会议上,中共中央、国务院做出了《关于深化教育改革,全面推进素质教育的决定》。这个决定明确指出:"针对新形势下青少年成长的特点,应加强学生的心理健康教育,培养学生坚韧不拔的意志、艰苦奋斗的精神,增强青少年适应社会生活的能力。"

(二) 心理健康教育有利于学生的全面发展

学生德、智、体、美、劳诸种素质的提高都必须以其心理素质为基础和中介,学生在各方面的发展也都要以必要的心理发展为前提。科学而富有成效的心理健康教育能够使学生在接受德、智、体、美、劳诸育活动过程中始终处于被激励状态,保持学习上的积极性。心理健康教育的增效作用表现为:①通过心理健康教育,可以优化学生的智能品质,发展学生的智力和能力,从而为有效学习创造智能条件;②通过心理健康教育,可以使学生学会学习,掌握有效的学习方法,进而提高学习效率;③通过情感方面的心理健康教育,可以帮助学生培养积极情绪,调节和控制不良情绪,保持愉快的心境,从而有助于学习效率的提高;④通过人际关系、个性以及升学就业等方面的心理教育,可以使学生更好地适应周围环境,使学习更加富有目的性和计划性,扬长避短,提高学习效率。

(三) 心理健康教育有利于精神文明建设和社会的安定团结

首先,加强社会主义精神文明建设是我国新时期一项带有根本性的战略任务。学校是培养人才的基础,也是建设社会主义精神文明的重要场所。所以,开展青少年学生的心理健康教育,优化社会心理环境,既是建设社会主义精神文明的一项重要内容,也是社会主义精神文明建设的一种动力,其意义不可低估。①心理健康教育有助于克服青少年学生的消极心理状态,促进积极向上心理的形

成,振奋民族精神。②心理健康教育有助于塑造青少年学生良好的个性,健全人格发展,提高道德水准,净化社会风气。③心理健康教育有助于调动青少年学生的主动性、积极性和创造性,从而以科学的态度处理各项实际工作,推动社会经济和文化的发展与进步。

其次,健康的心理、良好的心理素质对社会的安定、和谐,具有稳压器和润滑剂的作用。现实中之所以不良现象屡禁不止,暴力行为及各种越轨行为屡治不断,人际间的矛盾冲突频繁,攻击与自残现象日增,等等,其原因固然是多方面的,但与公民的素质不高,尤其是心理健康水平较差、心理素质低下有极大的关系。如心理承受力、自我控制力等心理适应能力不强,就可能在遭遇挫折时,失去理智和控制,从而给社会带来一系列不安定的因素,影响社会的安定团结。对上述主要由于心理承受能力差、调控不当所造成的越轨和犯罪,采取惩治和强制教育固然重要,但这些毕竟是事后的补救措施,由此而产生的不良后果以及对家庭、社会所造成的影响已客观存在。如果在学校教育阶段,对广大的青少年学生进行心理健康教育,使每个公民从小就受到良好的心理素质训练和培养,自身具有健康的心理、完善的个性、良好的心理承受能力,也就等于在每个人的心灵上筑起一道坚固的防线,就能经受复杂纷繁的社会现实的严峻考验与挑战;这样,社会的文明与和谐才有基础,安定与团结才更有保障。

二、学校开展心理健康教育的紧迫性

从现实的角度来看,加强心理健康教育是十分必要和紧迫的。目前,我国高校学生的心理健康状况并不乐观,甚至令人担忧。以西南政法大学为例,自1978年复办以来,几乎每个年级都有1~2名学生因为失恋或者其他心理问题导致精神失常而被迫休学或退学,或者因为其他心理障碍而离校出走、自杀或犯罪。

国内的其他众多相关研究都表明:当代学生是心理障碍和心理疾病的高危险人群。这一现状应足以引起我们教育工作者的高度重视;同时,也可以看出,加强学生心理健康教育迫在眉睫。

当然,在学生中心理健康不佳的现象虽然比较普遍,但是,真正成为心理变态者还是极少数,大概仅占1%。然而,从另外一个角度看,即便是心理严重变态的学生比例并不大,但它所产生的消极影响却不能小视。因为一个学生出了问题,往往搞得学校不安宁、社会影响坏、家庭负担重、父母相互指责,从而造成国家对人才培养的巨大浪费。"马加爵事件"就是一个典型的例子。

事实上,有的学校开设心理健康教育课,有的不开设;师范类院校或师范专业开设得多,非师范类院校或非师范专业开得少或者不开设。从发展的角度来看,加强学生心理健康教育势在必行。因为学生的心理健康问题在最近几年不仅未能得到根本的改善,反而有进一步加重的趋势。导致这种情形的原因有两个。①学校招生制度改革,自费和公费并轨后,学生缴纳的学费大幅度提高,有些学生可能因为经济负担加重而导致心理负担加重。特别是来自下岗职工和贫困家庭的大学生,可能在为学费、生活费发愁的同时,其心理负荷也在逐渐加大,久而久之,就容易出现心理障碍。②学校分配制度改革,实行自主择业,加剧了社会竞争,且近年来社会就业渠道不畅,特别是女生找工作常常受到歧视和冷落,这就更容易引发大学生的内心紧张、焦虑,容易出现心理疾病。中小学生则因为升学而感到竞争压力特别大。

三、学校开展心理健康教育的可行性

首先,学校本来是进行制度化教育的专门机构,它的多数教育措施是有目的、有计划、有组织地进行的。这种比较严格和规范的学校制度及其相应的环境,为心理健康教育目的的实现、任务的完成以及各项具体工作的开展,提供了有利的条件。

其次,随着社会发展,尤其是"马加爵事件"的出现给人们敲响了警钟,各级领导都很重视对学生进行心理健康教育,因此,在政策上和经费上会给予一定的支持。

再次,从师资的角度来看,一般高校都具备从事思想政治工作的老师甚至心理学专业的老师,特别是在师范类院校,更具有得天独厚的条件。一些中小学也在陆续配备心理健康教育老师。学校可以利用业余时间,安排一定的场所进行心理健康教育,使之渗透到各门学科的教学之中,条件好的学校还可以开展心理咨询的值班制度。

最后,从学生角度来看,笔者在教学过程中发现,现在的学生普遍希望了解心理方面的知识,渴望知道如何进行自我心理保健。当他们在学习和生活方面遇到心理困惑时,也希望得到心理学教师的指导。

总之,加强学生的心理健康教育势在必行,迫在眉睫,既具有紧迫的现实性和深远的历史意义,也具有一定的可行性。因此,心理健康教育应成为学校教育的必修课。

第三节 学校心理健康教育的目标和任务

学校心理健康教育是一项复杂的系统工程,具有很强的科学性、知识性,具有自己独特的目标和任务。正确理解其目标和任务,可以提高学校心理健康教育的针对性和有效性。

一、学校心理健康教育的目标

学校心理健康教育的目标应是多层面的。第一，从宏观来看，即从社会角度来看，心理健康教育是培养新世纪人才的重要环节，是提高国民素质的关键，也是一个民族兴衰成败的重要举措。正如江泽民同志所指出的："一个民族的新一代，没有强健的体魄和良好的心理素质，这个民族就没有力量，就不可能屹立于世界民族之林。"所以，宏观意义的目标，应是提高国民素质，振奋民族精神。第二，从中观来看，即从教育角度来看，心理健康教育的目标应与教育目的保持一致，即为社会发展和经济文化建设服务，培养德、智、体、美全面发展的社会主义事业建设者和接班人。因此，其目标应是促进学生个性全面、和谐发展，身心潜能充分发挥。第三，从微观来看，即从学生角度来看，它的目标是提高学生的心理健康水平，防止其心理和行为问题的发生，增强其社会适应能力，优化其心理素质。

以下介绍具有代表性的《上海市中小学心理健康教育大纲》和《上海市全日制高等院校心理健康教育大纲》中所制定的心理健康教育目标。[①]

上海市中小学心理健康教育大纲

总　　纲

通过心理健康教育，帮助学生认识自己、悦纳自己，充分发挥潜力；学会控制和调节自己，能够克服心理困扰；培养乐观进取、自信自律、负责守信、友善合群、开拓创新、追求卓越、不畏艰难的健全人格及社会适应能力；树立人生理想，具备择业能力。

通过心理健康教育，有效地提高当代中小学生的心理素质，为贯彻全国学校德智体全面发展的教育方针，打下扎实基础。

各阶段的目标

小学阶段：提高小学生对校园生活的适应力，培养他们开朗、合群、乐学、自立的健康人格。

初中阶段：培养初中生自重、自爱、自尊、自信的独立人格及对自我与外界的评价能力，能以积极心态面对学习、生活压力和自我身心所出现的变化。

---

① 参见姚本先、方双虎著《学校心理健康教育导论》，中国科学技术大学出版社2002年版，第101页。

高中阶段：培养高中生更为完善的意志品质，增强他们的自觉性、果断性和自制力，并能以更为成熟的自我意识和社会责任感去对待学习、人际交往、情感世界以及自我发展等问题。面对升学或就业，具备选择专业或职业和克服压力的能力。

年级分目标与教育内容

一年级目标：适应新的环境、新的学习生活。乐与老师、同学交往。

内容（适应）：

1. 祝你成为小学生（角色意识）。
2. 这是我们的校园（适应环境）。
3. 和老师、同学手拉手（适应群体）。
4. 课堂是知识的海洋（适应课堂，激发兴趣）。
5. 和好习惯交朋友（行为习惯）。
6. 校园"红灯"与"绿灯"（纪律意识）。
7. 克服不安、孤独、恐惧（防范心理困扰）。

二年级目标：感受集体活动与学习知识的乐趣，在谦让、友善的交往中体验友情，在好行为、好习惯的训练中培养"做一个好学生"的意识。

内容（合群）：

1. 我爱我班（集体意识）。
2. 谦让、友善，朋友多（交友意向）。
3. 知识越学越有趣（乐于学习）。
4. 告别"小粗心"、"小拖拉"（行为习惯）。
5. 谁的发现多又好（观察与注意）。
6. 做活泼、守纪的好学生（自我控制）。
7. 克服厌学、依赖、交往障碍（防范心理困扰）。

三年级目标：在学习中品尝解决难题的快乐，在班队活动中善于与更多的同学交往，萌发集体意识，培养自主自动参与活动及表现自我的欲望与能力。

内容（乐学）：

1. 头脑越练越聪明（动脑习惯）。
2. 智斗难题真快乐（挑战难题）。
3. 情绪气象台（认识情绪）。
4. 让自己更快乐（调节情绪）。
5. 让我也来"露一手"（自信心）。
6. 当小朋友难过的时候（学会关心）。

7. 愉快的假日生活（学会休闲）。

四年级目标：能够正确对待自己的学习成绩，有集体荣誉感，勤于思考，不甘落后。

内容（自信）：

1. 开放自己、表露自己（开朗心态）。

2. 让大家喜欢我、需要我（期望自我）。

3. 同学进步我高兴（排除嫉妒情绪）。

4. 巧学苦练无难题（学习方法）。

5. 集体成败牵我心（集体意识）。

6. "绝招"大比试（表现自我）。

7. 再也不说"我不行"（排除自卑）。

五、六年级目标：具有能力、负责的哥哥姐姐意识，获取"一分辛劳一分收获"的愉悦感，培养面临毕业升学的适当态度。

内容（进取）：

1. 大哥哥大姐姐的风采（兄姐意识）。

2. 学习状态的自我诊断（自我认识）。

3. 反转思考主意多（思维习惯）。

4. 时间的妙用（学习习惯）。

5. 克服考试的紧张情绪（松弛训练）。

6. 我为自己的小学生涯而骄傲（总结自我）。

7. 再见，母校（母校情感）。

8. 向往中学新生活（中小学衔接）。

初预、初一年级目标：适应新的学习环境和学习要求，富有责任感和进取心，形成良好的自我认识能力。

内容（独立）：

1. 驾驭中学的学习生活（学习方法）。

2. 众人拾柴火焰高（自我价值）。

3. 做一个快乐的人（乐观开朗的心态）。

4. 我是谁（自我认识）。

5. 兴趣温度计（兴趣培养法）。

6. 如何诊断行为习惯（自我测量）。

7. 自我改变有妙法（行为矫正）。

8. 筑起防范恶习的城墙（杜绝对烟酒毒赌的好奇心）。

9. 当不幸降临的时候（心理承受方法）。

初二年级目标：掌握青春期的生理和心理卫生常识，适应自我身心变化，能够大方得体地与同学、异性和长辈交往，勤奋精神和刻苦毅力逐渐养成。

内容（自控）：

1. 镜中的我（悦纳生理变化）。
2. 青春的快乐与烦恼（认识青春期心理）。
3. 交往心态PAC（人际交往）。
4. 学会说"不"，学会自我保护（抵御能力）。
5. 不下苦工何有乐（意志培养）。
6. 开发大脑有诀窍——发散性思维和突破定势（思维方法）。
7. 职业大舞台（择业意识）。

初三年级目标：形成锲而不舍的个性特征，掌握自我心态，掌握情绪的调适方法，改善学习方法，能够在升学和就业方面做出合适的决定。

内容（耐挫）：

1. 人生发展的六个阶段（心理发展知识）。
2. 人的五个需求层次（需要理论）。
3. 人生百味（人生价值取向）。
4. 成功在于再坚持一下的努力之中（意志力）。
5. 成功者的个性特质（榜样启示）。
6. 把握升学选择的方向（择业指导）。
7. 保持考前最佳状态（情绪与作息调适及处理压力技巧）。
8. 告别母校，迎接挑战（情感与进取）。

高一年级目标：适应高中学习环境与学习要求，增强集体感和人际交往能力，掌握自我调适与自我改变的技能。

内容（适应）：

1. 营造健康积极的校园氛围（集体意识）。
2. 让我们敞开心扉（开朗性格与人际沟通）。
3. 开发你自己（潜能发掘）。
4. 读书要诀（科学用脑）。
5. 怎样与异性交往（性心理与得体的异性交往方式）。
6. 如何欣赏、说服和拒绝他人（人际交往技能）。
7. 假如你要改变自己（行为方法）。
8. 职业兴趣是成功的动力（择业指导）。

高二年级目标：培养丰富的情感，增强社会责任感，发展创造性。

内容（创造）：

1. 如何掌握学习主动权（学习方法）。
2. 创造意识与创造性地学习（创造性思维）。
3. 友情与爱情（性心理）。
4. 如何增强交往能力（社交技巧）。
5. 时间的分配、运用与管理（效益观）。
6. 职业能力自我测定（择业指导）。
7. 学会负责（责任感）。
8. 如何面对压力（应激指导）。

高三年级目标：认识自己的社会价值，关心国家命运并具有使命感，具有奉献精神，选准自己的发展前途与人生目标，能娴熟地运用所学技巧自我调节考前情绪，成功完成中学阶段的最后冲刺，能够做出升学或择业的最佳选择。

内容（奉献）：

1. 关心社会的心理需求与功能（确立个人潜能最深的激发源）。
2. 人生发展计划（人生指导）。
3. 把握高三（合理运筹时间）。
4. 掌握系统学习律（学习方法）。
5. 如何调节应试情绪（松弛、系统脱敏）。
6. 推销你自己（面试技巧）。
7. 条条道路通罗马（择业指导）。
8. 告别母校，迈向人生（培养报答母校、报效社会的情怀）。

上海市全日制高等院校心理健康教育大纲

主要内容：

1. 了解心理健康的内容和标准。
2. 确立合适的奋斗目标，合理规划人生。
3. 学会客观评价自我，树立自信心和悦纳自我的方法。
4. 能够承受挫折，培养良好意志品质。
5. 发展社会适应和人际交往能力。
6. 克服消极的非理性的思维方式，培养积极的理性思维习惯。
7. 掌握心态、情绪的表达和调适方法。
8. 培养科学的学习方法和良好的学习习惯。
9. 了解自我职业兴趣和职业能力倾向，确立适当的求职目标，具备求职心理技能。
10. 掌握性心理卫生常识。

11. 形成正确的婚恋观，了解恋爱心理调适方法。
12. 学会矫正人格缺陷，塑造健全人格的方法。
13. 了解常见身心疾病及心理障碍的种类、症状和成因，懂得预防和克服的方法。
14. 掌握发展自我、开发潜能的方法。
15. 培养广泛兴趣，提高审美情趣，陶冶高尚情操。

二、学校心理健康教育的任务

（一）给学生提供心理卫生的原则和方法

心理卫生早已成为一种专门的学问，它研究与心理健康有关的各种问题。因此，讲究原则和方法是心理卫生教育的关键问题。例如，人际关系的适应、情绪的自我调节和控制、环境的适应、积极的体育锻炼等都是学校心理卫生教育的重要原则和方法。

（二）给学生提供培养和锻炼健全人格的心理卫生原则和措施

这个任务表明学校心理卫生教育工作的具体化。健全的人格是学生的重要心理特征，是在环境的长期作用下形成的。所以，这又和学校提高学生思想修养水平、树立科学的世界观是一个同步实施的过程。

（三）给青春期学生特殊阶段的心理健康提供一般心理卫生原则和方法

人的一生要经历各个不同的年龄阶段，包括胎儿期、婴儿期、儿童期、少年期、中年期和老年期，各个阶段都有不同的心理特点。中学、大学是在人的一生发展中有很显著特点并且会影响以后生活道路的时期，青春期的许多人生中首次发生的一些问题，如月经、遗精、发育障碍和早恋等问题会深深地影响青春期学生的个性心理。所以，给中学生、大学生提供保持这一年龄阶段心理健康的一般心理卫生原则和方法，是中学及高校心理卫生健康工作的一大任务。

（四）在理论上总结我国学校心理卫生健康工作的规律和经验

心理卫生健康工作需要理论作指导，没有正确的理论，无法对我国中小学生、大学生的实际心理卫生问题做出深刻的认识，也无法找到解决问题的有效方法和途径。当前，我国学校心理卫生健康工作领域存在着大量空白，现在应该是到填补这些空白的时候了。所以，学校心理健康教育应在理论上总结我国学校心理卫生健康工作的规律和经验，并上升为理论层面的研究成果。

> **信息视窗**

心理健康教育从业人员的道德准则和业务修养

一、心理健康教育从业人员的道德准则

（一）全心全意地为求询者服务

（二）对求询者一视同仁，平等相待

（三）尊重求询者的个人意愿和隐私

（四）与求询者保持适当的人际距离

（五）严格执行心理测验和心理治疗的道德要求

（六）努力与其他专业人员合作共事

二、心理健康教育从业人员的业务修养

学校心理咨询人员的业务修养包括基本能力、专业技能和个性品质这样三个层次。

（一）学校心理咨询人员的基本能力

1. 观察思考的能力
2. 言语表达的能力
3. 人际交往的能力
4. 个案调查的能力
5. 解决问题的能力

（二）学校心理咨询人员的专业技能

1. 接谈的技能
2. 测量的技能
3. 指导的技能
4. 矫治的技能

（三）学校心理咨询人员的个性品质

1. 正确的价值观
2. 浓厚的职业兴趣
3. 诚挚的同情心
4. 自信与坚毅的态度
5. 谦虚好学的精神

（信息来源：胡永萍主编《学校心理健康教育》，中山大学出版社2005年版，第48～61页，有改动。）

第四节　心理健康教育的发展状况

一、心理健康教育的发展简史

（一）心理健康教育的萌芽阶段

心理健康教育的萌芽主要可以从古代心理学的有关思想体现出来。

1. 中国古代有关心理健康教育的思想。中国古代虽无"健康"、"心理健康"或"心理卫生"等现代术语，但很多名人的一些思想都包含了这一方面的内容。

《管子》的"养生说"包含了注重身心健康这两方面的内容。管子将人的适宜心理状态分为善心、定心、全心、大心等不同层次，以此为据提出了相应的养心之术。管子说，"凡道无所，善心安爱"；并指出人要正静（形体要正，心神要静）、平正（和平中正，节欲去凶）、守一（静心致志，独乐其身）。许多古代哲学家、思想家都主张清静养神的健康之道。如老子主张"恬淡虚无"、"清静无为"，顺乎自然，"见素抱朴，少私寡欲"。庄子谈及"恬淡虚无"、"清静无为"则"忧患不能入，邪气不能袭"，才能做到"德全而神不亏"。我国古代医书《黄帝内经》中亦主张"静则神藏，躁则消亡"，"清静则生化治，动则苛疾起"，并认为"怒伤肝，喜伤心，思伤脾，忧伤肺，恐伤肾"，为了预防疾病，人必须修养身心，调理性情。心理健康的人不仅能够接纳自己，还要悦纳他人。在与他人的相互交往中，孔子认为应奉行"己欲立而立人，己欲达而达人"、"己所不欲，勿施于人"的原则。老子则说："我有三宝，一曰慈，二曰俭，三曰不敢为天下先。"慈即慈爱，爱人者则人皆爱之；俭即节制，过分贪欲者则维持不长久；不敢为天下先即要防止侵害他人，我不犯人，人就难犯我。[①]

除此之外，古代思想家还提出根据人的不同年龄特点分段养生的道理。孔子是分段养生的最早提倡者，他认为，"少之时，血气未定，戒之在色；及其壮也，血气方刚，戒之在斗；及其老也，血气既衰，戒之在得"。他的观点对后来的医学思想家和养生学家产生了重要影响。中医认为，3～14岁的儿童属于"纯阳"、"稚阴稚阳"、"三有余四不足"的生理发展时期。因此，这一时期的儿童在心理上表现为单纯、幼稚、有所偏激，但又生机勃勃、不断趋于成熟的特点。所谓"纯阳"，是说儿童的身心发育具有"天机活泼"而又十分迅速的特点。所谓"稚阴稚阳"，是指儿童"脏腑娇嫩，皮骨软弱，血气未平，精神未

---

① 参见李丹《学校心理卫生学》，广西教育出版社2001年版，第6页。

定,言语未正"的身心特点。所谓"三有余四不足",是指儿童的心、肝、阳常有余,肺、脾、肾、阴常不足。由于前者,儿童好动、多喜怒;而由于后者,儿童相应的思、忧、恐等情绪活动尚未健全,即他们很少有思、忧、恐的情绪表现。可见,在这个阶段更要重视儿童的身心健康。①

2. 西方古代有关心理健康教育的思想。西方最早关于心理健康的论述可追溯至古希腊的希波克拉底和柏拉图。希波克拉底著名的"体液学说"对后世的影响最为深远。按照希波克拉底的观点,人体内含有四种液体,黏液生于脑,黄胆汁生于肝,黑胆汁生于胃,血液出于心脏。一个人的身体健康与否,个性健全与否,皆因体内四种液体的比例混合是否恰当所致。希波克拉底认为,要使人的心理维持健康状态,就必须保持体液始终正常平衡。对于那些已经紊乱的体液比例,则要想办法恢复到正常的状态。希波克拉底对人的心理健康做了非常形象生动的描绘。柏拉图则认为,个体人格健康的决定因素,是理性的、精神的以及生理(食欲或性欲等)的相互协调一致。一些人看问题十分理智,另一些人雄心勃勃勇于实践,还有一些人则过分放纵自己,这些反映了人们在人格健康方面的个别差异性。柏拉图指出,人们之所以精神失常,其主要原因在于躯体因素、心理因素以及神学因素在其中可能也起一部分作用。②

古罗马教育理论家昆体良(M. F. Quintilianus)非常重视家庭、学校在儿童心理健康教育方面的重要作用。他认为,儿童的教养人本身必须言谈得体,儿童的游玩伙伴必须经过审慎选择,以免同伴的不良行为危及儿童。在学校里,紧张的智力活动与游戏、休息应交替进行;对自卑、脆弱的孩子,教师应多加鼓励,应避免体罚孩子。总之,学校教育必须充分考虑孩子的身心健康。15世纪意大利的人文主义教育家维多利诺(Vittorlno)主张,应该创造幽雅的校园环境和宽松的课堂气氛来促进儿童身心健康。他把自己创办的宫廷学校取名为"快乐之家"。校园地处郊外湖滨,四季花香,绿草如茵;校园内孩子的生活充分自治,教师的教学手段生动有趣,教育目标旨在培养精神、身体、道德都充分发展的人。这些早期教育家的思想和实践活动对现代学校心理健康教育工作的开展是很有启发的。③

(二) 现代心理卫生运动的兴起

现代心理卫生运动的兴起源于对精神病人的治疗。中世纪的西方认为,精神病是由于魔鬼侵入人体所致,因此要治愈精神病就要将病人体内的魔鬼赶走,采

---

① 参见苏州大学教育科学部《健康心理学》,知识出版社1992年版,第32页。
② 参见李丹《学校心理卫生学》,广西教育出版社2001年版,第6页。
③ 参见李丹《学校心理卫生学》,广西教育出版社2001年版,第7页。

用念咒、铁针穿刺舌头、烙铁烧灼皮肤等谓之驱鬼疗法的酷刑，那时的精神病人痛苦异常，遭受的是非人待遇。1794年，法国著名的精神科医生皮内尔（F. Pinel）在任疯人院院长期间，毅然解开了束缚在精神病人身上的镣铐，一改疯人院残酷阴森的旧貌，为病人提供整洁的住宿、可口的饭菜和人道的治疗。皮内尔因此成为现代精神卫生运动的先驱者。

但对现代心理卫生运动作出直接贡献的人是美国的比尔斯（C. W. Beers）。比尔斯生于1876年，18岁就读于耶鲁大学，毕业后，在纽约一家保险公司工作。他的哥哥患有癫痫病。他常常目睹哥哥精神病发作时的可怕情景，因害怕这种病会遗传到自己身上，而整日处于惊恐紧张的状态，最终因精神失常被送进精神病院。比尔斯在精神病院呆了3年。在这期间，他亲眼目睹了精神病人所承受的悲惨遭遇，并亲身体验到精神病人的孤独和苦闷。因此病愈出院后，他以自己的亲身经历和体验写下《发现自我的心灵》一书。在书中，他再现了精神病院医生对病人的残酷无情，呼吁全社会都来关心精神病患者，为他们提供良好的医疗和生活条件。此书一经出版即引起轰动，著名心理学家威廉·詹姆斯为这本书撰写了序言，并给予高度评价，其他许多学者也都纷纷表示了对比尔斯所呼吁的心理卫生运动的支持。这样，在各方人士的支持和帮助下，1908年5月，比尔斯在康涅狄格州成立了世界上第一个"心理卫生协会"。次年2月，比尔斯等人又在纽约成立了"美国全国心理卫生委员会"。至此，心理卫生运动在美国轰轰烈烈地展开。到了1917年，随着《心理卫生》杂志的出版发行，心理卫生运动不仅对美国，而且对世界各国都产生了广泛的影响。

（三）心理卫生运动的发展

受美国心理卫生运动的影响，1918年，"加拿大全国心理卫生协会"宣告成立。在随后几年中，法国、英国、德国、意大利、西班牙、瑞士以及日本等20多个国家，也都陆续建立起全国性的心理卫生组织。1930年，第一届国际心理卫生大会在美国华盛顿召开。会议通过了成立"国际心理卫生委员会"的决定，并规定该委员会的宗旨是"完全从事慈善的、科学的、文化的、教育的活动。尤其是关心世界各国人民的心理健康的保持，增进心理疾病、心理缺陷等的研究、治疗和预防，以及致力于全体人类幸福的增进"。从这一宗旨来看，心理卫生的任务已不单单是防病治病，而是上升到如何更好地保持和增进人民心理健康的高度。心理卫生工作的重点从单纯的精神病患者转移到全体民众。第二次世界大战之后，1948年在英国伦敦召开了第三届国际心理卫生大会。此次大会通过了一份《心理健康与世界公民》的纲领性文件，并成立了"世界心理健康联合会"。1961年，世界心理健康联合会明确提出，心理卫生今后的工作任务是：在生物学、医学、社会学、教育学等各个领域，使居民的心理健康水平得到全面提高。

从20世纪60年代至今,心理卫生事业在世界各国蓬勃发展。尤其是随着人本主义心理学的盛行,西方的心理卫生工作者开始从人本主义的角度来看待心理卫生问题。从前,人们的注意焦点更多地集中在心理不健康的一面,而对健康人应该具有怎样的心理状态考虑得并不多。人本主义心理学提出了心理健康的各种模式,其中既有奥尔波特的"成熟人"之说、马斯洛的"自我实现人"之说,又有弗洛姆的"创造性人"之说,为心理卫生事业的发展开辟了广阔的前景。人本主义心理学家关于健康心理的描述给予心理卫生工作者以极大的启发,促使心理卫生运动朝着全面提高人的心理素质、充分发挥人的心理潜能的方向发展。

20世纪三四十年代,我国的心理卫生事业受世界心理卫生运动的影响曾有所发展,先后出版了一系列的译著、专著,如丁瓒的"心理卫生丛书"和《青年心理修养》就引起了社会公众的关注。以后由于种种原因,我国心理卫生事业一直处于沉寂状态,直到80年代,随着我国的改革开放才得以复苏。1985年,"中国心理卫生协会"在山东泰安正式宣告成立,此后,我国心理卫生工作事业如雨后春笋般蓬勃发展。有关中小学生心理卫生方面的理论性研究成果在各类专业性及普及性的教育和心理杂志中占有相当大的比重,进行心理卫生工作的机构也纷纷在中小学设立。

二、我国不同地区心理健康教育的发展概况

我国地域辽阔,不同的地方由于经济、教育等方面发展的不均衡,心理健康教育的开展情况也存在差异。这里主要简述我国内地以及香港和台湾地区的心理健康教育的发展概况。

(一) 内地心理健康教育的发展概况

我国内地的心理辅导事业,早在20世纪初就开始有人探索。中国心理卫生协会最早成立于1920年,此段时间可为内地心理卫生和辅导事业的开创期。可惜的是,在随后的近60年里,由于不断的战乱以及新中国成立后的一系列政治运动,导致心理辅导事业一再中断,备受干扰。直到80年代中期,随着改革开放的不断深入,特别是中国心理卫生协会的恢复活动,心理辅导事业开始得到飞速的发展。所以,80年代可为心理辅导事业的恢复期。在此期间,大中小学相关的心理咨询和辅导都有了不同程度的发展。其中,心理和教育学者所做的工作主要有:①在高等院校和一些中小学开设心理卫生、心理健康方面的课程,开展心理咨询活动,并举办教师心理辅导培训班;②在全国各地召开心理辅导与心理素质研讨会,对心理辅导的发展起了积极的推动作用;③在各类教育与心理学刊物发表文章,介绍心理健康与心理辅导方面的知识、研究成果;④积极开展中小

学心理辅导实践与研究工作,并于中小学开展多种形式的心理辅导实验;⑤积极呼吁国家各级教育行政管理部门建立正规化、制度化和学术化的学校心理咨询与辅导队伍,并配以适当的条件和设备。

进入90年代后,心理辅导的意义和作用又得到了进一步确认,其发展进入了腾飞期。例如,1991年国家教育委员会明确将"儿童青少年心理卫生与心理咨询研究"作为全国教育科学"八五"规划重点研究课题,说明教育研究部门已重视这方面的研究。1992年发布的国家重要教育文件《中国教育改革与发展纲要》中指出,中小学要由"应试教育"转向"素质教育",以面向全体学生,提高他们的思想、道德、文化科学、劳动技能和心理素质。心理素质成为素质教育的一个重要成分。此后,中小学的心理辅导、心理教育更成为教育改革的热门话题,很多学校把心理教育作为教育改革的重要课题。近年来,教育理论工作者和中小学教师正在积极探索心理健康教育的多种模式。

1994年,国家教委又颁布了《中共中央关于进一步加强和改进学校德育工作的若干意见》,正式把心理健康教育列入学校教育的范畴,受到政府及学校的重视。心理健康教育内容亦被纳入全国中小学的教学大纲,使开展心理健康教育工作有了依据。1998年6月,在南京市召开了全国学校心理辅导专业委员会成立大会暨第四届学术研讨会。与会代表一致认为,我国学校心理健康教育的研究与实践得到了重视,所作的理论探讨得到发展;同时,倡导心理健康教育的学术研究应紧密结合实践,并注意理论研究的超前性,这将会推动心理健康教育的发展。

1999年6月13日,《中共中央国务院关于深化教育改革全面推进素质教育的决定》中指出:"针对新形势下青少年成长的特点,加强学生的心理健康教育,培养学生坚韧不拔的意志、艰苦奋斗的精神,增强青少年适应社会生活的能力。"1999年8月,教育部又颁发了《关于加强中小学心理健康教育的若干意见》的文件,其中明确提出:"良好的心理素质是人的全面素质的重要组成部分,是未来人才素质中的一项十分重要的内容。当代的中小学生是跨世纪的一代。他们正处于身心发展的重要时期,大多是独生子女,随着生理、心理的发育和发展,竞争压力的增大、社会阅历的扩展及思维方式的变化,在学习、生活、人际交往和自我表现意识等方面可能会遇到或产生各种心理问题,有些问题如不能及时解决,将会对学生的健康成长产生不良的影响,严重的会使学生出现行为或人格障碍。"对此,各地的中小学不仅要开设一定的心理健康教育课程,也要在学生中积极开展心理辅导活动,对个别存在心理问题或出现心理障碍的学生及时进行认真、耐心、科学的心理辅导,以帮助学生解除心理障碍。此后,教育部基础教育司负责人在回答记者提问时也指出,心理健康教育的主要内容有两条,一是对全体学生开展心理健康教育，使学生不断正确认识自我，增强调控自我、承受挫折、适应环境的能力；二是对少数有心理困惑或心理障碍的学生，给予科学有效的心理咨询和辅导，使他们尽快摆脱困扰，调节自我，提高心理健康水平。

总之，中国内地的心理健康教育事业从无到有、从小到大，经历了一段十分曲折的发展历程。特别是20世纪80年代以来，内地的心理健康教育事业得到了飞速的发展，已日益受到广大教师、学生与家长和各级教育管理部门的重视。可以预计，在今后的数十年当中，我国的心理健康教育事业将会得到更加深入的发展并成为现代教育管理中的一支强有力的生力军。

（二）香港地区心理健康教育的发展概况①

1. 香港心理健康教育的发展历程。香港的中小学教育历来很重视对学习有困难或行为有问题的学生进行辅导，以促进其德、智、体、美、劳五育的共同发展。长期以来，这种辅导完全由班主任自行策划，在课余时间推行，或由家庭与社工（社会福利机构的执行人员）在家庭访问、教师访问中推行。

1971年，香港社会福利志愿机构在部分中小学试行开展社会工作。1974年，香港社会福利署正式推行学校社会工作服务。由于其效果明显，1979年，香港当局在《进入80年代的社会福利》白皮书中把学校社会工作列入政府政策，明文规定每所中学的社会工作由专业社工负责，每位社工为4000名学生提供服务。由于缺乏人手，所以小学的辅导工作由学生辅导主任负责。辅导主任是由经辅导训练的持有文凭的教师担任。每位辅导主任为3000名市区学生或2000名郊区学生提供服务，而当遇有问题严重的学生时，可将其转介给学生辅导咨询主任辅导。学生辅导咨询主任由社工担任，每人负责3万名学生。

为统筹安排香港的小学生辅导服务，香港教育署于1978年成立了小学生辅导组，招聘教学经验丰富的教师，经辅导课程培训后即派到小学做辅导工作。1982年起，香港教育署又在每所中学增设了两位学位教师，专门负责中、英文科目的教学辅导工作。1983—1986年再增加一位学位教师、两位非学位教师，分别负责其他科目的教学辅导、升学就业辅导、一般辅导、课外活动及社区服务等事务。

1984年，香港教育署在《学生辅导服务》简介中提出，学生辅导主任工作责任主要包括五个方面。

(1) 个人辅导：即处理学生个人和情绪问题等。如有需要，这类个案会被

---

① 参见岳晓东、祝新华《中小学心理辅导实用理论与技巧》，北京师范大学出版社2001年版，第102页。

转介给社会工作人员、教育心理学家或教育辅导员。

（2）教育辅导：即协助学习有困难的学生，充分发挥其潜能。

（3）职业辅导：即引导学生对职业有正确、全面的认识。

（4）成长性辅导：即组织各类教育活动来协助学生培养与发展良好的、为社会所接纳的态度和习惯。

（5）调查学生缺课的原因并协助其入学。

自 1982 年 9 月学生辅导组开始采用电脑系统后，学生辅导主任就担负起所有小学一年级至中学三年级学生缺课的调查工作，协助这些学生入学，并将复杂的个案转介给其他组别和政府部门的专业人员处理。

1986 年，香港教育署颁布了《中学学生辅导工作——给校长和教师参考的指引》，进一步强调加强校内组织辅导工作人员与其他教师以及教辅人员的协作，以分工合作的步骤开展学生辅导。

1987 年，香港教育署又颁发行政通告，要求各中学委任升学就业辅导教师与一般辅导教师各 1 名；同时，要求校方减少这些教师的课时，并鼓励他们到校外进修学习，参加有关的研讨会、讲座与参观等。

1992 年，香港教育统筹委员会发布《香港教育统筹委员会第四号报告书》，推行"校本辅导"计划。它是在校长的带领与学生辅导教师的策划、统筹和协助下，全体教师积极参与辅导，力求为整个学校营造一个积极、互相帮助、互相关怀的环境，使每个学生都能在这一和谐气氛中学习成长。

2. 香港中小学心理健康教育的目标和手段。概括说来，香港辅导服务的目标在于预防行为和情绪问题的发生，帮助学生健康成长，并及时鉴别有辅导需要的学生，尽早提供辅导或把有严重问题的学生转介到校外心理辅导或治疗机构去。所以，香港学生辅导是面向全体学生的，这样做也会减少个别需要辅导学生出现的次数，因为全校的 1000 多名学生都需要接受发展性辅导。因此，它也需要全体教师的关注和参与。具体地说，当任课教师发现问题学生需要接受专业辅导时，教师会把学生交给学生辅导主任那里去接受辅导；如果该名学生的问题来自家庭，则学生辅导主任会将他转介到学校社工那里去接受辅导；遇有严重心理问题的学生，则社工会将他转介到校外心理治疗员那里去接受辅导。

经过数十年来的发展变化，香港中小学的心理健康教育已呈现出如下局面：

（1）辅导对象从面向少数学生发展到面向全体学生；

（2）辅导目标从以补救、治疗学生问题为主的模式发展为以预防为主的促进学生全面发展的模式；

（3）辅导方式从以违纪而受处罚为主发展到以做得好而受奖励为主；

（4）辅导人员从少数几个专职人员发展为全校教职人员以及政府不同部门、

协会的共同参加;

(5) 辅导性质从消极被动发展为积极主动。

综上所述,香港早期的学生辅导工作完全由班主任负责。1971年由社会福利机构在部分中学试行社会工作以来,香港的学生辅导不断步入正轨。此后,香港教育行政部门更不断发出辅导工作指引,提供相应的资源,使辅导工作发展迅速,工作成效显著。目前,香港中小学在辅导目的、辅导对象、辅导时机、辅导人员等各方面已建立起多维体系,这种体系可以推动学校全员关心所有学生的发展,全面发挥辅导的发展、预防、治疗等作用。我们可从中汲取一些有益的经验,以加速推进学生辅导。

3. 香港中小学心理健康教育的主要内容。香港中小学心理健康教育的主要内容包括五个方面。

(1) 个人辅导。由学生辅导主任、学生辅导教师协助任课教师处理学生个人和情绪问题。在这当中,辅导教师很注重与任课教师、训导主任(主要负责处理学生违犯校规方面的事宜)和其他相关教师的密切合作。

(2) 教育辅导。由学生辅导主任、学生辅导教师给学习上有困难的学生提供辅导,使其懂得如何充分发挥自己的能力。在这当中,辅导教师很注重尊重学生的自尊心。

(3) 职业辅导。由学生辅导主任、学生辅导教师筹办各类活动如讲座和参观,增加学生对就业机会的认识,使他们懂得在择业过程中了解个人兴趣、实力和价值观的重要性。

(4) 筹办预防性的活动。由学生辅导主任、学生辅导教师协助校长开展"校本辅导",来提高学生的整体精神面貌。在认清学校学生的具体需要后,辅导教师需拟订辅导服务的目标及推行相应的辅导活动,倡导良好的行为表现;筹办各类教育活动,协助学生养成社会所接纳的良好态度、行为习惯,建立良好的人际关系,形成优良品德和社会责任感。

(5) 调查学生缺课的原因并协助其入学,确保6~15岁尚未完成中三[①]课程的儿童必须入学。

如有需要,学生辅导主任、学生辅导教师会将有严重问题的学生转介给社会福利署的社会工作人员或教育署特殊教育组的教育心理学家和辅导员,以便提供专业协助。

---

① 香港的小学是六年制,中学是七年制。其中学制是沿袭英国的教育制度,中学一年级至三年级相当于内地的初中教育,中学四年级至五年级相当于内地的高中教育,中学六年级至七年级相当于大学预科教育。

(三) 台湾地区心理健康教育的发展概况[①]

1. 台湾地区心理健康教育的发展历程。台湾地区的学生心理健康教育，是在职业辅导基础上发展起来的。1917年，中华教育社成立，职业教育日益受到重视。1922年，当时国民政府公布《学校系统改革令》，在学校中推广职业辅导社。1933年，国民政府颁布《各省市教育行政机关暨中小学施行升学及职业指导大纲》，将辅导内容扩展到升学领域。现代意义上的学生辅导，发端于20世纪五六十年代。概括地说，台湾地区现代意义上的中小学辅导走过了如下历程。

(1) 发源时期。自1954年开始，侨民子女在台湾就学人数骤增，那些12岁以下的青少年人地生疏，语言隔阂，因而有严重的生活与学习适应困难。为加强侨民教育，于1956年在各大专院校设置侨生辅导委员会。1957年，举办了第一届侨生辅导与课外活动研讨会，由中外专家讲授辅导的理论与实施方法。该委员会对学生的学业补救、品德行为与生活适应等方面做了大量的工作，由于成效显著而引起教育界人士的重视，为台湾地区学生辅导的发展奠定了基础。

从1951年到1962年，台湾地区共选派10多位大专教师与教育行政人员赴美进修辅导心理学，回台后协助推动各级学校辅导工作。从1957年起，先后举办了6期学生辅导研习会，有近300名大中学教职员参加；同时，编印辅导研究期刊三卷计26期，编辑辅导图书50种，广泛介绍了美国辅导理论与实施的方法，使教育工作者对辅导的态度发生了质的改变。1958年，"台湾辅导学会"成立，其主要任务就是宣传辅导理论与研究辅导技术，举办各种辅导讲习班，联络亚洲各国推广辅导工作，提倡实验研究并倡导编制测验，出版辅导学术著作、辅导丛书以及发行辅导刊物，等等。

(2) 实验时期。1960年3月，华侨中学与台北第二女子中学（今台北市中山女中），分别就辅导制度与实施方法开展实验研究，为期两年，成效显著。为适应现代教育的发展，台湾地区自1962年起改革中等教育，推行中等辅导工作实验计划，至1965年有31所学校参与实验。在此期间，辅导学会每年举办一次辅导实验总结会，寒假期间举办巡回研讨会讲授辅导理论与技术，平时也到各校协助做辅导与心理测验工作。

(3) 推广时期。经过实践，学生辅导进入推广时期。1965年夏，台湾辅导学会又聘请联合国文教组织专家协助设计职业辅导计划，并编印"心理卫生丛书"与"职业辅导丛书"。就业辅导中心还办理就业辅导，发行各种职业资料。同年，台湾大学、台湾政治大学、台湾师范大学先后实施辅导与测验计划。1966

[①] 参见岳晓东、祝新华《中小学心理辅导实用理论与技巧》，北京师范大学出版社2001年版，第275页。

学校心理健康教育

年成立"青年辅导委员会",策划和推广青年辅导工作。

1966年7月,根据联合国文教专家的报告,召集专家学者成立学生辅导委员会,研究如何在台湾地区普遍实施辅导制度,以适应当时学生发展的实际需要。同年,颁订中等学校加强辅导工作的实施办法,希望中等学校普遍推行辅导工作。至此,台湾地区的辅导运动由教育学术团体的提倡,步入行政部门的领导实施。

(4)应用时期。1968年起,台湾地区实施九年制义务教育,前6年为小学,后3年为初中。初中学生不经考试而入学,学生差异很大,教学、训导都遇到困难。辅导学会建议在初中课程中增列"指导活动"一科(现称"辅导活动")。该科旨在促进学生自我了解以及帮助教师了解学生。1968年,颁布《中学暂行课程办法》,将"指导活动"列为科目之一,颁布《中学指导活动暂行课程标准》,并在初中成立指导活动执行委员会,正式开展指导活动。1972年颁布的《中学指导活动课程标准》、1979年颁布的《教育法》规定了辅导工作的组织和人员。

由于辅导是一个延续的过程,学生在每一阶段也都有接受辅导的需要,因此,仅在初中3年提供辅导服务不能满足学生的发展需要。于是,台湾地区的学生辅导工作就从初中向上推进和向下延伸。1971年,在修订高级中学课程标准时,开始强调辅导的重要性,并增列了"辅导工作"一条。1972年,制定颁布了《高级中等学校辅导工作实施纲领》与《高级中等学校辅导工作实施要点》,通令全面实施。1973年公布了《高级中学课程标准》,明确规定辅导为高中阶段的重要工作;同年,又公布《高级中学学生评估及辅导工作实施要点》,加强高级中学的辅导工作,并指定了9所高级中学试办。

1974年,颁布了《高级中学辅导工作实施方案》,对于高中辅导工作的目标、原则、内容、实施方式、辅导行政、经费与设备做了具体的规定。1979年,正式公布《高级中学法》,其第83条具体规定了高中辅导工作的范围、组织及其工作办法;第13条规定了高中设辅导工作委员会,规划、协调全校学生的辅导工作,由校长挑选其有专业知识和能力的人员为专任辅导教师。1981年又颁布《高级中学规程》,规定由校长兼任辅导委员会主任,聘请各处室及有关教师为委员,每15个班设1名辅导教师,并从中选聘1名主任辅导教师,负责规划、组织全校辅导工作;同年,又公布《高级中学学生辅导办法》,规定高级中学设专任辅导教师,专任辅导教师不需授课,专职办理辅导工作,并规定3年内全面实施这一规定。至此,高中辅导工作有了法律依据。

在20世纪60年代,台湾地区就有少数小学着手开展儿童辅导工作,但重点局限于"儿童心理卫生"方面。通过辅导专家及相关机构或组织多年的努力,于 1975 年颁布《小学课程标准》，增设"小学辅导活动实施要领"一项，订立了目标与要求、实施组织纲要与实施方式，并编订《教师手册》作为实施的参考。辅导不另设专门科目，也不专门安排时间，而是融于多种教学情境和活动之中进行，使教学、训导、辅导一元化。该"实施要领"规定小学于 1978 年开始普遍实施辅导工作，目的是让儿童认识自己、适应环境、养成良好的生活习惯和学习态度；它为台湾地区各级学校确立一贯而完整的辅导体系奠定了基础。1979年公布的《教育法》中明确规定，小学设辅导室和辅导教师。1984 年验收合格的第一批小学辅导主任，被正式分配到各校服务，为小学辅导事业确立了应有的专业地位。

可见，学生辅导已完全成为台湾地区中小学行政管理的一个重要环节。

2. 台湾地区中小学生辅导的基本内容。台湾地区中小学的辅导内容虽有一定的地域或方法差异，但总的来说，它可以分为三个基本内容。

(1) 学习辅导。即帮助学生了解自己的各科学业成绩，形成良好的学习态度、方法和习惯，并针对有特殊才能及特殊困难的学生进行辅导。项目有作业辅导、学法辅导、课外活动辅导、特殊儿童辅导和升学辅导等。

(2) 生活辅导。即帮助学生了解自己的性格、人格特征，学会各种生活技能，养成良好的习惯，学会适应学校与家庭生活，培养社交能力。项目有健康辅导、品格辅导、休闲辅导、社交辅导、家庭辅导等。

(3) 职业辅导服务。即为初中和高中的学生提供职业辅导，主要是提供职业信息，组织职业培训，帮助学生认识各种职业特征，学会职业技能并帮助其就业。项目有认识自我、职前心理辅导、职业分类与价值观辅导、集体定向辅导等。

上述三个基本内容又可分为六个方面的服务。

(1) 心理测量服务：采用测验、问卷、观察、家访等方法收集有关学生个人、家庭及同伴的资料，并加以分析和运用，了解个别差异。

(2) 心理辅导服务：心理咨询是辅导服务中的核心服务，它通过个别或小组的方式，帮助学生自我了解与自我发展。

(3) 信息咨询服务：辅导教师配合任课教师及行政人员提供学生所需的教育、职业与生活资料，充实学生的学习经验，增进学生对环境的了解，以利学生做出相关选择与决定。

(4) 个人定向服务：帮助新入学或转学的学生认识新环境、新课程与新关系，以使其能在环境变化中尽快安定下来，把握努力的方向。

(5) 安置服务：包括校内的学习安置（如编班、选课）、升学辅导及就业安置（就业机会的利用与提供），目的在于使学生在求学与求职道路上，各适其性，各得其所。

（6）延续服务：对于毕业的学生，无论是升学还是就业，继续保持联系并提供必要的服务，使其在新环境中，仍能获得良好的适应与发展。

此外，台湾地区中小学的辅导还强调开展必要的研究，对于辅导的需求与辅导的绩效，进行定期或不定期的评价，用作拟订新辅导计划的参考。辅导是一种连续的过程，因此辅导的评价与研究必须经常进行，以保持辅导工作的朝气与活力。

3. 台湾地区中小学生的辅导目标与要求。

（1）台湾地区小学的辅导目标与要求。辅导活动是小学教育的核心目标之一。台湾地区小学的辅导要达到下列目标：①协助儿童认识自己，适应环境。②了解儿童的各种能力、性向、兴趣与人格特征，并发现特殊儿童，施以适当教育，充分发挥其创造与学习潜能。③协助儿童养成正确的学习态度，增进学习效果。④协助儿童养成良好的学习习惯，增进身心健康。

根据这四项辅导目标，台湾地区把小学辅导工作分为"生活辅导"与"学习辅导"两大类。生活辅导包括：搜集学生资料，协助儿童自我认识，辅导儿童适应家庭与学校生活，培养儿童交往能力，促进儿童养成良好的社会公德，辅导儿童利用休闲时间，实施特殊儿童的生活辅导，辅导儿童养成爱劳动的生活习惯。学习辅导包括：培养儿童良好的学习兴趣、学习态度、学习习惯，形成良好的学习方法，发展儿童学习能力，培养儿童适应及改善学习环境的能力，辅导儿童升学，开展特殊儿童的辅导。

（2）台湾地区初中的辅导目标与要求。台湾地区初中的辅导目标包括五个方面：①协助学生适应环境，使其有自我管理能力。②了解学生的能力、性向、兴趣、性格等情况，发现特殊学生及学生个别问题。③协助学生培养优良的学习态度、方法与习惯，因材施教。④协助学生树立人生理想。⑤协助学生增进职业知识，了解职业发展趋势，培养职业兴趣，引导学生对未来职业做出正确的选择与适当准备。

根据上述辅导目标，初中辅导的工作以生活、学习、职业三种辅导并重。其辅导内容包括：①生活辅导：增进学生对辅导工作的认识，使学生互相认识，增进交往能力，收集学生个人资料，等等。②学习辅导：使学生了解学习目的，培养学习兴趣、态度、方法及习惯；使学生了解考试及成绩的意义，举行各科学业成就测验；等等。③职业辅导：协助学生自我认识，介绍职业知识，进行职业试探，举行参观访问；帮助学生选择职业目标，认识职业选修科目内容；等等。

（3）台湾地区高中的辅导目标与要求。台湾地区现行的高中辅导，依据《高级中学学生辅导办法》的确定目标和要求，辅导目标分为三个方面。①生活辅导：进行生活常规与定向的辅导，增进学生生活适应能力，实施个别辅导，了解并协助学生解决问题，调查与处理学生生活及特殊行为问题，培养其处理人际关系及社会生活能力。②学习辅导：辅导学生培养良好的学习态度、习惯和方法，调查与处理学习困难，定期实施学生性向、兴趣及成就测验，并参照学生志愿进行分班编组教学，调查研究学生各种特殊才能，辅导学生了解自己所具备的条件及各大专院校科、系的性质，以确定升学目标。③职业辅导：实施个别咨询，并与家长联络，以明确了解学生就业意愿，协助学生认识职业道德、职业表现及建立正确就业观念，辅导学生选定职业目标，选修职业课程，转学职业学校或5年专科学校，举办职业座谈会及参观工厂或建立合作机构，辅导学生就业或参加职业训练。

此外，台湾地区《高级中学学生辅导办法》条例还对每一学年的任务提出了明确的要求。

第一学年：准备学生资料表格及有关设备，实施新生活辅导，实施学生体检，举行智力、性向、兴趣测验，协助学生了解高中教育目标，对不适宜接受高中教育的学生进行辅导，或帮其转学。

第二学年：依据测验结果及学生意愿分组，协助学生解决各科学习上的困难，调查学生的特殊能力，作观察研究并予以辅导，实施行为困难调查、研究及辅导，协助学生社会能力的进一步发展。

第三学年：辅导学生了解升学、就业的意义及途径，辅导学生了解其学业成就，认识升学目标，并做升学准备；辅导学生确立就业意愿，收集有关职业训练及就业资料，辅导学生就业。

中小学辅导的这些任务，各级各类学校可以根据学校的情况适当执行，并不强求一定要完成或达到。一般认为，职业辅导的内容过于狭窄，目前已逐渐导入"生涯辅导"的概念，以适合高中阶段的需要。

综上所述，台湾地区中小学辅导内容、目标十分具体，为教师开展学生辅导及组织效果评定提供了可行的依据。

第三章

学校心理健康教育的内容

> 【本章要点】
> 1. 学习动机、学习兴趣与学习方法的含义和辅导；
> 2. 考试焦虑的表现与辅导；
> 3. 自我意识辅导的目标和内容；
> 4. 情绪辅导的目标和内容；
> 5. 人际交往辅导的含义和内容；
> 6. 了解职业与个性的关系。

学校心理健康教育的内容是心理健康教育目标的具体化，它最直接地体现了心理健康教育目标，为实现心理健康教育目标服务。学校心理健康教育的内容一般包括：学习问题的心理健康教育与辅导、生活问题的心理健康教育与辅导、升学与就业的心理健康教育与辅导等几方面。

第一节 学习问题的心理健康教育与辅导

学习问题的心理健康教育与辅导具体包括学习动机的辅导、学习兴趣的辅导、学习方法的辅导以及考试心理的辅导。

一、学习动机的辅导

（一）学习动机的含义与意义

学习动机是指直接推动学生进行学习的一种内部动力，是激励和指引学生进行学习的一种需要，是影响学生学习的一种重要的非认知因素。

学习动机在学生的学习中具有重大作用。古今中外不少思想家和教育家对此都有论述。例如，赫尔巴特就把"引起动机"作为其五段教学法的首段。现代教育家布鲁纳则提出动机原则，作为其四大教学原则之一。在我国，自孔子以来，历代学者都把"立志"作为学习的必要条件。所谓立志，即与现代所谓的"动机激发"相当。如明代学者王守仁认为："君子之学，无时无处不以立志为事"；"志不立，天下无可成之事；志不立，如无舵之舟，无衔之马，漂荡奔逸，终亦何所底乎？"王守仁甚至认为，"志立而学问之功半矣"，"凡学之不勤，必其志之尚未笃也"。从现代学习心理学的角度来看，学习动机与学习的关系主要表现在三个方面。

1. 学习动机对学习有推动作用。研究表明，在一定范围内，学习动机与学习成绩有正相关关系。如巴顿（1972年）通过实验证明，在智力水平相等的条件下，成就动机和志向水平较高的学生，比成就动机和志向水平较低的学生成绩要好。另外，经验和其他一些实验也证明，学生学习成绩不佳的原因之一，往往在于没有养成良好的注意习惯。而注意范围狭窄、不稳定，往往是由于学习动机未得到充分发展所至。动机对学习的促进作用，主要以注意的加强、思维积极性的提高为中介。

2. 学习成绩对动机有促进作用。奥苏贝尔指出："动机与学习之间的关系是典型的相辅相成的关系，绝非一种单向性的关系。"① 动机固然可以通过增强行为的力量来促进学习；但反过来也可以促进学习动机，学习对学习动机的促进作用主要是以通过学习的成功作为强化物，对学习活动进行不断的强化来实现的。因此，当学生尚未有学习兴趣和动机时，没有必要采取消极的方法等待学生兴趣和动机的发展，而应当尽最大可能使学生学懂、学会，尝到学习的甜头。学生一旦尝到学习成功的甜头，就会产生要学习的愿望。总之，提高学习动机的最适宜方式，是把重点放在学习的认知活动方面，而不是动机本身上；要通过富有成效的教学来增强学生的学习动机。

3. 动机对学习活动的复杂影响。研究表明，学习动机和学习效率之间并非完全是正比率关系。心理学家认为，适当的学习动机对学习是有益的，而过强的学习动机对学习不仅无益，反而有害。学习动机的强度与学习效率的关系是倒"U"形曲线关系。也就是说，当动机强度处于中等水平时，学习效率最高；当学习动机的强度超过最适宜的中等强度时，学习效率反而下降。例如，过度考试焦虑现象主要是由动机过强造成的。耶克斯—多德森定律表明，各种活动都存在一个最佳的动机水平；动机不足或过分强烈，都会使工作效率下降。动机的最佳水平随任务性质的不同而不同。在比较容易的任务中，工作效率随动机的提高而上升；动机的最佳水平随着任务难度的增加而逐渐下降。也就是说，在难度较大的任务中，较低的动机水平有利于任务的完成。②

（二）学习动机的辅导

1. 进行目的教育，启发学生的自觉。学习目的教育是学校的一项主要的经

---

① 转引自姚本先、方双虎著《学校心理健康教育导论》，中国科学技术大学出版社2002年版，第124页。

② 参见姚本先、方双虎著《学校心理健康教育导论》，中国科学技术大学出版社2002年版，第125页。

常性工作。进行学习目的教育旨在使学生认识学习的社会意义，把学习与祖国的建设事业联系起来，从而产生学习的需要，形成长远的间接性动机，提高学习的积极性和主动性。教育实践证明，要使学习目的性教育富有成效，必须根据学生的身心特点组织和开展活动，诸如社会调查、社会服务、参观、报告会、科技小组活动等，都将有助于启发学生学习的目的性。此外，学习目的教育要与具体学习目标相结合，避免空洞的说教。因为远景性目标固然能激励学生奋发向前，起到持久的动力作用，但只有使这种远景目标与具体的、切实可行的近期目标结合起来并交替转化、相互作用，才能使学生既理解远景性目标的意义，又能将其转化为学习需要。而"使学习感到需要，是学习的根本动机"。

需要指出的是，学习动机的形成是一个较为复杂的过程，教育的作用不仅在于使动机的发展从不成熟到成熟、从低水平到高水平，而且要指导学生以正确的动机克服错误的动机，鼓励学生以社会要求为准则，抵制周围环境中种种不利于形成正确动机的影响。例如，由于社会大气候的影响，不少学生受到了拜金主义、享乐主义、金钱为上等影响，对于这些错误动机，我们都必须帮助学生加以抵制。

2. 运用动机迁移，优化心理因素。动机迁移是指在学生缺乏学习动力的情况下，教师引导学生把从事其他活动的动机转移到学习活动上。教育实践表明，尽管几乎每个班级里总有一些学生没有明确的学习目的，缺乏正确的学习动机，对学习采取"应付"、"交差"态度，甚至为学所苦，有厌学情绪，但只要教师能深入观察，总不难发现此类学生在体育运动、文娱表演等活动中往往具有相当浓厚的兴趣和积极性。引导学生把这些积极因素与学习联系起来，并把它们转化为学习需要和学习兴趣，也是培养学习动机的有效手段。例如，通过开展科技小组活动，不仅能使学生的注意、思维、想象等认知能力以及操作和创造能力得到有效的培养，而且会使他们进一步懂得知识的重要作用，从而激起其学习需要和努力学好每门功课的愿望。

学习动机的存在，不仅需要外在条件的激发，还需要内在心理因素的转化。能转化为学习动机的心理因素很多，诸如需要、愿望、兴趣、理想、信念、情感等，在一定条件下，都可以成为推动学生积极进行学习活动的内部力量。这种由内在心理因素转化而来的动机，可以称为内部动机，其驱动力较强，维持时间也较长。以理想为例，一般地，理想与动机的关系十分密切，有什么样的理想，必然有什么水平的学习动机。据张铁成等对全国 15 所中学 55 个教学班的 2771 名学生的问卷调查，理想与动机的相关系数 $r=0.73$；另据全国青少年理想、动机、兴趣研究协作组对十省、市、自治区的不同类型学校计 10059 人的调查，发现理想与动机的相关系数 $r=0.819$。由此可见，优化学生的心理因素，对培养其学习动机也非常重要。

3. 创设问题情景，丰富教学内容与方法。一些研究者发现，人类有一种不确定性的需要，它驱使人们去解决那些现时还不能解决、需要探索查明真相的问题，并促使人们产生不同强度的行为——这种行为可持续到问题的解决，直至出现新的发现。他们认为，这种不确定性来自于学生已知的与未知的知识之间、已会的与不会的基本技能之间的差距，来自于学生认识的与不认识的、熟悉的与不熟悉的事物之间的差距。如著名认知心理学家皮亚杰就曾指出，当感性输入与现有认知结构之间具有中等程度的不适合时，人的兴趣最大。[①] 因此，为了能激发学生的学习动机，教师应注意在教学中形成一种使学生不确定的问题情景，由此产生的矛盾、疑惑、惊讶最能引起学生的求知欲和学习兴趣，从而产生学习的愿望和意向。

在教学中以丰富有趣、逻辑性系统性很强的内容以及生动的教学方法来吸引学生，使学生通过学习得到精神上的满足，也可以进一步激发其学习兴趣。新异事物可以引起学生的探究，教学内容与方法的不断更新与变化，可以不断引起学生新的探究活动，从而可能在此基础上产生更高水平的求知欲。对学龄初期儿童的研究表明，大多数儿童对力所能及而又要开动脑筋的学习材料有较高的兴趣。一些有经验的教师常常会采用这些措施来激发学生的学习兴趣和求知欲。例如，语文和外语阅读课上的分角色朗读，算术教学中的口算与笔算交替使用，学生自编例题，外语课上的看图叙述，以及适当采用幻灯、录音、录像等现代化教学手段，等等。通过这些措施进一步强化其已形成了的间接的学习动机。

4. 适当开展竞赛，进行奖励与惩罚。竞赛是激发学习积极性的有效手段。社会性的竞赛，历来被认为是激发人们的斗志、调动人们积极向上、克服困难、争取完成任务、获取优良成绩的有效手段之一。美国心理学家切泼曼（J. C. Chapman）和佛得尔（R. B. Feder）对五年级两个小组儿童进行10天（每天10分钟）加法练习的对比实验，其中一组是竞赛组，另一组是无竞赛组。[②] 由于竞赛组具有"为每天统计表上增添分数和红星"的诱惑，成绩保持着不断进步，而无竞赛组成绩却有退步。可见，竞赛是激发学生学习动机、调动其学习积极性的有效手段，它有利于鼓励进取，反对怠慢。但是，由于竞赛中获胜者只是少数，大多数人都是失败者，难免承受一定的心理压力。因此，不宜过多组织竞赛，避免过强的竞争性，增多获胜的机会，尽可能让较多的学生获得成功，避免产生优越感或自卑感。

---

① 参见胡永萍编《教育心理学》，中国商业出版社2003年版，第191页。
② 参见潘叔著《教育心理学》，人民教育出版社1993年版，第93～94页。

在激发学生学习动机的过程中，可适当使用一些奖励与惩罚手段。奖励是指学生获得某种赞许、表扬等，能满足学生的社会需要，增强他们学习行为重现的相对概率。对此，盖杰（Gager）和伯林纳（Berliner）在《教学心理学》一书中指出："对于教师来说，表扬是最易使用和最自然的、有效的形成动机的方法。最重要的是，表扬伴随着某种行为频率的增加。"惩罚指的是教师对学生的批评和训斥等。从长期效果来说，惩罚往往会降低那些遭受惩罚行为重现的相对概率，使学生削弱产生该行为的动机，从而增强与该行为对立的行为动机。因此，奖励与惩罚，各自都能以不同的方式对学习及动机本身产生作用。

尽管惩罚与奖励一样，对增强行为动机有一定作用，但赫洛克（E. B. Hurlock）等人的研究表明[1]，奖励比惩罚对学生的学习动机更具有激励作用，而且从心理卫生的角度来看，注重奖励而不注重惩罚也被认为是一种开明的做法。当然，在某些场合，惩罚往往也能起到奖励不能起到的作用。正像希腊神话中的达摩克斯剑一样，惩罚使学生处于一种紧张情景之中，学生为了避免惩罚就必须努力，这就起到了促进学习的作用。

5. 及时提供反馈，让学生多体验成功。让学生在学习中及时了解自己的学习结果，可以进一步激发学生的积极性，对学习动机起强化作用。布朗（Brown）曾用实验证明了这一点。在教学中，对甲组学生的作业，在批改时不仅打分，且加评语；对乙组学生的作业仅仅是批改，既不打分，也不加评语。一段时间后，甲组学生的成绩明显高于乙组。可见，学习结果的反馈作用是很重要的。有经验的教师，都很重视对学生课堂上的答题、作业、试卷等及时做出评价。当然，评价不一定都是表扬，也可能是批评，但表扬的效果总是优于批评，而批评又比没有评价好。如果教师对学生的学习情况不作任何评价，学生对自己的学习结果一无所知，则学生的学习动机也无从产生。值得指出的是，教师的评价要客观、公正、全面、合理，既要让学生知道对在哪里，错在哪里，又要让学生知道努力的方向；否则，学习评价只是流于形式，也就谈不上激发学生的动机作用了。

让学生多体验成功也有利于激发学生的学习动机。一些研究结果表明，成功体验对动机的激发作用大于失败体验；尤其对成绩较差的学生来说，进一步的失败会导致学习动机的下降，而一次或多次的成功则会成为学习动机的"激活剂"。正因为这样，教师在设计提问、板书、作业时，要因人而异地提出切合不同学生的不同学习要求，使每个学生都有成功的希望，从而获得成功的体验，提高学习兴趣和动机。

---

[1] 参见皮连生主编《教育心理学》，上海教育出版社2005年版，第354～355页。

二、学习兴趣的辅导

(一) 学习兴趣的含义及其作用

兴趣是人们力求认识某种事物和从事某种活动的意识倾向。它表现为人们对某种事物、某种活动的选择性态度和积极的情绪反应。任何一种兴趣都是对这种事物有所认识后参与了某种活动、体验到情绪上的愉悦后发生的。例如，你对音乐有兴趣，不仅对有关音乐的书籍、乐器、各种音乐活动有所关注，而且会对音乐有所了解，津津乐道，并对参加音乐活动感到愉悦。

学习兴趣在学生的学习中具有重要作用。关于这一点，古今中外不少思想家、教育家、心理学家都有相关论述。如赫尔巴特就十分重视兴趣，认为人有多方面的兴趣，而教育就应当以此为基础，并应把引起和培养人的多方面兴趣当做自己的一项任务。斯宾塞主张教育应当是快乐的，快乐的情感状态有利于学生的智慧活动。"进步教育"学派的代表人杜威则提出"兴趣中心论"。他说："兴趣是生长中能力的信号和象征，兴趣显示着最初出现的能力。因此，经常而细心地观察儿童的兴趣，对于教育者是最重要的。"现代认知心理学家皮亚杰也十分重视兴趣在学习中的作用。他认为："强迫工作是违反心理原则的，而且一切有成效的活动必须以某种兴趣为先决条件。"在我国，早在两千多年前，孔子就很重视学习兴趣，认为这是调动学习积极性的重要条件。他指出："知之者不如好之者，好之者不如乐之者。"从现代学习心理学的角度来看，学习兴趣与学习的关系主要表现在：当学生对某门学科产生学习兴趣时，他就会产生力求掌握知识的理智感，集中自己的注意力，采取积极主动的意志行动，使心理活动处于积极状态，从而提高自己的学习效率。

(二) 学习兴趣的辅导

1. 利用学科特点，合理安排内容。每一门学科都有自己的知识特点，学生对某一学科的兴趣往往是由该学科的特殊兴趣所引起的。因此，教师要注意充分发掘学科知识中那些学生感兴趣的东西，诸如语文的文情诗意、数学的奇思巧索等等，以期引起学生对该学科的特殊兴趣。例如，特级语文教师吕志范上语文课时讲解精辟透彻，朗读情深意切，表情惟妙惟肖，情感爱憎分明，使学生无不受到强烈的感染，觉得听语文课是一种乐趣、一种艺术享受，因而对语文课也特别感兴趣。

教学心理学的研究表明，学生对所学内容感到新颖而又无知时，最能诱发好奇内驱力，激起求知、探究、操作等学习意愿。在课堂教学中，教学内容过深，学生望而却步，会减低学习兴趣；教学内容过浅，学生唾手可得，也会丧失学习兴趣。据此，教师在安排教学内容时，就应当贯彻维果茨基的"最近发展区"

的思想,注意深浅得当,难易适度。其要求是:教学内容必须是学生经过一定努力所能掌握的,同时,还应当善于在学生已有知识经验的基础上,去讲授某些新的知识,并把新知识纳入到学生已有的知识体系之中。只有这样,才能调动学生的学习兴趣。

2. 改进教学方法,帮助克服困难。学生在各科学习的初始阶段会遇到一些困难,即会遇到一些关卡。闯过这些关卡,学生就能顺利地掌握该学科的基础知识和学习方法,兴趣也会渐趋稳定;闯不过这些关卡,学生在学习上就会困难重重,在知识掌握上就会"雨天背稻草,越背越重",学习兴趣就会锐减,甚至会感到味如嚼蜡。不言而喻,这些难点或关卡就是学生兴趣和成绩的分化点。南京市八中的教师在讨论"如何激发学生学习兴趣"时,找到了如上所述的学生在学习中不易掌握的难点,如初一代数的有理数运算、初二物理的单位换算等,并采取得力措施,帮助学生掌握这些较难掌握的知识。实践表明,这样做,既能减缓和消除学生在学习上两极分化现象的产生,又使学生解决了学习上的疑难,体验到克服困难取得成功的喜悦,因而也稳定了学习兴趣。

3. 制定合适目标,培养激发兴趣。动机作用在实现目标过程中,其强度往往取决于对成功结果的期望。阿特金森用数学公式所列的成就动机模式 $T = M \times P \times I$,(式中,T 代表反应倾向程度,M 代表动机,I 代表诱因,P 代表对成功结果的期望)中,对成功结果的期望 P 就是其中一个变量。因此,在学习活动中,帮助学生制定恰如其分的学习目标是非常重要的——因为学生对抱有成功希望的事情才容易发生兴趣。为此,在教学中,教师不妨把要求放低些。这样,学生初战易胜,一胜便能激励起再战的勇气。每学习一段时间都可以要求学生通过自测来看看自己的学习进度和效果,哪怕是取得了微不足道的成绩,也应对之充分肯定,给予强化。这样,学生的学习信心便会越来越强,兴趣也会越来越高涨和稳定。

4. 注意兴趣转化,开展课外活动。一位有经验的教师曾用如下方法,成功地把学生的间接兴趣转化为直接兴趣:学校要开运动会,教师事先做了几张记者证,在班上展示后告诉学生:"校运动会要请几位同学当小记者,谁愿意呢?"当然,最先举手的是那几个学习成绩好、作文能力强的学生,但更多的学生却畏缩不前。接着教师又讲:"写运动会报道并不难,如果你们认真学习了习作例文《课间十分钟》就会写得好。至于谁当'小记者',我不看你们过去的作文成绩,而是通过学习这篇习作例文后,看谁能写出像《课间十分钟》这样的例文。"果然,这节课学生的学习兴趣浓厚,学习积极性很高。在这堂课的教学过程中,教师就是把学生的间接兴趣(当"小记者")转化为直接兴趣(对《课间十分钟》学习的兴趣)。这种利用间接兴趣培养直接兴趣的做法,对成绩较差的学生具有特殊意义。此外，组织学生参加课外活动，也是激发和培养学习兴趣的重要途径。教育实践证明，让学生参加各种课外兴趣小组，不仅能使他们学到既动脑又动手的本领，而且能进一步激发他们的求知欲，引起新的学习需要，发展广阔的和中心的兴趣。

5. 创设问题情境，培养兴趣品质。兴趣与问题是相辅相成的：兴趣引导发现问题，问题可以激发兴趣。因此，有经验的教师都善于创设问题情境，以激发学生的学习兴趣。怎样创设问题情境呢？一般来说，在教学中教师应只把概念、原理讲深讲透，而不是把所有问题都讲细讲到，亦即要造成悬念，启发引导，让学生思索回味，前后贯通，探索作答。例如，一位自然课教师在讲解"物体的热胀冷缩原理"时，利用一个踩扁了的乒乓球做实验。他先把乒乓球浸到开水中，瘪下的地方鼓起来，然后提出问题："是什么力量使球瘪下去的地方鼓起来？"以造成悬念。根据学生"是热水"、"是空气"的认识纠葛，他先在乒乓球上插进气针头，让学生观察：球中没有热水流出，球也不再瘪下去。又把戳破的乒乓球捏瘪放进水中，让学生观察：开水流进了乒乓球，但瘪下的地方却再没有鼓起来。接着他又演示了教材中液体、气体、固体热胀冷缩的实验。最后由学生自己找到了正确答案："是乒乓球里空气被开水烫热，膨胀起来，把瘪下的地方顶起来了。""那么戳破了洞的乒乓球烫了为什么鼓不起来呢？"教师乘机追问。"因为热空气从洞口跑掉了。"学生马上胸有成竹地回答。这正如苏霍姆林斯基所说的那样，真正能驾驭教育过程的高手，是用学生的眼光来读教科书的。

三、学习方法的辅导

学习方法是指学习过程中，人们为了完成学习任务所采用的手段、方法或途径。讲究学习方法，无论是在国内还是在国外，都有悠久历史。例如，成书于两千年前的我国最早的具有学术价值的著作《学记》，之所以称《学记》而不称《教记》，就很值得研究。在《学记》中，作者论述学习方法重要性颇多。如写道："善学者，师逸而功倍，又从而庸之；不善学者，师勤而功半，又从而怨之。"这就指出了学习方法与效果之间的关系。在国外，早在文艺复兴时代，伊拉斯就曾写过论述学习方法的专著——《学习方法论》。对学习方法问题采取近代科学式的研究，一般认为肇始于德国心理学家艾滨浩斯。而后，便陆续有许多心理学家进行实验研究，提出了各自的学习理论。例如，巴甫洛夫、斯金纳、桑代克等人的行为主义学习理论，科勒、威特海默等人的早期认知主义学习理论，加涅、司马贺等人的认知学说，马斯洛、罗杰斯等人的人本主义学说，等等。据不完全统计，学者们提出的学习方法有100余种。显然，要想使学生掌握这些层出不穷的学习方法是不可能的。

我们认为，由于在校生的学习主要是在教师指导下进行的。这种学习一般是由四个环节组成，即预习—听课—复习—作业。这种四个环节的学习方法是最基本的学习方法，如果能使学生真正掌握好这种学习方法，不仅能闻一知十、触类旁通地掌握好其他适合其个性的学习方法，而且实践也表明，这种学习方法确实有助于提高学习效果。

（一）预习方法辅导

预习就是学生在课前自学，亦即在老师讲课之前，学生独立地自学新课内容，做到初步理解，并做好学习新知识的准备工作的过程。

预习的必要性主要有四个方面。① 预习有助于扫除听课中的知识障碍。课堂教学有两个特点：一是学习新知识要用到原有知识；二是教师要面对全班学生授课，只能按照一种教学速度去讲。不言而喻，学生听课时需要用到原有知识；一旦遗忘，就会对学习新知识造成障碍，而且这种障碍也不可能在课堂上扫除。通过预习，不仅可以扫除这类障碍，而且由于明确了新知识和原有知识间的联系，也有利于知识系统化和加深对新知识的理解。② 预习有助于提高听课效果。预习时总会遇到一些不懂的问题，盼望着上课时得以解决。这样，听课时必然目的明确，态度积极，注意力集中。而且，当老师讲解预习中学生已经初步了解的知识时，他就可以把老师的思路与自己的思路进行比较，了解老师提出、分析和解决问题的思路，明白老师的思路比自己高明在何处。这样取长补短，不仅可以使学生对知识的掌握更为扎实，思维能力得以提高，而且可以提高学习的自觉性。③预习有助于提高课堂笔记的水平。通过预习，学生对课本上的内容已有初步了解，所以对老师的讲课内容和黑板上的板书内容在书上有没有都一清二楚，这样，凡是书上有的内容，上课时可以不记或少记，也可以留出空待课后补记。上课时着重记书上没有的部分，或自己不清楚的部分，以及老师反复提示的关键问题。这样做，也有利于把更多的时间用在思考问题上。④ 预习有助于提高自学能力。预习是学生独立地接触新知识，需要独立地阅读和思考。经过长期预习实践的锻炼，就会加快阅读速度，提高分析、综合、比较、归类、抽象、概括等思维操作能力。这种独立获取知识的自学能力一经形成，将使学生终生受益。

怎样预习呢？一般而言，预习有六个步骤。①读。先粗读一遍以领会教材的大意，然后再细读，边读边思。对读不懂和思不透之处，要能提出疑问。②划。即划层次，划重点。如果读过之后看不出层次，抓不住重点，那就是没有读进去。③批。即将自己的看法、体会写在书旁。这些看法、体会对不对，可以在听课中验证。④写。即把自己不懂的问题简单整理出来。⑤思。读后合上书本，思考以下问题：下一节课老师要讲什么，自己懂不懂？与新问题有关的知识是什么，自己有否掌握？自己还有什么问题不懂需要上课时听老师讲解？⑥做。如果时间许可,可以做几道练习题,以检验预习效果。

为了做好预习工作,还应该注意两个问题。①预习不必全面铺开。由于预习需要一定的时间,故为保证预习质量,最好先选择1~2门学科进行试点,待取得经验后再逐步展开。对个人的优势学科,可以不预习或少预习;对个人的劣势学科和语文、数学、外语等基础学科,则必须多预习。②预习必须因时制宜。要根据个人学习可以提供的时间来安排预习。时间多时,预习内容可以多一点,钻研得也可以深入一点;反之,预习内容则可以少一点,钻研得也可以浅一点。预习中有疑难问题是正常现象,不必在预习中把一切问题都解决。

(二)听课方法辅导

听课是学生学习的中心环节,也是他们掌握"双基"(基本概念、基础知识)、发展智能的主要途径。这样说是因为,在全日制学校中,一周要上32~34节课,一学期要上640~680节课。可以说,学生获取各科知识,主要是通过听课这一环节。此外,由于教师是课堂教学的主导,教师根据教学大纲的要求,从学生的实际出发,以教材为基础,并参考有关资料,经过认真备课后再进行教学,无论在深度上还是在广度上都超过了教材本身;加之教师一般都深谙教育学、心理学和教材教法理论,如果再以现代化教学手段,就可以保证高效率地把知识传授给学生和发展他们的智能。

应该怎样听课呢?作为学生,一般应做到五点。①做好准备。一要做好物质上的准备。凡上课所需的课本和笔、尺等学习用具,在课前都要准备好,以便随时取用。二要做好生理上的准备,上课要靠大脑进行感知、记忆、思维、想象,因此,使大脑能保持最佳兴奋状态便尤为重要。为此,要求学生必须做到早睡早起,不开夜车,中午和课间不做激烈运动;午睡时间不宜太长,午睡后要留点活动时间,以使大脑逐步从抑制状态过渡到兴奋状态。三要做好心理上的准备。如前所述,在学习过程中,动机、兴趣、情绪、意志等非智力因素也起着非常重要的作用。因此,为了提高听课效率,就必须保持强烈的求知欲、饱满的学习热情、浓厚的学习兴趣、坚强的学习意志等,这就是心理准备。四要做好知识上的准备。这主要是通过预习来进行的。②专心听讲。俄国教育学家乌申斯基曾经形象地比喻说,注意是学习的窗户,没有它,知识的阳光就照射不进来。确实,一个注意力涣散的学生,虽然他天天在上课,但由于心不在焉,当然会一无所获。要能集中注意力专心听讲,学生必须努力做到以下几点:一是寄希望于课堂。如前所述,对于在校生来说,课堂学习时间最长,也是他们掌握"双基"、发展智能的主要途径,因此,一个好的学生,应该寄希望于课堂而不是课外。当他以这种心理状态上课时,必然是精神饱满、全神贯注;反之,如果认为反正有书本,回家看看就行了,或者认为有父母,有家庭教师,回家补补就行了,则难于集中注意力专心听讲。二是要积极进行思考。教育心理学研究表明，在学习中，如果一个人的思维能够始终处于积极状态，那么，他的注意力也就一定能够在较长时间内保持高度的集中。三是要养成注意习惯。苏联心理学家西·洛维契克说过："要想在课堂上集中注意力，我们还是从一年级就学会做简单的事情开始吧：身体坐正，振作起来，做好听课准备……这样，我们就会非常容易地把注意力集中在老师的讲解上。"他曾经让一些学生选择自己认为最枯燥的课程做实验，结果取得满意的结果。确实，如果我们头倚在坐椅上听课，或趴在桌上听讲，怎么能使注意力集中呢？所以，为了学生能上课专心听讲，必须养成良好的注意习惯——从培养良好的坐姿开始。③当堂掌握。知识的掌握包括知识的领会、巩固和应用三个阶段。诸如弄懂语言的含义、了解事物的性质、掌握概念与原理等均属领会的范畴。巩固是指对所学知识的持久记忆，即对信息的编码和储存。应用则是对所学知识，通过练习或解决具体问题以达到具体化，即提取和应用信息的过程。从以上对知识掌握的介绍中不难看出，要想当堂掌握所学知识，必须认真观察、积极思考；要把听课的重点放在认识事物的思考过程上，而不能跳过这一过程去死背结论；要知道概念、规律的表述是末，而其形成推导过程则是本，舍本而逐末，既不能掌握知识，也不能发展智能。④弄清思路。思路即是思考问题的方法和步骤。弄清思路，就是把老师上课时应用的思维形式、思维方法和过程理解清楚，目的是向老师学习如何科学地思考问题，以锻炼自己的思维能力和进一步提高学习效率。⑤把握特点。为了提高听课效率，还应该把握所听课程的特点和任课教师的特点。就课程而言，一般来说，语文、外语等学科，主要是通过学习字、词、句、篇，并通过听、说、读、写来更好地掌握语言文字；而物理、化学等以实验为基础的学科，经常是在观察实物和进行实验的基础上学习。因此，对语文、外语等学科的学习，就要认真听、大胆说，经常进行读、写的练习；而对物理、化学等学科的学习，就要注意观察、积极思考和动手实验，否则就学不好这些课程。就教师特点而言，每个教师都有自己的讲课特点。如有的老师语言简练，很少重复，这就需要学生听课时高度注意；有的老师上课时的开头语和结束语都是教材的重点和难点，这就需要学生特别注意听好开头语和结束语；等等。只有根据老师的讲课特点去听课，才能获得事半功倍的听课之效。

（三）复习方法辅导

复习是指重新学习已经学过的知识。在中外历史上，许多学者都曾论述过复习的意义。如孔子曾说过"学而时习之，不亦乐乎？""温故而知新，可以为师矣"，并留下了"韦编三绝"的佳话。德国学者狄慈根则指出，"重复是学习的母亲"。从现代教育学的角度来看，复习的作用主要有四个方面：一是使获得的知识系统化，二是有利于对知识的进一步领会，三是弥补知识上的一些缺憾，四是使基本技能进一步成熟。

应该怎样复习呢？一般来说，复习可分为课后复习与系统复习两种，下面分开来叙说。

1. 课后复习。课后复习的任务主要是理解、巩固当天学到的知识。不少学生常常忽视课后复习，一下课就赶着做作业，由于这时新学的知识还没有真正理解和巩固，因此，就要不断翻书。这样，凡是作业涉及的知识可以得到复习，反之则没有能得到复习。即使得到复习的知识，由于东鳞西爪的原因，其系统性和整体性也会受到破坏。从学习心理学的角度来看，课后首先应当考虑的是复习当天的学习内容，这主要包括四个步骤：①尝试回忆。即不借助任何学习工具独立地把老师上课所讲的内容回想一遍，并反问一下自己：今天老师主要讲了几个问题？哪些自己已全懂了？哪些不懂？哪些不完全懂？等等。实践证明，坚持这样做，不仅可以及时检查当天听课的效果，还可以增强记忆能力，养成善于动脑筋思考的习惯，增强看书和整理笔记的针对性。②阅读课本。尝试回忆后，就应该阅读课本。在阅读课本时，一是要根据尝试回忆的情况查疑除惑；二是要用彩笔把书上的重点部分、新的概念和容易忽视之处勾画出来，在书的空白之处可记下简要的体会与有利于记忆、带提示性的语言。这样，以后再看书时，就能迅速从这些批注中得到启示，回忆起书中的关键内容。③整理笔记。笔记本不应当仅仅成为上课的记录本，而应当把它变成一份提炼加工的适合自己用的复习资料。为达到这一目的，对课堂笔记需要进行整理。整理笔记时要做以下工作：一是把上课时没有记下来的内容补上，使知识系统化；二是更正课堂上记得不太准确的内容，加深对知识的理解；三是补充课本或老师讲课时的某些不足之处，即将课后看参考书得来的重要资料，以及与同学讨论的心得写进笔记中；四是把自己在课堂上的错误理解内容简要记上，以免重蹈覆辙。为了整理笔记方便，可形成这样的习惯：即画一竖线将笔记本上的纸一分为二：左侧 2/3 用于课堂笔记，右侧 1/3 用于课后整理笔记。这样，经过整理后的笔记本就成为一本经过加工的人工复习资料；到了系统复习的时候，打开笔记本心中就有数了，这就大大地节省了复习时突击查书、找资料、重新思考、临时归纳的时间；只要看看笔记，就能迅速回忆起有关的旧知识。④看参考书。如果学有余力的话，看点参考书是很有必要的，因为这样做有助于加强对知识的掌握。看参考书要注意以下几点：一要选好参考书。目前，参考书品类繁多，这些书各有千秋，故要在老师的推荐和指导下，每门课程有选择地读 1～2 本。二要先看教材，在对教材内容基本理解后，再去看参考书。三要围绕中心看参考书。所谓中心，即当天的讲课内容或学生自己的疑问。四要"不动笔墨不读书"。凡参考书中的精彩内容、题目等，都应及时摘录进笔记本相应部分之中。

2. 系统复习。系统复习是用比较集中的时间对学过的知识进行再加工的过程。系统复习从时间上分，有周复习、期中复习、期末复习等；从内容上分，有章节复习、单元复习和总复习等等。系统复习的主要目的是：通过回忆重现，使知识掌握得更加牢固；查漏补缺，使知识更加完整化；融会贯通，使知识更加系统化；综合应用，使知识更加具体化。为达到此目的，在系统复习时需要注意以下问题：①做好准备工作。在系统复习前，要把所需要的教材、笔记、作业、试卷、参考书等事先准备好，这样可避免临渴掘井，东寻西找，使自己不能进入复习状态。②注意围绕中心。系统复习前，要按照知识系统化；否则，像读小说似的按章节阅读，即使自己懂了，知识也不容易形成系统。③善于发现问题。不少学生都进行过系统复习，但效果往往不尽相同，这主要取决于复习时能否善于发现问题。如果仅仅满足于读一遍书，背一背定义、定理和公式，做一点题目，那是很不够的。因此，复习时一定要深入钻研，善于发现问题。④进行解题练习。通过系统复习使知识系统化后，可适当做点综合性的练习题，以检验复习结果，加深对知识的理解，培养运用知识解决问题的能力。值得指出的是，每做一道题后，要注意回味一下，整理出解题思路、逻辑关系和题目类型，以便举一反三，提高解题效率；否则，做一道题，就仅仅会一道题而已。⑤讲究复习方法。系统复习方法颇多，较为常用的有：一是循环复习法。即在学完一部分内容后，及时地复习，接着再学下一部分内容，如此一环套一环地继续下去。同时，学到一定阶段，要把复习内容分成若干单元。每个单元复习后都搞一次大循环，内容多的还可以穿插中循环。二是列表复习法。即将所学知识通过归类，列成表格。表格使用文字少，表现力强，能明确地揭示事物间的内在联系，也容易记忆。除此之外，作为系统复习的方法，还有变化复习法、"过度复习法"、读议论结合法（尝试背诵法）等。

（四）作业辅导

作业是指学生经过自己的独立思考，将所学知识应用于实际，自觉灵活地分析问题、解决问题的过程。通过做作业，可以及时了解、检查自己的学习效果；可以加深对知识的理解和记忆；可以进一步形成一定的技能和技巧；可以提高学习的自觉性和积极性，培养良好的学习习惯；也可以为复习积累资料。

应当怎样做作业呢？一般来说，要遵循六个步骤。

1. 做好准备。做作业作为学习过程的一个环节，并不是孤立的，它是建筑在预习—听课—复习基础上的一种智力操作活动。所以，应该先复习，再做作业；否则，就是本末倒置，是被动学习。易言之，先复习，就是做好准备。

2. 仔细审题。审题即是了解题意，明确题目的目的要求，弄清楚题目所给予的条件和问题，它是解题的首要环节。为了审好题，必须做好四个方面的工作。一要看得准。即要弄清楚题目的要求和范围。二要分得清。即要善于把一道题分解成各个部分和各种因素，把握各种已知、未知和潜在的条件等。只有这样，才能化大为小，化繁为简，从而把问题逐步解决。三要联得起。即在分析题目的基础上，能联系有关知识，能找到题目各部分之间的关系，能联想起过去解题时用过的有关思路和方法，这样，解题时犹如轻车熟路，自然容易多了。四要学会画。有时题目比较复杂，为了思考方便，可将审题过程画成简图，这样思考有了支撑点，记忆负担减轻了，将非常有利于分析、综合问题。

3. 认真解题。解题即将思路表达出来的过程。解题要注意以下问题：一要准确，即思路、表达、运算都要一次性准确无误；二要规范，即要严格按照规定的格式做，书写要工整，条理要清楚，行要平，边要直，要留出必要的空白，以利教师批阅和自己修改、补充；三要快速，即作业不仅要做得对，还要做得快。如果在速度方面与同学差距过大，则必须采取措施消除此种差距。

4. 耐心检查。作业做完后，应验证一下做得是否正确。这既是保证作业质量必不可少的步骤，也是培养独立思考能力的重要途径。检查方法有很多，主要有四种。①逐步检查法，即从审题开始一步步检查，发现错误及时纠正。②联系实际法，即将所得结果与生活实际联系起来，有时也能发现谬误。③代入法，即将计算结果代入公式或式子，看是否合理。④逆运算法，即应用逆运算关系反过来计算一下，看结果是否与题设相符。

5. 及时改错。对作业中的错误能否及时订正，有时甚至比做题目本身更有价值。因为出错的地方正是自己知识、能力上的薄弱点，及时纠正了这些错误，当有助于知识的掌握和能力的培养。要分析作业中错误的原因，通过分析，就能发现自己常犯错误的类型，避免重蹈覆辙。

6. 不断提高。作业检查完后，如果学有余力，就不应该浅尝辄止，而应该继续做一些提高工作。提高工作主要包括两个方面：一是一题多解；二是多题多解。题目做得越多，这种从个别到一般的比较归类工作就越重要，可以增强识别同类习题的能力。

四、考试心理的辅导

考试是一种常见的教育现象，随着社会发展和教学改革，考试的内容、手段、方式等都发生了新的变化，但它作为评价教育质量、衡量教学效果、鉴别人才素质和选拔人才等的功效却很少改变。考试焦虑是当前学生面临的主要应激源之一，对学生的身心健康有很大影响。因此，对学生进行考试心理辅导就成了学校心理辅导的基本组成部分，它主要包括两个方面的问题：一是如何克服考试焦虑，二是怎样提高应试技能。

（一）考试焦虑的表现及其影响

1. 什么是考试焦虑。考试焦虑是学生常见的一种心理障碍。考试焦虑是一种相当复杂的心理现象，它是人由于面临考试而产生的一种特殊的心理反应状态，是在应试环境刺激下，受个人的认知评价、个性特点的影响而产生的以对考试成败的担忧和情绪紧张为主要特征的心理反应状态。

2. 考试焦虑的表现。考试焦虑的反应大体可以分为四个方面。

（1）认知反应：指的是人对一个客观事物的认知和评价。考试焦虑状态下的学生对考试这件事的认知和评价主要表现为：担心这担心那。比如觉得自己能力不行；觉得考试一定很难；认为考试是决定自己前途命运的最后一搏，假如考砸了自己就完了；认为考不好无颜见江东父老，辜负家人和亲人的期待；担心自己知识准备不足，很可能考不好；担心考试中出现意外；等等。这种认知反应是考试焦虑的"罪魁祸首"，其他反应都是由于认知原因而附带产生的。

（2）情绪反应：人在认识到某个事实时，不仅仅是停留在认识上，他同时会对认识到的事产生喜欢、害怕、厌恶、趋近、热爱、愤怒等反应，这些反应我们叫作情绪或情感。它们与认识的性质是不一样的。我们说的害怕情绪，不是指"害怕"这个观念，而是指人在害怕时那种内心感受。考试焦虑的情绪感受通常是，感到心慌意乱、焦躁不安、害怕恐惧，总有一种大难临头却又无法躲避的感觉，总想做点什么，却不知做什么好，等等。

（3）身体反应：情绪反应与身体反应是分不开的，因此考试焦虑总伴有身体上的反应。当然，不同的同学其焦虑程度不一样，身体反应的症状和轻重也可能有所不同。常见的身体反应有：心慌、多汗尤其是手心出汗、头皮发紧，或胀痛、呼吸变得气短、气促、失眠、胃肠不适（闹肚子或胃痛）、尿频尿急，等等。

（4）行为反应：考试焦虑的行为反应也因人而异。这种差异主要是，有的人的确做出行动来，有的人却能对行动倾向做到自我克制，不表现出来。因此，行为反应有时是外人能观察到的行动，有时却是行为人内心的一种行为冲动。考试焦虑所产生的行为冲动主要有两种。一是防御或逃避的冲动。比如，不愿参加考试；匆匆应付一下；巴望出现一个意外奇迹，使自己可以免去考试；等等。二是攻击冲动。这种反应是比较常见的。一个人在受挫折或面临某种困境时，往往会产生敌意、愤怒或攻击反应。当这个造成挫折或困境的对象是可以攻击、发泄的事或者人的时候，他的攻击矛头就直接指向这个对象；当这个对象不能攻击的时候，他就会转移矛头，把气撒到另一个无辜的对象头上。比如，因为你无法对考试发火，所以家里人（父母或弟妹）就成了替罪羊，往往会没来由地抱怨他们，冲他们发脾气；另一类出气的对象是我们身边的物品，比如文具、书本、家里的小物品等。

3. 考试焦虑对学习效率和考试成绩的影响。考试焦虑对学习（包括复习）和考试成绩有重大影响。心理学家研究发现，当男生智力为中等水平时，焦虑程度越大，学习成绩越差；女生则在高智力组和中智力组都出现这种情况（即女生比男生受考试焦虑影响要大一些）。另外，考试焦虑低的同学在难度大的考试中成绩最佳，中等考试焦虑水平的同学在难度小的考试中成绩最好；而高焦虑的同学无论是在容易的考试中还是困难的考试中成绩都差。

4. 考试焦虑的危害。考试焦虑可能使学生患有某些身心障碍，如胃病、头痛、神经衰弱等。严重的考试焦虑容易使学生形成胆怯、退缩的不良个性。处在高度焦虑的状态下，个人往往注意力涣散，记忆力下降，思维迟钝，智力活动降低，从而使考试成绩明显降低。

（二）如何克服考试焦虑

1. 正确估计自己，树立合适的目标。正确进行自我评价和自我分析，准确了解自己，建立合理的复习目标，这是排除心理焦虑的第一步。目标过高，容易产生恐惧感。高考前，学生应该对自己的水平、在班级中的名次、各科的优劣作客观的分析，务实地确定自己的目标。目标要建立在自己能力的基础之上，既不要盲目乐观，也不能低估自己。要振奋士气，树立必胜信心，这是防止怯场的有力保证。

2. 制订复习计划，保证复习效率。科学的复习计划意味着与成功签订了合同。有了复习计划，后期复习任务的完成就有了具体的时间和空间，就可以结束忙乱无序的紧张状态，使临考前心情平静下来。制订复习计划要注意以下几点：一是复习计划与高考同步；二是复习计划与课表接轨；三是复习计划与学习互补；四是复习计划与休息统一；五是复习计划与信心俱增。

另外，要调整好生活节奏。高考前，除了要保证足够的休息和睡眠之外，还应该自觉地、有目的地调整好自己的学习时间。不要晚上来了精神，到了白天就犯困，而应该使头脑清醒的时候出现在白天，这样才能调整好临考前的精神状态。

3. 根据知识的不同，采取不同的复习方法。知识分为两类：一类是记忆的知识，另一类是应用的知识。对于前者的复习任务是两个：巩固和提取。巩固的方法如自问自答与尝试回忆、归纳与系统、图表与大纲等；提取的方法如按知识的逻辑、个人的理解、图表、口诀、特殊符号等复习。

当我们想记忆某些知识时，要将其变为自己的语言，也就是改成随时都容易想得起的形态，储存起来。同时，在考试前要注意重新复习记忆的线索，对以前的笔记标题和索引等重新复习和整理，以便在考场上容易找到回忆的线索。

在安排考前复习任务时，对每一个要复习的专题，应安排相对集中的时间来消化、理解，并把思考的成果以复习笔记的方式记录下来，作为以后记忆与巩固的依据。

对于那些已经消化理解了的知识，要用分散的时间去看一看，记一记，在记的时候，不妨多采用"尝试回忆法"。

对于应用的知识必须采取应用的方法，如精选典型习题，概括解题思路，做到理论与应用互动、知识与生活互动、学习与教学互动，等等。

4. 强化信心，调整自己的心态。信心是考生的灵魂，信心是考生的精神支柱。如果没有高考成功的信心，高考就不太可能成功。那么怎样强化信心呢？一是高考目标期待适当。考生要根据自己平时的学习实力和心态情况，实事求是地确定自己的高考目标。目标过高就会因为难以达到而产生考试焦虑，影响考试水平的发挥；而目标过低又会影响潜能的发挥。二是加强实力。考试信心是建立在考试实力的基础上的，因此，加强复习，提高实力是强化信心的重要措施。考生努力学习，提高复习效率，真正掌握知识，学会利用已有的知识解决问题，有助于强化高考的信心。三是不要迷信。不要看到了乌鸦就认为是不祥之兆，要相信自己的力量，相信自己的心理素质；要自己把握自己，自己掌握自己的命运，千万不要去求神、拜佛或算命。

5. 优化情绪，以平常心对待高考。积极的情绪能提高高考的成绩，消极的情绪会降低高考的成绩。因此，调整好情绪是高考成功的关键。

在考试前，考生要以平常心对待高考，这样心情就自然稳定。美国心理学家通过实验证实了"瓦伦达"心态。瓦伦达是美国一个有名的高空走钢索的杂技演员，他走钢索以距离远、离地面高而著名，是美国观众公认的一流杂技表演艺术家。可在一次重要的演出中，他不幸失手，从高空摔下，当场身亡。他妻子说："我料定他这次一定出事，因为他在上场之前，总是念念不忘地念叨着，这次演出太重要了，我只能成功，不能失败。他太重视演出成败了，所以出了事。"后来，心理学家把这种过分担心事态的结局、内心充满患得患失的心态，叫作"瓦伦达"心态。因此，考试前保持一颗平常心是非常重要的。

（三）应试技巧辅导

1. 充分做好考前的准备工作，包括物质准备、知识准备、体能准备和心理准备等。

2. 做好答卷前的前沿性工作。

3. 全面浏览考题，统筹考虑全局。主要是了解试卷的分数、题目的难易程度，确定答题的先后顺序和时间分配，等等。

4. 审题要稳。答题前要细心认真审题，明确题意和答题要求，以免答非所问或遗漏问题。

5. 答题时，要处理好质量和速度的关系。

6. 注意不同题型的解题策略，答题时既要考虑简明扼要，又要避免过于简单。

7. 对试题答案无法确定的题目,要冷静分析、仔细推理,必要时可进行合理的猜测。

8. 保持卷面工整美观,增加隐性得分的可能。

9. 重视复查环节,把好最后一关。

10. 科学把握时间,决不提前交卷。

第二节 生活问题的心理健康教育与辅导

生活问题的心理健康教育与辅导主要包括自我意识的辅导、情绪情感的辅导、人际交往的辅导以及性心理的辅导等几方面内容。

一、自我意识的辅导

(一) 自我意识辅导的含义

自我在儿童的社会交往与个体生活中具有极其重要的意义,心理健康与自我认识和自我同一性分不开。自我意识是指对作为活动主体的自身的意识,即"我"(I)对"我"(me)的意识,也包括对于自己与有关事物的关系即能被称为"我的"这种关系的意识。它是个性结构中的重要组成部分,是个体在与环境相互作用的过程中逐渐形成和发展起来的,它包括以自己为对象的自我认知(认识的)、自我体验(情感的)、自我调控(意志的)三个方面。自我感觉、自我观察、自我分析、自我评价等属于自我认知;自怜、自爱、自尊、自卑、自傲、自愧等属于自我体验;自立、自主、自制、自律等属于自我调控。三者有机地统一为自我意识。个体自我意识的发展经过自我中心期(8个月至3岁)、客观化时期(3岁至青春期)、主观自我时期(青春期至成人期),这三个阶段分别是个体获得生理自我、社会自我、心理自我认识的时期。

自我意识辅导是指运用有关心理健康教育的理论和技术,帮助学生科学地认识自我、悦纳自我、激励自我、调适自我、管理自我,促进学生良好自我概念的形成和自我意识的发展,形成自尊、自信、自重、自爱、自强、自制的健康人格的一种教育活动。

(二) 自我意识辅导的目标

自我意识辅导的目标是培养学生良好的自我概念、自我意识,提高自尊、自信水平及自我接受程度,形成正确的自我和悦纳自我,发展高自我价值感,能更有效地进行自我协调、自我激励和自我管理,推动学生自我意识水平向更高阶段发展。

(三) 自我意识辅导的内容

自我意识辅导的内容主要包括自我认识、自我接受、自我协调、自我激励和自我管理五个方面。

1. 自我认识辅导。自我认识辅导是训练学生对自己的生理状况、心理特征及自己与他人的关系进行正确的认识，培养和发展学生积极健康的自我意识和良好的自我概念。认识自我的途径主要是：同别人比较，分析别人对自己的态度，评价、分析自己的学习成绩和活动成果，等等。

2. 自我接受辅导。自我接受辅导是培养学生的自尊心和自豪感，正面评价自己，正确分析、评价自己的优点和缺点，培养自我解嘲能力，引导学生认识自己的潜力与特长，了解自己的独特价值，最终达到愉快地接纳自己。

3. 自我协调辅导。自我协调辅导是引导学生正确处理好积极自我与消极自我、现实自我与理想自我、主观自我与客观自我之间的关系，掌握"内心对话"的方法，善于化解内心的冲突和矛盾，建立自我同一性和防止自我同一性混乱。

4. 自我激励辅导。自我激励辅导是帮助学生树立自信心，克服自卑感，在面对困难和挫折时，善于自己给自己打气。其中，运用认知矫正与肯定性训练相结合的方法可有效调控学生的自卑心理。

5. 自我管理辅导。自我管理辅导是教育学生如何确立现实的、有价值的自我目标及合适的志向水平，引导学生合理掌握时间，妥当安排自己的学习和生活，追求自我价值和理想的实现；同时，引导学生自觉控制自我，学会处理自我意识问题上的困扰，努力改善自我。

改变爱因斯坦一生的故事

据说爱因斯坦小时候是个十分贪玩的孩子，他的母亲彼林经常为此而忧心忡忡。母亲的再三告诫对他来说毫无用处。直到16岁那年的秋天，一天上午，父亲将正要去河边钓鱼的爱因斯坦拦在屋子里，并给他讲了一个故事，而正是这个故事改变了爱因斯坦的一生。

父亲说："我昨天同咱们的邻居杰克大叔一起去清扫南边的一个烟囱，那烟囱只有踩着里面的钢筋梯才能上去。你杰克大叔在前面，我在后面。我们抓住扶手一级一级地爬上去。你杰克大叔依旧走在前面，我还是跟在后面。后来，钻出烟囱，我们发现了一件很奇怪的事情：你杰克大叔的后背、脸上全被烟囱里的烟灰蹭黑了，而我身上竟连一点烟灰也没有。"

"是吗？"爱因斯坦一下子来了兴趣。

爱因斯坦的父亲继续微笑着说："是啊！你知道吗？我当时看见你杰克大叔的模样，心想我一定和他一样，脸脏得像个小丑，于是我就到附近的小河里去洗了又洗。然而，你杰克大叔呢，他看我钻出烟囱时干干净净的，因此，只在那里胡乱洗了洗手就上街了。结果，街上的人都笑破了肚子，还以为你杰克大叔是个疯子呢。"

爱因斯坦听罢，忍不住和父亲大笑起来。父亲笑完后，郑重地对他说："你知道吗？孩子，我给你讲这些，其实是提醒你，无论任何人，都不能做你的镜子。拿别人做镜子，即便是白痴都有可能把自己照成天才的。"

人之所以为人，就是人具有自我意识，能够形成自我知觉，能够在头脑中勾画出现实的我是什么样子，理想的我又是什么样子？人类从来没有停止过自我的追寻，正因为如此，人类常常迷失在自我当中，"不识庐山真面目，只缘身在此山中"。人难以脱离自己，所以常以局外人的身份来审视自己并参照周围的人来认识自己，因此很容易受到周围信息的暗示，同时把他人的言行作为自己行动的参照，从而出现自我知觉的偏差，也叫作"巴纳姆效应"。"巴纳姆效应"主要表现在两个方面：

1. 更相信他人给自己的评价。有位心理学家给一群人做完《明尼苏达多相人格检查表》（MMPI）后，拿出两份结果让参加者判断哪一份是自己的结果。事实上，一份是参加者自己的结果，另一份是多数人的回答平均起来的结果。参加者竟然认为后者更准确地表达了自己的人格特征。

2. 容易相信一个笼统的、一般性的人格描述特别适合自己。即使这种描述十分空洞，他仍然认为反映了自己的人格面貌。如你很需要别人喜欢并尊重你、你有自我批评的倾向等等。这其实是一些戴在谁头上都合适的帽子。"巴纳姆效应"在生活中十分普遍；拿算命来说，很多人请教过算命先生后都认为算命先生说得"很准"；其实，那些求助算命的人本身就有受暗示的特点，再加上算命先生善于研究人的内心感受，稍微能够理解求助者的感受，求助者立刻会感到一种精神安慰。算命先生接下来的无关痛痒的话便会使求助者深信不疑。

（信息来源：摘自《心理医生》2009年第5期，第37页，有改动。）

二、情绪情感的辅导

（一）情绪情感辅导的含义

情绪、情感是人对客观事物是否符合自己的需要所产生的态度的体验。情绪、情感是人类重要的心理活动形式，它们不仅对个体其他心理和行为起着重要的调节作用，对社会交往和适应具有信号和协调功能，而且对个体的身心健康具有重要的意义。

情绪辅导，又称情感教育，是指运用有关心理健康教育的理论和技术，帮助学生认识、接纳和恰当地表达自己的情绪,是识别他人的情绪并能有效地沟通,掌握控制、疏导不良情绪的适当渠道和方式,是防止和克服消极、冲突的情感,培养良好情感品质的一种教育活动。

(二)情绪情感辅导的目标

我国台湾心理学家吴武典提出的情绪辅导目标是:①增进社会认知能力;②增进情绪理解能力;③增进情绪表达能力;④增进自我控制能力;⑤增进挫折容忍力;⑥较少焦虑、沮丧和退缩;⑦较能与人分享和合作;⑧较能有效地处理冲突;等等。

我国学者吴增强提出的情绪辅导目标是:①帮助个体正视和理解自己的情绪;②帮助个体恰当地表达自己的情绪;③帮助个体养成乐观的生活态度,增强对快乐的情绪体验;④帮助个体学会控制自己的情绪,处理自己的情绪困扰。

我们认为,情绪辅导有两个目标:一是调控消极的情绪和情感;二是培养积极的情绪和情感。

(三)情绪情感辅导的内容

情绪情感辅导的内容主要包括情绪认识、情绪识别、情绪沟通、情绪控制和情绪熏陶五个方面。

1. 情绪认识辅导。情绪认识辅导主要让学生明白情绪的内涵、功能、分类以及情绪对学习、生活、工作、心理健康的重要意义,使学生认识人类情绪情感的丰富多样性,懂得乐观与悲观是情绪序列上的两极,掌握其间的区别。

2. 情绪识别辅导。情绪识别辅导是训练学生能更好地察觉和认识自我情绪,进而正视和理解自己的情绪,敏锐地体察他人的情绪。情绪识别训练的主要方法是运用情感辨析技术,帮助学生辨别与分析其内在情绪情感的复合状态,使他们明晓其中所涵盖的各种情绪的性质、强度和比例,使其情绪情感状态在意识层面上从"混沌"趋向"有序"。情感辨析技术主要包括运用情感性质甄别表、情感强度指标器和情感比例百分图等三项子技术。

3. 情绪沟通辅导。情绪沟通辅导着重训练学生运用非言语手段和言语手段正确、合理、适当地表达自己的情绪与情感,善于理解他人的情绪与情感,培养学生共情(即同情心、同理心)的能力。共情,即"感人之所感",并同时能"知人之所感";是既能分享他人情感,对他人的处境感同身受,又能客观地理解、分析他人情感的能力。共情训练就是教育学生关心他人,为他人着想,富有同情心,站在他人立场上看问题。情绪沟通训练可运用情感表达提示技术、角色转换技术和空椅对话技术等方法。

4. 情绪控制辅导。情绪控制辅导主要是让学生学会排解、控制消极情绪,诸如自卑、厌烦、紧张、急躁、忧虑、沮丧、冷漠、消沉、嫉妒、抑郁、悲观、孤独、焦虑、恐惧、愤怒、憎恨、生气、情绪不稳定等。在进行辅导时，首先要让学生了解何为不良情绪，不良情绪对个体身心健康的危害，承认不良情绪存在的事实。在此基础上，要教他们正确控制和疏泻不良情绪的手段。情绪控制的方法主要包括：一是从认识上分析造成不良情绪的原因，看自己的反应是否合理、是否适度；二是从情绪本身方面控制可能发生的冲动行为，采取合理或间接手段适当疏泻，化消极不良情绪为积极健康的建设性行动。例如，可以化嫉妒为动力、化愧疚为助人、化悲痛为力量等。不良情绪积累过多，得不到合理适当的疏泻，就会导致身心的紧张状态。情绪疏泻通过不良情绪能量的清除或建设性的宣泄，能够恢复身心状态的平衡。

5. 情绪熏陶辅导。情绪熏陶辅导是培养和强化学生的积极、健康的情绪，诸如学会爱与被爱、自信、乐观、幽默、高兴、喜悦等，养成学生求真、求善、求美的高尚情操。要让快乐、乐观等正向情绪成为学生的主导情绪。但在学生的学习和生活过程中，不愉快的负向情绪是不可避免的，而且负向情绪也具有提示、警觉和适应的功能，因此，只有正向情绪而无负向情绪，不但是不可能的，而且不利于学生身心的健康发展，关键是正向情绪要多于负向情绪，进而在学生情绪比例中占主导地位。此外，在情绪辅导中还要培养学生自我情感修养的能力，最终养成学生的理智感、道德感和审美感等高尚情操。

三、人际交往的辅导

（一）人际交往辅导的含义

在现实生活中，每个人都不能离开社会孤立地存在着，都必然要同他人发生联系，进行相互交往、相互作用。人与人之间的相互交往和作用，就形成了各种各样的人际关系。所谓人际关系，是人与人之间在交往活动过程中直接的心理上的关系或心理上的距离，它反映了个体或群体寻求满足其社会需要的心理状态。人际关系是个体社会化的重要媒介，也是个体重要的社会支持系统。因此，个体对人际关系的认识和处理技能对于自身的学习、生活、工作和心理健康都具有重要的影响。

人际交往辅导，又称人际交往教育，是指运用有关心理健康教育的理论和技术，指导学生的人际交往过程和人际交往活动，藉此增进学生的人际互动和社会适应能力，克服人际交往障碍，提高人际交往质量，进而促进学生人格成长和成熟的一种教育活动。

（二）人际交往辅导的目标

人际交往辅导的目标是培养学生交往意识，发展交往技能，使学生乐于交往、善于交往、乐于助人、善于合作与竞争，消除人际交往障碍，提高交往技

能，进而建立一种和谐融洽建设性的人际关系，最终促进学生的人格成长和心理健康。

（三）人际交往辅导的内容

1. 交往意识辅导。要让学生对人际关系有一种积极的、全面的认识，让学生明白建立亲密人际关系及友谊的重大意义，树立正确的人际交往观。学生的人际关系主要有亲子关系、同伴关系和师生关系，不同的人际关系在学生发展的不同阶段具有不同功能。人际交往主要有获得信息、自知知人、自我表现、人际协调、社会化和身心保健等功能。

2. 交往技能辅导。交往技能辅导要让学生懂得人际交往的基本原则，掌握人际交往的有关原理、技能、策略、方法，使学生能够有条理、有序地与他人沟通和交流，能够妥善地解决人际冲突，从而形成良性的建设性的人际关系网络。交往原则主要有平等、尊重、真诚、互助互利、信用、宽容等。要让学生掌握人际关系建立的必要条件和影响良好人际关系建立的因素，如首因效应、晕轮效应、刻板印象、近因效应、自我投射等，并指导学生运用正确的交往方式，学会处理人际关系的一些具体策略。

3. 合作与竞争辅导。合作与竞争是当今社会的基本特征。合作辅导是引导学生养成集体观念和合作精神，使学生勇于合作、乐于合作、善于合作。竞争辅导则是教育学生正确认识竞争的两面性，鼓励学生在学习、生活中形成正当合理的竞争局面，避免因竞争而产生嫉妒、破坏等反社会行为。

4. 克服人际交往障碍辅导。人际交往障碍辅导主要是对学生中常见的社交障碍行为进行训练，以帮助学生对不良的人际关系及时加以调适，充分发挥人际关系的积极作用，克服和消除社交障碍，提高人际交往质量。社交障碍一般包括社交不足行为和社交不当行为，在学生中具体表现为害羞、异性交往紧张、师生交往困难、亲子交往困难、自我中心、自私、猜疑、嫉妒、攻击、说谎、依赖等。

四、性心理的辅导

（一）性心理辅导的含义

性是人类生活中与生俱来的正常生理和心理现象，对人类的繁衍、社会发展及个体的健康成长均具有重要意义。

性心理辅导，又称性教育，是指运用有关心理健康教育的理论和技术，在个体发展过程中，根据个体性心理发展过程和规律及性心理形成和发展的关键期，对其进行的有关性生理、性心理、性道德和性法制等方面的教育，以增进其性心理健康的一种教育活动。它作为学校心理健康教育的一项重要内容，应贯串于幼儿园、小学、中学、大学等整个学校教育过程。

（二）性心理辅导的目标

性心理辅导的目标是增进学生的性心理健康。性心理健康是指个体有正常的性欲望，能够正确认识性问题，具有较强的性适应能力，并以此促进人格的健康发展。

具体来说，性心理辅导的目标包括五个方面。

1. 能够正确认识自我，愉快地接纳性身份，乐于承担相应的性别角色。
2. 能够正确面对和顺应自身性生理和性心理的发展和变化，保持开朗的态度和心境。
3. 能够保持融洽的两性关系和人际关系。
4. 性心理和行为能够符合社会的规范，不违反社会准则。
5. 能够正确处理和性有关的问题，保持健康的人格。

（三）性心理辅导的内容

性心理辅导的内容主要包括性生理、性心理、性道德和性法制教育四个方面。

1. 性生理教育：主要是教给学生性生理和卫生知识，使学生正确了解生殖系统各器官的构造、生理功能和卫生保健常识，认识人类性发育的自然规律及其本质，克服在性问题上存在的神秘感和模糊观念。
2. 性心理教育：主要是引导中学生正确认识自身的性心理变化、性意识的各种不同表现，促使他们的心理平衡和社会成熟。
3. 性道德教育：主要是启发中学生正确处理学习、恋爱和友谊的关系，努力克制自己的性爱冲动，将主要精力放到人生远大目标的追求上。
4. 性法制教育：主要是引导中学生划清正常的异性交往和性罪错的界限，增强中学生在性问题上的守法观念。

第三节 升学与就业心理健康教育与辅导

一、升学与就业辅导的含义

升学与就业辅导是指运用有关心理健康教育的理论和技术，帮助学生增强对学科、专业和职业的认识，指导学生按照社会需要和自己的特点合理选择专业或就业的一种教育活动。

二、升学与就业辅导的目标

升学与就业辅导的目标是帮助学生树立正确的劳动观、职业观和价值观，了解自己的能力倾向、专业和职业兴趣、职业价值观，了解工作特性，获得有关就业、社会人才需求方面的信息，了解国家就业政策，让学生掌握择业决策的技巧，正确处理个人专业、职业兴趣与社会需求之间的关系，提高学生升学与就业的决策能力。

三、升学与就业辅导的内容

升学与就业辅导的内容主要包括五个方面。
1. 培养学生的择业意识，帮助学生了解职业、专业和社会。
2. 协助学生正确了解自己的职业能力、职业兴趣和职业气质等心理特点。
3. 进行职业观、职业理想和职业道德教育。
4. 指导学生在多种活动中进行职业探索。
5. 教给学生填报升学志愿和求职面试的方式、方法和技巧。

四、升学与就业心理辅导

（一）了解职业与专业

1. 了解职业的分类。按不同的标准，可以把职业分成不同的类别。例如，按个性心理特征进行分类。美国著名的职业指导专家霍兰德（Holland）提出了其个性类型和职业类型学说，他把人的个性类型划分为六种：现实型（R型）、研究型（I型）、艺术型（A型）、社会型（S型）、企业型（E型）和常规型（C型）。对应于这六种个性类型，他把职业也划分为六大基本类型，任何一项工作都可以归属于这些类型中的一种或它们的某种结合。霍兰德理论的核心思想是：个体趋向于选择最能满足个人需要、实现职业理想的职业环境，最理想的职业选择是使个性类型与职业类型相互协调与匹配。（见表3-1）

表3-1 个性类型与职业类型适配表

个性类型	人格倾向	典型职业
现实型（R）	具有顺从、坦率、谦虚、自然、坚毅、实际、有礼、害羞、稳健、节俭的特征	一般工人、农民、土木工程师
研究型（I）	具有分析、谨慎、批评、好奇、独立、聪明、内向、条理、谦逊、精确、理性、保守的特征	数学、生物方面的工程师、科研人员

续表 3-1

个性类型	人格倾向	典型职业
艺术型（A）	具有复杂、想象、冲动、独立、直觉、无秩序、情绪化、理想化、不顺从、有创意、富有表情、不重实际的特征	诗人、艺术家
社会型（S）	具有合作、友善、慷慨、助人、仁慈、负责、圆滑、善社交、善解人意、说服他人、理想主义、富有洞察力等特征	教师、牧师、辅导人员
企业型（E）	具有冒险、野心、独断、冲动、乐观、自信、追求享受、精力充沛、善于社交、获得注意、知名度等特征	推销员、政治家、企业经理
常规型（C）	具有顺从、谨慎、保守、自控、服从、规律、坚毅、实际、稳重、有效率但缺乏想象力等特征	出纳、会计、秘书

2. 了解中学课程与职业的关系。让学生了解中学课程与职业的关系，可使其明白学习活动与未来职业的关系，进而激发学习动机，提高学生的职业意识。

3. 了解专业与职业的关系。专业是大专院校和一些职业技术学校根据社会分工需要所分成的专业门类，它通常按照学科和技术门类进行划分，一种专业可以针对某一具体职业，也可以面向多个职业或一个职业群。从某种意义上讲，选择专业就是选择职业。当学生选择某一职业时，不仅意味着要进行这个专业的学习，同时也意味着必须接受这个专业所界定的职业范围。因此，教师应指导学生了解专业和职业的关系。

（二）了解自己的职业心理

第一，要了解自己的职业或专业兴趣。比如，你适合从事什么职业，你的兴趣和爱好是什么，等等。也可以通过心理测试量表如《专业兴趣调查表》来了解自己的专业兴趣。

第二，要了解自己的职业能力。职业能力是指直接影响职业活动的效率，以保证职业活动顺利进行的心理特征，它包括一般职业能力和特殊职业能力。任何一种职业活动，都要求具备与该职业活动内容相符合的特殊职业能力。只有了解自己的职业能力，才能扬长避短，选择适合自己的职业或专业。例如，口头表达能力较强的人比较适合于从事教学、外交、播音员、记者、咨询、公关等职业；手指灵活的人比较适合于从事打字员、裁缝、外科医生、雕刻师等。

第三，要了解自己的职业气质。不同气质类型与职业选择也有一定的关系，不同的职业有不同的气质要求。四种气质类型所适宜的工作见表 3-2。

表3-2 气质类型与职业类型适配表

气质类型	适宜的职业类型
胆汁质	导游、演讲者、节目主持人、推销员、外事接待人员、演员、运动员、航空员、勘探员等
多血质	外交员、管理员、驾驶员、纺织工人、服务人员、医生、律师、运动员、新闻记者、演员、检票员、军官、士兵、侦探、警察、公关人员、艺术工作者等
黏液质	科学研究人员、法官、医务人员、出纳员、保育员、话务员、播音员、会计师、调解员、图书管理员等
抑郁质	文书、打字员、校对员、排版人员、化验员、检查员、雕刻工作者、保管员、机要秘书、办公室职员、作家、画家等

五、升学与择业技巧辅导

(一)填报升学志愿的技巧

第一,搜集专业信息。这些信息应包括各种不同专业的多方面情况,如各专业的课程设置、培养目标、将来的就业趋向以及对考生的一些特殊素质和健康条件的要求等,通过获得这些信息,考生才能对他们要选择的对象有全方位的认识和评价,才能进行充分的比较,做出正确的选择。

第二,掌握填报志愿的策略。这些策略包括:充分了解招生信息,清醒地把握自己,按自己的特点选择专业类别,了解招生工作的政策和方法,正确分析市场供求关系,认真推敲志愿的梯度,等等。

(二)选择职业的技巧

第一,做到"三个了解"。合理选择职业应做到了解自己、职业和社会。了解自己包括了解自己所受教育、求职意愿、能力倾向、个性、健康、动力等;了解职业包括了解职业的内容、报酬、要求及合作共事者的特点等;了解社会包括了解社会需求量、竞争系数及社会发展趋势等。

第二,把握"四个准则"。在正确职业价值观的指导下,选择职业时应把握四个准则,即择己之所爱、择己之所长、择己之所需、择己之所利。但在实际择业过程中会出现许多矛盾,这就要分清主次,进行科学决策。在对能力、兴趣与满足需要三者考虑的权重上,应以能力是否胜任为前提;在能力与兴趣一致的情况下,职业价值应与社会现实统筹考虑,应从可能谋求的职业中选择那些能满足心理需要的职业。

（三）撰写求职信的技巧

一封内容简洁、文字漂亮的求职信有利于学生规范地概括自己的职业目标和本人能力，有利于学生简单明了地向招聘单位作自我介绍，使招聘者对求职学生产生兴趣，以达到面试的目的。

求职信的内容应包括以下几个方面：姓名、地址、电话、职业目标、学历、专业知识、工作经历、特长等。求职信的撰写应从积极的角度推销自己，但不能夸大其词；要概括地反映个人的基本情况；格式要规范化，尽量用电脑打印；应附相关证件复印件；等等。

（四）面试的技巧

第一，了解对方情况。例如，了解单位概况、员工待遇、地理位置与环境等。

第二，做好面试前的准备工作。例如，了解面试谈话的主要内容，做好服饰方面的准备，做好文凭、证书、自我介绍信、推荐信等资料的准备，进行模拟训练，等等。

第三，把握面试中的注意事项。例如，要有信心，留下良好的"第一印象"；回答问题时要态度坦率、简明扼要；遇到令人尴尬的问题，要善于随机应变；要表达出自己的见解和自己能胜任的任务；等等。

信息视窗

蘑菇定律——学会从最简单的事情做起

通常，刚从学校毕业的新人在参加工作后往往很难适应工作环境，他们不被重视，会被安排去做一些打杂跑腿的活，还会遭受各种无端的批评、指责，甚至要代人受过。他们常处于自生自灭的状态，而得不到必要的指导和提携。

这些新人就像被培育的蘑菇一样，会被置于阴暗的角落，还会被浇上大粪。蘑菇的生长必须经历这样一个过程，人的成长也会经历这样一个过程。这种人生现象就被称为"蘑菇定律"。

然而，很多人并不知道这个"蘑菇定律"。当他们走出校园时，都抱有很高的期望，认为自己应该得到重用，应该得到丰厚的报酬。一旦得不到重用，工资达不到预期，他们的梦想就会破灭。这个时候，他们很容易失去信心，失去工作热情，转而消极地对待工作。对此，调整心态是非常重要的。

事实上，绝大多数人都要经历蘑菇的萌发过程。可是，初入社会的新人往往都急功近利，一到岗位上，为了获得上司和同事的注意就急于表现，发表轻率的言论。结果，不但不能引起人们的重视，反而引来同事的反感，甚至给老板留下夸夸其谈、不知轻重的不良印象。

还有些年轻人好高骛远，不屑于做日常工作中的琐事，其实领导考察你正是从小事开始，所以无论领导交代给你的事多么零散，或者根本不是你分内的事，你都要及时、充满热情地处理好。只有从"小事"做起，逐渐得到领导的信任和肯定，才有做"大事"的希望。

阿基勃特曾经是一个小职员，在著名的美国标准石油公司工作，在公司里，他有一个外号叫作"每桶4美元"。

原来阿基勃特工作特别认真，每次在出差住旅馆的时候，他总要在自己签名的下方写上"每桶4美元的标准石油"字样。包括在一些书信及收据上也写上这样的字样。

因此，同事们送了他这样一个外号，"每桶4美元"这个名字很响，大家叫着叫着，反而忘了他的真名。

后来，"每桶4美元"的称呼传到了公司董事长洛克菲勒耳中，他便说道："竟有如此努力宣扬公司声誉的职员，我要见见他。"

于是，阿基勃特受到了洛克菲勒的邀请，他们一起共进了晚餐。后来，洛克菲勒卸任，阿基勃特成了第二任董事长。

（信息来源：肖悦主编《活学妙用心理学：最神奇的30个心理法则》，中国妇女出版社2010年版，第20～21页。）

第四章

学校心理健康教育的理论基础

【本章要点】

1. 精神分析理论的主要观点；
2. 行为主义理论的主要观点；
3. 人本主义理论的主要观点；
4. 认知心理学理论的主要观点；
5. 森田疗法的主要观点。

1879年，冯特在德国莱比锡大学建立了世界上第一个心理学实验室，这标志着科学心理学的建立。从此，西方心理学进入了一个新的发展时期。在这个时期里，心理学虽然脱离哲学而独立，但是却没有形成一个统一、联合的学科。不同理论倾向的心理学家相互争论，形成了大大小小的心理学流派。20世纪50年代以前，有构造主义、机能主义、行为主义、格式塔学派和精神分析五大流派；50年代以后，又出现了人本主义心理学和信息加工认知心理学；此外，还有意动心理学、个体心理学、存在主义心理学等小的学派。本章将着重介绍对心理咨询和治疗产生重大影响的精神分析理论、行为主义理论、人本主义理论和认知心理学等理论流派的观点及方法。

第一节 精神分析理论

精神分析，又称心理分析，产生于19世纪末20世纪初的奥地利，由维也纳医生西格蒙德·弗洛伊德（S. Freud, 1856—1939年）一手创立。精神分析是现代西方心理学的一个重要流派，但它又不同于其他心理学流派，它起源于精神病的治疗实践而非大学心理学实验室研究，是一个非学院心理学派。精神分析正是从对精神疾病的分析和治疗中形成了对人的心理和人格的新解释。正如弗洛伊德所说："精神分析最初是一种特殊的治疗方法，而现在它也变成了一门科学的名称——潜意识心理过程的科学。"所以，精神分析既是治疗精神疾病的方法，又是研究潜意识活动的理论。同时，弗洛伊德晚年还把精神分析的理论和方法广泛应用到社会科学的各个领域，成为一种无所不包的哲学观或世界观，构成现代西方的一种主要的社会思潮。

一、精神分析理论的基本观点

精神分析理论由西格蒙德·弗洛伊德在长期精神病临床实践过程中发展起来的一种理论和技术。按照精神分析学家拉伯波特（Rapaport）的总结，精神分析学说大致可以概括为五个观点：分区观点、结构观点、动力观点、发展观点和适应观点。

（一）分区观点

分区观点，就是指弗洛伊德对心理结构的看法。弗洛伊德以潜意识为核心把人类的心理活动分为无意识和意识两大层次，而无意识又可以划分为前意识和潜意识。前意识是指能够从无意识中回忆起来的经验，它处于潜意识和意识之间，担负着"稽查者"的任务，严密防守，把住关口，不许潜意识的本能和欲望随便侵入意识中。但是当"稽查者"丧失警惕时，有时被压抑的本能和欲望也会通过伪装而迂回地渗入意识之中。在弗洛伊德看来，意识只是前意识的一部分，从前意识到意识，或从意识到前意识，二者间虽有界限，但却没有不可逾越的鸿沟。然而，潜意识很难或根本不能进入意识中去，是无意识中永远不可回忆的内容，因为从理论上讲它们是不能为人所接受的。潜意识概念是精神分析理论的核心，是弗洛伊德整个学说的理论基础，后来的精神分析学说无论怎样发展和演变，但潜意识概念却始终不变。潜意识包括原始的本能冲动和与本能冲动有关的欲望，特别是性的欲望。由于这些冲动不被社会风俗、道德、习惯所容纳，而被排挤到意识阈之下，但它们并没有消失，而是在潜意识中积极活动，追求满足。这种潜意识的心理过程，虽不为人所察觉，却在人的一生中占有很重要的支配地位。例如，正常人的言谈举止、日思夜梦、偶然失误，神经症患者的各种症状，以及宗教、科学、艺术等活动，无不受它的支配和影响。意识则是心理结构的表层，它面向外部世界，是对外部世界的直接感知。

（二）结构观点

结构观点，即弗洛伊德的人格结构理论。弗洛伊德的人格结构理论，把人格分为本我（Id）、自我（Ego）和超我（Superego）三个部分（如图4-1所示）。

"本我"，又译为伊底，即生物本能欲望，它是人格中与生俱来的最原始的潜意识结构部分，是人格形成的基础，是人格中一个永存的成分，在人一生的精神生活中起着重要的作用。本我由先天的本能、基本欲望所组成，如饥、渴、性等，其中以性本能为主。本我纯粹遵循快乐原则，追求本能能量的释放和紧张的解除。弗洛伊德认为，有机体受到外界刺激，会促使欲望增加，从而引起紧张和不安。这就需要降低紧张状态，否则将体验不愉快的紧张状态。本我不考虑外界现实的情况，不考虑时间、地点，不考虑用什么方式、方法进行活动，而是趋向

第四章 学校心理健康教育的理论基础

于立刻寻求满足，以发泄原始冲动。本我是人格深层的基础和人类活动的内驱力，也是精神分析学派的理论基石。

自我是从本我中分化出来的，是有意识的结构部分。儿童出生后只有本我，直到和环境相互作用时，人的自我才发展起来。自我按照现实原则活动。自我既要满足本我的即刻要求，又要按客观的要求行事。自我所代表的是理性，而本我所代表的是情欲。但自我不能脱离本我而单独存在，自我的力量来自本我，自我是用来帮助本我并力图使本我得到

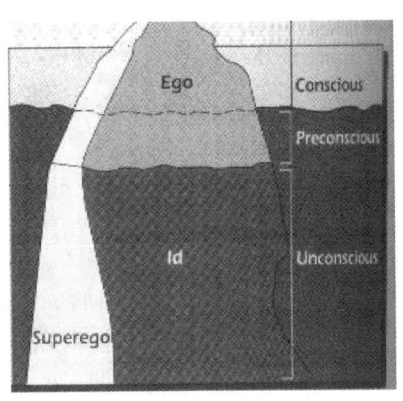

图4-1 人格结构理论图

满足的。为了理解自我与本我的关系，弗洛伊德做了一个比喻：本我像一匹马，自我犹如骑手，通常骑手控制着马行进的方向。

不过，仅有自我还不能完全控制本我的冲动，自我还需要超我的帮助。超我是从自我中分化出来的。自我分成两部分：一种是执行的自我，即自我的本身；另一种是监督的自我，即超我。超我按照至善原则，其功能是监督自我去限制本我的本能冲动。超我的监督作用是由自我理想和良心实现的。自我理想是以奖励的方式形成的，当儿童心目中的行为与父母的道德观察相吻合，并符合父母的道德标准而受到奖励时，就会形成儿童的自我理想。良心是通过惩罚的方式形成的，当儿童心目中的行为与父母所鄙弃的道德观念相一致时，即当这些观念或行为出现时，父母就要给予惩罚，从而使儿童在心灵上受到责备，良心受阻。自我理想和良心是完成超我对自我监督功能的不可分离的两个方面。自我理想是自我为善的标准，它规定了自我应该做什么；良心是自我为恶的标准，它规定了自我不该做什么。

在人格的三个系统中，本我、自我、超我三者相互联系，相互作用。一个人要保持心理正常，要生活得平稳、顺利和有效，就必须依赖这三种力量维持平衡，否则就会导致心理的异常，乃至产生神经症和人格障碍。

（三）动力观点

弗洛伊德假定心理活动驱动力是一种心理能量，它出自先天的本能，这就是精神分析的动力观点。其假定有两大类基本的驱动力：一是同自我或自我保护有关的驱动力，包括饥渴及其他与生存有关的生理需要，它们是个体生存所必须满足的。二是性爱的驱动力，与性欲望和种系的繁衍有关。但是，弗洛伊德更重视性欲望，把这个概念极大地扩展到其他的欲望，并把性欲的能量源泉，即里比多

（Libido），看成是驱使人寻求各种感官快乐的心理能量。然而，他的心理动力观不是单一的，他把个体保存、种系的延续两类驱动力都叫"生本能"，把攻击、侵略等行为称之为"死本能"，这些都是他所谓的心理动力。

（四）发展观点

弗洛伊德的发展观点，是建立在他的性心理发展理论基础之上的，因此也称之为"心理性欲发展理论"。弗洛伊德认为，儿童特殊的区域成为里比多兴奋和满足的中心，此区域称为性感区。据此，弗洛伊德把心理性欲划分为：①口唇期（0～1岁），其快乐满足来自唇、口、手指；②肛门期（2～3岁），其快乐来自排便，肌肉紧张的控制；③性器期（4～5岁），其快乐来源于生殖部位的刺激幻想，恋母或恋父；④潜伏期（6～11岁），这时，儿童获得快感，不再通过躯体的某一部位，儿童的兴趣转向外部，转向应付环境所需要的知识和技能，这也正是儿童进入初等教育的时期；⑤生殖期（12岁以后），逐渐转向异性，这一阶段起于青春期，贯穿于整个成年期。

弗洛伊德认为这一发展过程，如果不能顺利地进行，在某一阶段上遇到挫折，或从高级阶段倒退到低级阶段，就可能造成行为的异常。因此，这就成为各种神经症或精神病的根源。

（五）适应观点

适应观点，是指人对环境的各种自我防御机制。自我防御机制不良，便可产生各种焦虑。弗洛伊德把焦虑分为三类，即现实性焦虑、神经性焦虑、道德性焦虑。这三种焦虑的性质相同，即都不愉快。它们之间的区别仅仅在于其根源的不同。现实性焦虑是指由外界环境中真实的客观的危险引起的情绪体验。在一定程度上，焦虑是恐惧的同义词，如人们害怕毒蛇、野兽、自然灾害等，都是现实性焦虑。当危险消除时，现实性焦虑也就减轻或消失了。这种焦虑有助于个体的保存。神经性焦虑是指个体由于惧怕自己的本能冲动会导致他受到惩罚时所产生的情绪体验。神经性焦虑是在现实性焦虑的基础上产生的，因为只有当人们认识到实现本能需要可能招致来自外界的危险时，他们才学会恐惧本能，只要本能的冲动不导致惩罚，人们就不会惧怕它。道德性焦虑是指个体的行为违反了超我的价值观时，引起内疚感的情绪体验。当本我趋向那些不道德的思想和行为时，超我就以羞耻、罪恶感来警告，并进行自我谴责。道德性焦虑指导人们的行为符合个人的良心与社会标准。焦虑有其特殊的功能，并通过警告作用表现出来，它提醒人们警惕已经存在的内部和外部的危险，使人们意识到危险，并避开危险。如果无法躲避危险，焦虑就可能不断地积累起来，最终把人压垮，这便是所谓的"人格崩溃"和"适应不良"。

二、精神分析理论在心理咨询与心理治疗过程中的运用

精神分析突出了心理治疗的价值，创立了一整套治疗神经症的方法和理论。它是以尚未证明的理论假设作为大前提，通过演绎推理得出结论，认为心理创伤是引起神经疾患的主要原因。因此，精神分析性的咨询与治疗着重在寻找症状背后的无意识动机，使之意识化。即通过分析，使求助者自己意识到其无意识中的症结所在，产生意识层次的领悟，使无意识的心理过程转变为意识的心理过程，了解症状的真实意义，使症状消失，这就是"意识化"治疗。此外，还形成了一系列心理治疗方法，如自由联想、释梦、阻抗分析和移情分析等。

（一）自由联想

自由联想是精神分析疗法的主要技术。自由联想就是让求助者很舒适地坐着或躺着，把自己经历过的、想到的，毫无顾虑地、尽情地倾诉出来，从而达到使病人情绪放松的目的。它是一个能打开神秘之门的基本工具，这扇门通往无意识、幻想、冲突和动机。这项技术常常导致一些对过去经历的回忆，有时是对强烈压抑感觉的释放。然而，这种释放本身是不重要的。在自由联想的过程中，咨询员的任务是识别无意识中被压抑的内容。咨询员可以通过联想的顺序来理解来访者是怎样把各个事件联系起来的。联想中的阻碍和中断是指向焦虑事件的线索。在听来访者进行自由联想时，咨询员听到的不仅是表面内容，还有深层的含义。这种对无意识语言的觉察被称作"用第三只耳朵听"。

（二）释梦

释梦是揭示无意识材料，使来访者洞悉未解决问题的某些方面的重要程序。梦有两个水平的内容：潜在内容和表现内容。潜在内容包括潜藏的符号和无意识的动机、愿望及恐惧。因为它们痛苦而具有威胁性，潜在内容中的性和攻击冲动就转换成了表现内容中更容易被接受的形式。潜在内容向威胁更小的表现内容转化的过程叫"梦的翻译"。咨询员的任务是通过研究表现内容中的符号来揭开伪装的含义。在此阶段，咨询员可以让来访者对梦的表现内容进行自由联想，由此揭示潜在内容。解释梦中的元素可以使来访者开启被隔绝于意识之外的压抑，把洞察力与他们目前的问题联系起来。梦也许是通往压抑材料的途径，但也可以通过它们来理解来访者目前的情况。

（三）阻抗分析

阻抗分析是来访者表现出联想不顺畅，常表现出说话中断、吞吞吐吐或没有什么话可说，故意避开一些问题，或者与咨询员辩论。阻抗是不愿把潜意识里的内容表现出来的表现，因为他们很怕触动自己的"伤疤"。这往往是一个无意识过程，所以来访者并不知道。破除阻抗并不容易，这是分析治疗的最艰难过程，

也是最费时间的原因。面对阻抗，咨询员要有足够的耐心，阻抗的出现也是发现来访者精神防御机制的重要线索。咨询员必须尊重来访者的阻抗，并且帮助他们采用心理治疗的方法来解决这种防御。

（四）移情分析

移情分析，意指由于治疗所需时间较长，病人在治疗过程中会把自己对父母、亲人等人的情感转移到咨询员身上，把咨询员当成自己的父母、亲人等。移情是精神分析治疗中的组成部分，咨询员可以通过移情了解到病人对他人的情绪反应，引导他讲出感到痛苦的经历，把在无意识中压抑已久的不快全部宣泄出来，使移情成为治疗的推动力。移情的出现对咨询员是很大的挑战，对移情的处理和解释也是精神分析的重要技术。

西格蒙德·弗洛伊德（Sigmund Frued）

西格蒙德·弗洛伊德（1856—1939年）出生在一个维也纳家庭中，在3个男孩与5个女孩中排行老大。他的父亲比较专制，这在当时当地是比较常见的家长风格。弗洛伊德的家庭背景对于我们了解他的理论发展很有帮助。

尽管弗洛伊德的家庭经济条件有限，但他的父母尽了最大努力培养他。弗洛伊德兴趣广泛，但他的职业选择却因他的犹太血统而受到限制。最终，他选择了医学。在他26岁的时候，也就是他从维也纳大学拿到医学文凭4年后，他便成为维也纳大学的讲师。

弗洛伊德将他大部分精力都用于扩展和完善他的精神分析理论。有趣的是，他一生中最富创造性的阶段正是他自己被严重的情绪问题所困扰的时期。在他50岁前，他曾患有许多身心障碍，对死亡的强烈恐惧以及其他的恐惧症，而且他开始了艰难的自我分析的任务。通过揭露他自己梦的含义，他发展出了对人格发展动力学的洞察力。他首先审查了自己对童年的记忆，开始意识到他曾对他父亲怀有强烈的敌意。他还回忆起他童年时对母亲所有的欲望。他的母亲很有吸引力，有爱心，常保护他。在他分析完他父母的问题后，他便从临床的角度系统地阐述了他的理论。

弗洛伊德是极具创造性和多产的，他常常一天工作18个小时。他一生著有24册文集。弗洛伊德一直保持着极高的效率，直到晚年患上癌症。在他最后的20年中，他经历了33次手术，几乎一直处于病痛中。他于1939年在伦敦去世。

作为精神分析的创始人，弗洛伊德把自己看成一个智力的巨人。他创造了一种理解人类行为的新技术，他的努力成就了历史上最全面的人格与心理治疗的理论。

[信息来源：Gerald Corey 著《心理咨询与治疗的理论及实践》（第七版），石林等译，中国轻工业出版社 2004 年版，第 39 页。]

第二节　行为主义理论

行为主义是美国现代心理学的主要流派之一，也是对西方心理学影响最大的流派之一。行为主义的产生是当时美国社会生活和生产实践的需要。20 世纪初期，美国的资本主义制度已经进入垄断阶段，它把充分利用人的全部潜力来增进生产率，最大限度地提高利润，最稳定地维持社会秩序，作为研究人的总目的。行为主义心理学就是在这样的社会历史背景下产生的。

在一定的社会历史条件下产生的任何学术观点，都是以当时的哲学思潮为背景的。18 世纪以来，作为当时自然科学成果总结的哲学——机械唯物主义，把人看做机器，为行为主义所用；对其产生影响的另一个哲学思潮是实证主义，正如著名的心理学史学家黎黑所指出的："整个行为主义精神是实证主义的，甚至可以说行为主义乃是实证主义的心理学。"自然科学和进化论的日益发展也促使了行为主义的产生。

行为主义大致上可分为三代。早期的行为主义是第一代，其特征为：客观主义；以刺激和反应的术语解释行为；强调联结学习；外周论；环境决定论。新行为主义是第二代的行为主义，主要特征为：强调刺激与反应之间的中介变量；允许在经验事实的基础上，对行为的内部动因进行推测；以操作主义观点解释中介变量。第三代的行为主义则是新的新行为主义，它的特征是给予认知、思维等心理因素在行为调节中的作用以足够的重视；把认知、思维看成是积极、主动的过程；强调研究方法的客观性；但其根本目标是预测与控制行为，这就使它有别于认知心理学。

一、行为主义理论的基本观点

（一）经典性条件反射学说

伊凡·巴甫洛夫（Ivan Pavlov，1849—1936 年），是著名的俄国生理学家，是当时俄国生理学和与之相关的客观心理学的代表。在研究高级神经活动的课题上，他创造性地提出了条件反射理论。经典性条件反射学说的提出，深深地影响了心理学的发展，尤其是对华生创立行为主义心理学产生了重大的作用。巴甫洛夫用狗做实验。当狗吃食物时，会引起唾液分泌，这是无条件反射。如果给狗以铃声，则不会引起狗的唾液分泌。但是，如果给狗以铃声时即喂以食物，这样结合多次之后，每当铃声一响，虽然食物并未出现，狗也会分泌唾液，这时，原来与唾液分泌无关的刺激——铃声，变成了引起唾液分泌这种无条件反射的无条件刺激物——食物的信号，转化为信号刺激物，引起唾液分泌。这就是条件反射的原理。但是，如果形成的条件反射不予以强化和保持的话，就会产生条件反射的消退现象。巴甫洛夫的条件反射理论，可以解释人的很多行为。人的日常生活极其复杂多变，但人可以随机应变，首先就在于人因为条件反射而处于一种自动化了的或半自动化了的状态。但是，如果这种条件反射产生负面作用的话，就会引起强迫症状、焦虑或不安发作，或也会形成某种癖病。不良习惯、辍学或恐惧多由此而形成。对于在无意识中的条件反射所形成的不良癖病、恶习或身心障碍、心理问题，在治疗和咨询时可以使用反条件刺激予以清除和击退。行为主义关于条件刺激的强化与条件反射的消退、奖励、惩罚、反馈、模仿、替代强化等概念和原理，为行为主义心理咨询方法开拓了广阔的前景。

首先，在巴甫洛夫的实验中，用生理学术语描述高级神经活动所表现出的心理现象，由此启发了华生，他在阐述其行为主义理论时，用腺体分泌和肌肉运动等生理学名词代替感觉、思维等心理学概念。其次，条件反射的概念描述的是行为可具操作性的单元，是有关行为最简单的模式。华生正是据此建立了S—R这一行为主义公式。最后，华生在他的研究中，把条件反射作为一种具体的实验技术而加以采用。

行为主义心理学派创始人之一，华生（B. Wason, 1878—1958年）认为，心理学要成为一门科学，必须摒弃一切主观内省，确立心理学的客观研究对象。华生否认传统心理学以主观体验到的知觉或意识为研究对象，而代之以行为；又将行为归结为肌肉的收缩或腺体的分泌。华生受俄国巴甫洛夫经典条件反射学说的影响，建立了刺激—反应模式：$R=f(S)$。他不去考虑刺激与反应之间的心理过程，认为即使是思维，也不过是由内部语言所引起的喉头肌肉运动，情绪不过是内脏和腺体的变化，它们都是可以客观记录的行为。华生（1924年）认为，行为是可以通过学习和训练加以控制的，从而他否认遗传，认为人的行为类型完全是由于环境造成的。他曾经说过一段很著名的话："请给我十几个健康而没有缺陷的婴儿，让我在我的特殊世界中教养，那么我可以担保，在这十几个婴儿之中，我随便拿出一个来，都可以训练他成为任何一种专家——无论他的能力、嗜好、趋向、才能、职业及种族是怎样的，我都能够训练他成为一个医生，或一个律师，或一个艺术家，或一个商界首领，或者甚至也可以训练他成为一个乞丐或窃贼。"这段话一直被人们公认为环境决定论的经典表述。

华生的机械主义观点不久受到新行为主义者的改良，托尔曼（E. C. Tolman，1886—1959 年）提出刺激和反应之间，即实验变量和行为变量之间存在一个"中介变量"，这就是有机体的内部因素。他用公式表述为：$B = f(S.P.H.T.A)$，其中，B 为行动；S 是环境刺激；P 代表生物内驱力；H 为遗传；T 为训练和过去经验；A 则是年龄。按照上述公式，行为是环境刺激、生理内驱力、遗传、过去经验或训练以及年龄等这些实验变量的函数。也就是说，有机体的行为随着这些实验变量（自变量）的变化而变化，而不仅仅是由环境刺激所决定的。

（二）操作性条件反射学说

新行为主义者斯金纳（B. Skinner，1904—1990 年）以他的"操作性条件反射"为基础，建立了操作行为主义。操作性条件反射是指强化动物的自发活动而形成的条件反射。斯金纳在实验箱内放一只处于饥饿状态的老鼠，老鼠在箱内乱窜时，偶尔按压了一下能掀动食物的横杆获得了食物，强化几次之后，条件作用就迅速形成了。踩杆反应是对环境的"操作"，因此称其为"操作性条件反射"。斯金纳认为，操作性条件反射与经典性条件反射的主要区别在于：前者是一个反应—刺激过程，而后者则是一个刺激—反应过程。为此，他提出了 $R = f(S \cdot A)$ 公式，其中，R 为反应，S 为刺激，A 为实验者在研究中所控制的实验变量即"第三变量"，这一模式不只考虑了某一刺激和某一反应之间的关系，而且也考虑了改变刺激与反应关系的其他条件的作用。

斯金纳认为，心理学应当研究刺激与反应之间的、可观察到的相互关系，对反射"进行操作分析"。斯金纳认为，人类行为有"前因—后果"关系，即前一个行为的后果，可以是后一种行为的激励因子并决定以后的行为，这就是他所谓的"强化作用"。斯金纳花了大量时间研究强化的作用，涉及强化物的种类、性质及强化物的实施程度等。他在人的被试中开展实验研究证明，人的反应可以用言语声音或手势来代替具体的强化物。同时，在实际治疗中，只要咨询员对期望的某种行为予以奖励，这种行为就会获得强化，反之就会消退。若施以惩罚，则会加快消退的速度。操作行为主义用这一理论广泛地解释了学习现象，程序教学就是在这个原理的基础上创建的。

（三）社会学习理论

新行为主义学派的另一个杰出代表班杜拉（Albert Bandura，1925—），提出了社会学习理论，但是，他更加强调人与社会环境的相互作用，从而提出了新的"社会学习理论"，也称模仿学习理论。社会学习理论认为，人类既不是由单纯内力驱动，也不是绝对由环境决定。人有认知能力，认知能力是参与、获得和维系行为模式的重要因子。班杜拉的"新社会学习理论"有三个基本要点。

1. 人能够操纵符号，思考外部事物，预见可能性。这种学习，叫作"替代性学习"或观察学习，是社会学习理论中最重要的概念之一。

2. 人可以自我评价行为，进行自我奖赏或批判，自我强化。

3. 人可以调节、控制自己的行为，而不是受外界左右。

二、行为主义理论在心理咨询与心理治疗过程中的运用

华生曾说过，行为心理学的目的就在于预测和控制人的行为。目前，心理学应用范围之广、涉及领域之多不胜枚举，这些在一定程度上要归功于行为主义。按照行为理论和学习理论，人的异常行为和正常行为一样，都是环境塑造的产物，都是通过后天学习、训练和培养而获得的。人的心理问题既可以通过学习获得，也可以通过学习而改变或消失。其主要方法有五种。

（一）松弛训练法

松弛训练法，也称放松训练法，它是一种通过训练有意识地控制自身的心理生理活动、降低激活水平、改善机体紊乱功能的心理辅导方法。其目的在于减轻肌肉紧张引起的酸痛，以应付情绪上的紧张、不安、焦虑和愤怒，达到精神的放松。一般来说，其方法是紧缩肌肉、深呼吸、释放现在的思想、注意自己的心跳次数等等，帮助来访者经历和感受紧张和松弛状态，并比较其间的差异。如渐进性放松法，就是在安静的环境中采取舒适放松的座位或卧位，按指导语或规定的程序，对全身肌肉进行"收缩—放松"的交替练习，每次肌肉收缩 5～10 秒钟，放松 30～40 秒钟，经过反复训练，使来访者自觉到什么是紧张和松弛，从而提高消除紧张达到松弛的能力。放松训练在学生平时紧张和焦虑时可以使用，特别适宜于考前紧张者。

（二）系统脱敏法

脱敏就是脱离、消除过敏之意。系统脱敏法又称交互抑制疗法。该方法是由精神病学家沃尔帕（Wolpe）于 1958 年创立的。这种方法主要是诱导来访者缓慢地暴露于导致神经症焦虑的情境，并通过心理放松的状态来对抗这种焦虑情绪，从而达到消除神经症焦虑或恐惧状态习惯的目的。系统脱敏法由三个部分组成：放松训练；建立恐惧或焦虑的等级层次；让来访者在肌肉放松的情况下按焦虑的等级层次进行想象或实地脱敏。

当学生（或其他个体）对某对象（包括物、人或环境）产生过分敏感的反应时，辅导员或咨询员可以在来访者身上引起一种不相容的反应。例如有的儿童害怕老鼠，看见老鼠就出现惊叫、心跳加快、面色苍白等不良生理反应。对这种过敏反应，可在儿童信赖的人（父母）陪同下，在一边从事愉快的事情的同时，从无关的话题切入到关于老鼠的话题，从图片到玩具宠物，从电视、录音机的形声到真实的老鼠，从远到近，逐渐接近放有老鼠的笼子，鼓励儿童去看、去接

触，多次反复，直至儿童不再过度恐惧老鼠。脱敏法与松弛训练法结合一起使用的程序如下：进行全身松弛训练，放松身体各部位；建立焦虑刺激强度等级层次，由来访者想象从最恶劣的情境到最轻微的情境；焦虑刺激想象与松弛训练活动相配合，让学生做肌肉放松，然后想象从焦虑刺激的最轻微等级开始逐步提高，直到最高也不出现焦虑反应为止。若在某一级出现了焦虑紧张，就应退回到较轻的一级，重新进行或暂停。

（三）满灌疗法

满灌疗法，也叫暴露法、冲击法，就是给予来访者引起强烈焦虑或恐惧的刺激，从而使紧张焦虑或恐惧消失。满灌疗法一开始时就让来访者进入最使他感到焦虑或恐惧的情境中，或采用想象，或观看电影、录像，或直接进入真实的情境，使来访者接受各种不同形式的焦虑恐惧刺激，同时不允许来访者采取闭眼睛、哭喊、堵耳朵等逃避行为。在反复的刺激下，光天化日因焦虑恐惧而出现心跳加快、呼吸困难、面色苍白等反应，但来访者最担心的可怕灾难却始终没有发生，这样最后焦虑和恐惧的反应也就相应减轻直至消退。满灌疗法使用时应注意：确立主要辅导目标，要求来访者高度配合。另外，要充分了解来访者的身心状况，以免发生意外。

（四）厌恶疗法

厌恶疗法是指运用惩罚的、厌恶性的刺激，通过直接的或间接的想象，以消除或减少某种适应不良行为的方法。它的一般原理是，把令人厌恶的刺激，如电击、呕吐、语言斥责、想象等，与来访者的某种不良行为相结合，形成一种新的条件反射，以对抗原有的不良行为，进而消除这种不良行为。此疗法对于性变态等不良行为和嗜好的消除有较好的疗效。厌恶疗法的厌恶性刺激常见的有物理性刺激如橡皮圈刺痛等，生理性刺激如催吐剂、恶性气味或声音等。这些在心理辅导门诊中一般不使用。在心理辅导中，常用的方法是想象产生厌恶以抑制不良心理和行为。想象厌恶疗法就是将来访者口头描述的某些厌恶情境与来访者想象中的刺激联系在一起，从而产生厌恶反应，以达到减少或中止某种不良行为的辅导目的。例如，某些性变态行为患者，咨询员可以指导患者，每当他出现这方面的欲望或行为时，就要他立即闭上眼睛，想象当场被人抓住，想象当时在众人面前受到指责和羞辱，在这种场合下是如何身败名裂，无地自容，从而减少直至抑制这种不良行为的发生。在使用此法时要注意，因为它是一种惩罚性方法，带有一定的非道德性，咨询员使用前应征得来访者的同意。一般应把它作为最后一种方法选择使用。

（五）宣泄疗法

宣泄疗法，也叫发泄疗法，是指让来访者把经受过的心理创伤、不幸遭遇和所感受到的情绪发泄出来的一种治疗方法。宣泄的方式有多种。一是倾诉。在倾诉过程中，咨询员要主动地引导来访者回忆那些不幸的遭遇、痛苦的场面以及产生的情绪，尽量让他们把这些痛苦的情绪发泄得干干净净；同时，咨询员还要耐心倾听来访者的诉说，真诚理解来访者的心情，热心安慰和积极鼓励来访者。二是运动。据有关研究表明，剧烈的体育运动可以大大减轻内心的痛苦和焦虑。三是哭。有数据表明，90%以上的女性认为当痛苦和难过时，大哭一场之后感觉就好多了，82%的男性也有同感。

行为疗法除了以上介绍的几种之外，还有其他的一些方法，如情动心像法（提示一些影像印象等）、思考停止法（头脑中想象做不好的事时大声说"停止"）等。

第三节　人本主义理论

人本主义心理学主张研究人的整体意识经验，研究人的尊严和价值，研究人的本性。其思想渊源可以追溯到古希腊的思想家，如柏拉图、亚里士多德等人，近则可以从存在主义哲学和现象学中找到其理论依据。具体地说，人本主义心理学是以存在主义哲学作为基本观点的理论根源，以现象学作为其方法论的基础。

一、人本主义理论的基本观点

人本主义心理学和人本主义疗法的杰出代表、最有影响的人物之一是卡尔·罗杰斯（C. Rogers，1902—1987年）。卡尔·罗杰斯是美国心理学家，人本主义心理学的主要代表人物之一；从事心理咨询和治疗的实践与研究，并因"以当事人为中心"的心理治疗方法而驰名；1947年当选为美国心理学会主席，1956年获美国心理学会颁发的杰出科学贡献奖。他认为，人性发展的基本倾向是建设性的，人有追求美好生活、为美好生活而奋斗的本性，人性的核心是自我保存和社会性。健康代表着人格的健全和人性的丰满发展，病态是健康人格的异化。心理疾病患者并没有失去自身固有的潜能，咨询员要相信来访者的自身指导能力，创造有利于来访者发挥潜能的良好氛围。因此，人本主义疗法是积极人性观的体现。

"自我"是人本主义人格理论的重要概念，罗杰斯是从现象学的角度来界定它的，他的自我论非常强调现象场。现象场是一个人生活的全部经验，自我由现象变异而来，"自我包括个体整个地去知觉他的机体，他体验到的所有知觉、体验到的这些知觉与所处环境中其他知觉以及整个外部世界发生关系的方式"。显而易见，他所认为的"自我"就是自我经验的产物，是从环境中分化出来的产物，是一种主观经验的"同化"机制，是具有价值取向的自我意识的完整体现，它决定着个体是否接受外界刺激的影响及接受什么样的影响。

在自我发展的过程中，个人经验同其天赋的自我实现趋向一致，就产生一种积极体验，不一致则会产生消极体验。当个人体验到自己的想法或行为，如果不能按照他人事先确定的方向去行为并得不到他人的尊重时，他就会产生焦虑情绪。为了避免这种焦虑情绪，他可能采取某种歪曲或回避真实感情的办法，如采取各种防御机制，以求缓和被尊重和自尊的需要与机体经验之间的冲突，这样做的结果可能引起人格的混乱。反之，当个人行为不仅产生积极的机体经验，同时又受到他人积极的评价和尊重时，他的受尊重和自尊的需要与他的机体经验就不会发生冲突，他的人格就容易得到健康发展，他就能依据真实自我的机体估价而行动，也就能真正实现自我的潜能，成为健康而完整的个人。

二、人本主义理论在心理咨询与心理治疗过程中的运用

人本主义心理学的最大贡献莫过于心理治疗的理论和方法了，而"以人为中心的治疗"已成为人本主义心理治疗的重要内容。按照罗杰斯的治疗观，咨询员应放弃精神分析的指导性或权威性，相信来访者对于什么最好已有一个基本的了解（也许是潜意识的）。同时，他们既需要来自别人的也需要来自自己的积极尊重。咨询员的任务在于创设一种温暖、友谊、令人可以接受的气氛，以使来访者提高对被尊重的体验。

罗杰斯在很早的时候就给治疗过程提出了12个步骤，虽然它们看似不同，但在实施过程中是不能截然分开的。

1. 来访者主动求助。来访者如没有改变自我的需要，治疗很难成功。

2. 咨询员说明情况。咨询员向来访者介绍治疗过程，强调来访者的作用，咨询员的作用只在于创造有利于来访者成长的气氛。

3. 鼓励来访者自由表达情感。咨询员不管来访者表达什么样的情感，含混的或敌意的，均应以诚恳、友好的态度相待。

4. 咨询员要能够接受、认识、澄清对方的消极情感。咨询员不只是被动接受对方提供的信息，仅对表面的内容做出反应，而应深入对方的内心深处，注意发现对方影射或暗含的情感。这是很困难且很微妙的一步。

5. 促进来访者的成长。一旦对方将消极情感表达、暴露出来，模糊的、试探性的、积极的情感便不断萌生出来。

6. 接受来访者的积极情感。咨询员只需不加评价地接受对方的积极情感，促使对方自然达到领悟与自我了解的境地。

7. 来访者开始接受真实自我。由于咨询员对来访者采取了理解与接受的态度，来访者便有机会重新认识自我，并接受真实自我。这为对方在新的水平上达

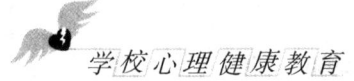

到自我整合奠定了基础。

8. 帮助来访者采取决定。新的整合意味着新决定与新行为的产生，咨询员应协助对方澄清可能做出的选择。

9. 疗效的产生。来访者通过自我领悟，达到了对问题新的认识，某种积极、尝试性的行动便应运而生了。

10. 扩大疗效。在已有尝试的基础上，咨询员应帮助对方发展更深层的领悟，并扩大领悟范围。

11. 来访者全面成长。来访者克服了对选择的恐惧，勇于探索自我发展的新行动。此时，双方的关系达到顶点，来访者会主动提出问题与咨询员讨论。

12. 治疗结束。来访者感到无须再寻求帮助时，治疗即告结束。

与其他心理治疗不同的是，人本主义非常重视来访者与咨询员之间"心理气氛"的建立。这就要求咨询员与来访者保持一致，双方都是真诚的。真诚是指咨询员应对来访者表现"真我"，心口一致、言行一致，不应有任何虚伪和防御，不戴假面具，更不应是"例行公事"般地敷衍了事。咨询员首先应把自己当做"普通人"，而不是"教育者或专家"来与来访者交往。

同时，人本主义疗法也要求咨询员与来访者具有共情性。共情是指咨询员应深入了解来访者经历到的感情和想法，设身处地地体会来访者的感受，体察他的思想，了解他如何看自己、如何看世界。要求咨询员用来访者的眼睛、从他的角度来看待其所面临的事物，而不是从客观或外在的标准，也不是从咨询员个人的角度看待来访者的问题。

此外，人本主义疗法还要求咨询员与来访者相互尊重。尊重也称无条件积极关注，即指咨询员对来访者应表现出真诚的热情、尊重、关心、喜欢、接纳，即使当来访者表现很差时，也不表示鄙视或冷漠。也就是说，咨询员应尊重来访者的情感与意见，关心来访者的方方面面，相信并接纳他的价值观念和情感表现，给来访者营造出一种安全的氛围、宽松的环境。

总之，要帮助来访者就必须尊重他们，相信他们具有成长的潜力及自我导向的能力，理解他们的经验与体验，真诚地关注他们，以使他们发展独特的自我。

第四节 认知心理学理论

作为一种体系的认知心理学并不仅仅指20世纪60年代后产生的信息加工认知心理学，而是包括以认识过程为主要研究对象的各种心理学流派和理论。广义的认知心理学包含了格式塔学派、勒温的拓扑心理学和皮亚杰学派；而信息加工认知心理学是以现代科学的方法探索人的认识过程，它是狭义的认知心理学，代表着当前认知心理学发展的主流。

认知心理学是心理学的一种潮流,并非学派。由于它通过实验证明,认知理解对环境条件、刺激强度以及情绪发生、发展和行为方式起调节作用,所以在心理咨询和治疗中,可以被用来帮助来访者解决心理问题。

认知心理学与早期行为主义心理学观点不同。早期行为主义心理学认为,外部刺激进入大脑以后的内部加工过程是不重要的,是不可探索的"黑箱";而认知心理学则认为,恰恰是"黑箱"中的认知过程才是重要的。所谓"认知",是指一个人对某一事件的认识和看法,包括对过去事件的评价,对当前事件的解释,或对未来可能发生事件所做出的预期。认知是与情感、意志、动机和行为相联系的一种心理功能状态。

认知理论从行为主义心理学那里继承了许多有价值的方法,把视野限制在矫正特定的认知过程以使个体达到适应当前的生活;其使用的方法是对具体的认知过程进行细致的、客观的科学研究。其中,影响最大的疗法之一就是合理情绪疗法。

一、合理情绪疗法的基本观点

合理情绪疗法是20世纪60年代初由艾利斯(A. Ellis)于美国创立的。合理情绪治疗是认知心理治疗中的一种疗法,因其也采用行为治疗的一些方法,所以,在一定意义上也称其为一种认知行为治疗的方法。

(一)ABC 理论

合理情绪疗法认为,人的情绪、行为情绪、行为源于人的思想;思想的根源为人们对事物的看法,也就是信念;而信念的产生源于人们的思维方式。人具有一种生物学的和社会学的倾向,存在理性的合理思维和无理性的不合理思维。合理思维产生合理的想法和信念,不合理思维产生不合理的想法和信念。任何人都不可避免地具有或多或少的不合理的思维和信念。

ABC来自三个英文字的字首,在ABC理论模型中,A(Activating)是指诱发事件,B(Beliefs)是指一个人对诱发事件而产生的看法、解释与评价即信念,C(Consequence)代表继这一事件后个体所产生的情绪反应和行为结果。一般情况下,人们都认为是外部诱发事件A直接引起了情绪和行为反应的结果C。而ABC理论则认为,诱发事件A只是引起情绪和行为反应的间接原因,而人们对诱发事件所持的信念、看法、解释即B才是引起人的情绪和行为反应的更直接的原因。ABC理论认为,个体的认识系统如果产生不合理、不现实的信念,则是导致情绪障碍和神经症的根本原因。

在青少年学生中,考试结束后考卷发下来时,面对老师的批卷,可能产生不同的想法。某个学生可能会想,"这次卷面分不高,可能是由于自己没有复习好,认真查查看错在哪里";而另一个学生可能会这样想,"这次卷面分不高,可能是老师扣错了分,认真查查看老师是否多扣了我的分"。对于"卷面分不高"这一事件,两个学生由于对这一事件的看法不同,会导致他们不同的情绪反应。第一个学生会心情平静地找到自己考卷上的错误,然后认真复习,准备下次考好;而第二个学生心情气愤地找老师询问是否扣错了分,以至于以后会和老师产生对立情绪。不同的想法导致人们不同的情绪反应。第一个学生的想法是合理的,产生的情绪和行为反应也是积极的;而第二个学生的想法则是不合理的,其所产生的情绪和行为反应是消极的,是不利于其学习的。在合理情绪治疗中,前者称之为合理的信念,后者被称为不合理的信念;而不合理的信念会导致不适当的情绪和行为反应。如果人们长期坚持不合理信念,长期处于不良情绪状态之中,最终会导致情绪障碍的产生。

(二) 不合理信念的特征

艾利斯曾经在1962年根据自己的临床经验总结了通常会导致精神症状的11种主要的不合理信念。

1. 一个人绝对需要生活中每一位对他重要的人的喜欢与赞扬。
2. 一个人应该在各方面,至少在一个方面有才能、有成就,才有价值。
3. 有些人是卑劣的、邪恶的,他们应该受到严厉的谴责与惩罚。
4. 事不如意是可怕的灾难。
5. 人的不愉快是外界因素造成的,人不能控制自己的痛苦与困惑。
6. 对可能(或不定)发生的危险与可怕的事物,应该牢牢记在心头。
7. 对于困难与责任,逃避比面对要容易得多。
8. 人应该依赖别人,而且依赖一个比自己更强的人。
9. 过去的经历是影响人现在行为的决定因素,而且这种影响是永不可改变的。
10. 一个人应该关心别人的困难与情绪困扰,并为此感到不安与难过。
11. 每个问题都有正确而完美的解决方法,如找不到这种办法,则是莫大的不幸。

这些不合理的信念具有三个基本特征:绝对化要求、过分概括化和糟糕至极。

绝对化要求是一种不合理的走极端的要求。指人们以自己的意愿为出发点对某一事物怀有认为必须或必定不该这样的信念。这种信念通常与"必须"、"应该"、"肯定"等字眼联系在一起,如"我必须取得好成绩"、"他肯定对我有意见"、"命运不应该这样对我"等。怀有这种信念的人容易产生情绪困扰,甚至障碍。因为,人们不一定能在每一件事情上获得成功,对他人、对事物,不一定能按照自己的意愿或意志行事，每人有各自的意愿，事物有它存在的客观现实条件和发展规律，因此当某些现实事件发生与其绝对化要求相悖时，他就会感到受不了，难以适从并陷入情绪困扰。合理情绪疗法就是改变他们这种极端的不合理信念，帮助他们建立合理信念，减轻情绪困扰。

过分概括化是一种以偏概全、以一概十的不合理思维方式。就好像以一本书的封面来判断一本书的好坏一样，以一个人的笔迹来判断一个人的性格一样。过分概括化的一个方面是对自身不合理的评价。当某一件事没有办好，便认为自己"一无是处"、"一钱不值"。这种以自己的某一件事、某个言行来评价自己整体的方式，只可能使人陷入消极情绪的泥沼而难以自拔。过分概括化的另一个方面是对他人的不合理评价。即别人稍有差错就认为此人很坏，别人对他稍有不周就认为对己不良，这会导致一味地责备他人以及产生敌意和对抗情绪。合理情绪疗法要求我们"评价一个人的行为而不是去评价一个人"，在这个世界上并不存在完美无缺的人。艾利斯指出，每个人都应承认和接受自己是一个可能犯错误的人类的一员。

糟糕至极的想法是一种认为某一事件非常可怕、非常糟、是灾难性的。糟糕至极常常和绝对化要求联系在一起。当他们认为"必须"、"应该"的事物并未像他们想象的那样发生时，就会感到无法接受这种现实，无法忍受这样的情景，他们的想法就会走向极端，就会认为事情已经糟到了极点，就会陷入极端不良的情绪体验，如耻辱、自责、自罪、悲观、抑郁的恶性循环之中而难以自拔。艾利斯指出，对任何一种事情来说都可能有比之更坏的情景发生，没有任何一件事情可以定义为百分之百的糟透了。既然糟糕的事情发生了，我们应努力去接受现实，尽可能地去改变或适应现实。

上述三种特征在不合理信念中往往都可以找到，而每个人都或多或少地会具有不合理信念，只是那些有严重情绪障碍的人的不合理信念特征表现更为突出，这就需要进行合理情绪治疗。

二、合理情绪理论在心理咨询与心理治疗过程中的运用

合理情绪理论认为，人们的情绪障碍是由于人们不合理信念造成的，因此，治疗的重点就是要改变病人的不合理信念，建立起合理的信念，以合理化的思维方式取代不合理的思维方式。

（一）治疗过程

合理情绪疗法的治疗过程一般分为四个阶段：心理诊断阶段、领悟阶段、修通阶段、再教育阶段。

1. 心理诊断阶段。这是合理情绪疗法治疗的起始阶段，通常在病人来访的

第一次会谈中进行。在这一过程中，要探讨和寻找病人的问题，要集中注意病人的情绪、行为问题，探查出这些问题的 ABC，收集与其 ABC 系列有关的信息；当咨询员确信找到了病人核心的 ABC 之后，就可以对这一阶段作总结，对病人做出诊断。

2. 领悟阶段。这一阶段要引导病人学习合理情绪疗法的理论，强化他们对进行合理情绪治疗的困难工作的动机。要向来访者指出，他们的情绪困扰之所以延续至今，不是由于早年生活的影响，而是由于他们现在不合理信念所致。

3. 修通阶段。这是帮助病人改变信念的阶段，因而也是治疗的最重要阶段。在这一阶段，咨询员要帮助病人向其不合理的信念提出质疑，进行辩论，并采取用情绪和行为的方法加以验证；要帮助病人对合理信念与不合理信念进行区别，帮助病人放弃不合理信念。

4. 再教育阶段。这是巩固治疗成果并结束治疗的阶段。此时，咨询员要帮助来访者巩固在治疗中所学到的东西，以便其能更为习惯地采用合理化方式去思考问题。

合理情绪疗法的四个阶段，是相互重叠和交叉的。这四个阶段一旦完成，不合理信念及由此引起的情绪困扰或障碍就会消除。

（二）治疗技术

合理情绪疗法最常用的技术就是与不合理信念辩论的技术，其次是合理的情绪想象技术及认知的作业。

1. 不合理信念辩论的技术。这一方法是艾利斯根据自己咨询与心理治疗的经验不断摸索总结出来的。他认为，这一方法使咨询员得以用科学的方式向病人所持有的不合理信念进行挑战和质疑，以动摇他们的这些信念。对许多受过教育的人来说，这种方法是最为有效的。

这一方法在治疗的第二阶段开始到治疗的第四阶段，都一直是咨询员帮助来访者改变的有力武器。在治疗的第二阶段即领悟阶段，主要是帮助来访者学习 ABC 理论，认清是 B 而不是 A 引起了自己的情绪，从而进一步认清自己要对自己的情绪困扰负责。在治疗的第三阶段即修通阶段中，要帮助来访者认识其信念的不合理之处，进而放弃这些信念，建立合理的信念，这时，辩论的任务就更重要了。在治疗的第四阶段，即再教育阶段，咨询员要帮助来访者把在前面学习的认知方法，运用到实际生活的各个方面中去，并且与自己发现的不合理信念进行辩论，这种辩论可能发生在更为深层的起核心作用的信念上。

这种与不合理信念辩论的方法，采用的是积极主动地、不断地向来访者发问，对其不合理的信念进行质疑。提问可用质疑式提问法即咨询员直截了当地向来访者的不合理信念发问，如"是否别人可以失败而你就不能？""是否别人都应该照你想的那样去做?"等等;也可采用夸张式提问法即找到来访者在表达其信念的过程中的荒谬之处,扩大这些谬误,要求来访者自己推论。如一个患社交恐惧症的学生说:"别人都看着我。"咨询者向她提这样一些问题:"是否大家一天 8 小时都看着你?""要不要在身上贴张纸条写上不要看我的字样?"答:"那人家都要来看我了!"问:"那原来你说别人都看你是否是真的?"答:"是我头脑中想象的⋯⋯"。

在与不合理信念辩论的过程中,咨询员所提问的依据必须是建立在客观现实及逻辑基础上的,辩论的过程也要使病人认识到他们所持有的信念是站不住脚的,是没有事实依据的,是不现实、不合逻辑的,从而放弃这一观点。这一过程也有助于病人了解什么信念是不合理的,什么信念是合理的,学会识别不合理的信念,从而以合理的信念取而代之。这一过程不是通过一两次谈话轻而易举就能实现的,而是通过咨询员与来访者一起找到某一不合理信念,经过反复辩论,同时辅之以其他方法,直到病人放弃这一不合理的信念,学会以合理的信念面对现实。

由于与不合理信念辩论的方法几乎不变地应用于每个病人,所以几乎可以说一直贯串于治疗的始终,而且也会取得相应的成效。因为辩论(Disputing)一词的英文字头是 D,治疗效果(Effect)一词的英文字头是 E,所以加入了这两个字母,合理情绪疗法的整体模型就被称为 ABCDE:

A——诱发事件;

B——由 A 引起的信念(对 A 的解释、评价等);

C——情绪的和行为的结果;

D——与不合理信念辩论;

E——通过治疗所达到的新的情绪和行为(治疗的效果)。

2. 合理的情绪想象技术。合理的情绪想象技术是一种想象的方法,但其中被注入了合理情绪疗法的思想内容。其步骤如下:首先,使来访者在想象中进入其产生过不适当的情绪反应或自感最受不了的情景之中,体验在这种情景下的强烈情绪反应;其次,帮助来访者改变这种不适当的情绪反应并体会适度的情绪;最后,停止想象,让对方讲述他是怎么想的,使自己的情绪发生了变化。此时,咨询员还要强化来访者的新的合理信念,纠正某些不合理的信念,补充其他有关合理的信念。

如针对一名女大学生报告她在即将举行的会上发言感到非常恐惧,可让其想象在会上发言的情景。当她可以想象到这一情景时,让其报告此时的心情,她可能说:"我已经觉得快不行了,快讲不下去了。"此时要她把这个情景保持在脑海中。同时,让她把那种觉得快不行了的感觉变成只是有点紧张。一旦她做到了这一点，就要求她讲是怎样才达到了这一目标。她可能会说："我要是逃走会更糟，反正我得在这坚持讲完。"此时，指出她说得对，她现在所做的事情正是在用合理的信念代替那些不合理的信念。这样，通过这一想象技术，咨询员还可以通过留家庭作业的形式，让来访者回到家中自己去做想象练习，为将来在现实生活中运用合理信念做出努力。

3. 认知家庭作业。合理的情绪治疗是在改变人的认知上下工夫，但要改变一个人多年的信念与思维方式是一件非常困难的事。因此，治疗也需要与来访者自己日常的练习相结合。合理情绪疗法中常常用给来访者布置家庭作业的形式，要来访者自己找出自己某个不合理的信念并进行辩论。

认知的作业主要有：《合理情绪治疗自助量表》和合理的自我分析两种形式。《合理情绪治疗自助量表》是由艾利斯在美国纽约创立的合理情绪治疗研究所特制的一种自助表格，上面分别列有 A、B、C、D、E 各项内容，其中 B 项中列有许多来访者中常见的不合理信念；来访者可根据自己的情况填写，并与之辩论，再找出相应的合理信念，说明辩论后的成效。合理的自我分析目的与上述作业相同，这种作业无固定格式，但要求来访者完全根据自己的情况，自己写出 A、B、C、D、E 各项，但报告的重点在 D 上。

第五节 森田疗法

森田疗法是从 1920 年前后由日本的森田正马（1874—1938 年）创始的一种针对神经症（森田称之为神经质）的精神疗法。森田疗法这一名称是后来才普遍得以使用的，开始森田自身称为"对多余神经质的特殊疗法"、"多余的说服疗法"或"自觉疗法"等。森田疗法的确立用了近 20 年的时间，其形成经过了催眠阶段、诸疗法的试行错误、独自的疗法确立、理论基础的形成等过程。

森田疗法形成的初期，森田正马较早地使用于 19 世纪末介绍到日本的催眠疗法，以应用于神经症的治疗。由催眠暗示所得到的神经质和歇斯底里症治疗结果的不同，森田正马就将神经症划分为神经质和歇斯底里。当他了解到仅靠催眠来治愈神经症是极为困难的时候，就开始尝试各种疗法，放弃了药物治疗和单纯的催眠疗法，取说理、作业、生活疗法等精华内容，进行了广泛的试行治疗。

通过一系列的治疗经验，特别是他自身曾经在学生时代克服过由神经症症状而体验的痛苦经验，从而确立了独特的神经症观和治疗方法。

森田正马对弗洛伊德的精神分析极感兴趣，但其后采取了明确批判的否定态度。森田和弗洛伊德都经由催眠疗法而确立了各自的治疗方法，但森田将神经质作为治疗的对象，而弗洛伊德则将森田治疗对象以外的歇斯底里症状作为主要的治疗对象，这一点是令人颇感兴趣的。

一、森田的神经症理论

森田基于对神经质患者本质特性的理解，认为神经质的症状纯属主观问题，而非客观的产物，探明了症状的发生和固着发展的内在驱动力。森田提出了"神经质"这一概念以取代当时人们所称之为的"神经衰弱"，并将神经症分为神经质和歇斯底里症两大类别。森田将神经质依其症状分为三大类型（普通神经质、发作性神经症、强迫观念症），提出了其共同的发病和症状固着的内在驱动力，其公式化如下所示：

病＝素质（疑病性基因）×机会×病因（精神交互作用）

森田将疑病性基因理解为一种素质，表现为自我内省能力强以及对自己的身体不快、精神不快或异常反应细致而敏感的倾向。这里所讲的精神交互作用，是指注意固着于某种体验、情感冲动或身体感觉，越是试图转移这种注意却越是固着于此，从而造成一种恶性循环。也就是说，森田所讲的神经质，都有一种精神上的倾向性，即疑病性基因或素质，由于某种感动体验（恐惧等情绪体验）而引起注意的固着，其后又由于精神交互作用而致使症状固着化，并得以恶性发展。

1. 普通神经质。相当于神经衰弱或心气神经症。患有这一症状的人，往往对身体的变化特别敏感而多疑，为此而苦恼，表现出失眠或不眠、头痛、易兴奋、易疲劳、性功能障碍、注意力不集中等症状。

2. 发作性神经症。相当于不安或焦虑神经症，伴随着身体症状而发作的不安恐慌状态，不安焦虑发作、心悸亢进（心脏跳动加速）发作、呼吸困难发作等，为此而不安焦虑（预期不安）并苦恼。

3. 强迫观念症。相当于恐惧症或强迫神经症，对身心，尤其是对心理的不快感到特别敏感，认为这一不快感是不应存在的对象物并力图予以排斥，其结果反而造成压抑感的增强并引起思考或行为的障碍，如不洁恐惧、对人恐惧、疾病恐惧、高处恐惧、不完善恐惧、不安全恐惧等。

二、森田疗法的治疗理论

森田疗法的治疗原理，是对易陷于执著性素质倾向的神经质患者，通过性格的陶冶、训练的方法，用精神交互作用打破和切断恶性循环，以达到治疗的目的。

治疗时指导要点如下：①对症状实态的说明（说明患者的症状是因疑病性基因和精神交互作用而造成的）；②心理构造的矫正（通过语言的指导、矫正）；

③通过患者自身的体验去达到对症状的理解。

通过治疗，患者必须体会到以下的态度，即实事求是、服从自然、尊重事实等。这些态度都持有同样的含义，也就是说接受由症状所产生的各种不快、痛苦等感情这一现实，去做自己能做的事情，而且采取积极的态度。

森田疗法重视由治疗体验所获得的对症状及治疗本身的理解。对症状存在着不安的话，告诉患者要面对不安这一事实并继续作业。如果患者对治疗存在疑虑的话，也告诉患者不要过虑或不要去管这样一些疑虑，继续从事所吩咐的作业。这样，就可以使患者不必过分地追究症状的原因，而是督促其在家庭的治疗环境下积极参与"今天，在这里"的生活，从而引起患者内在的、行动的变化。这是森田疗法基本的治疗原理。

三、森田疗法的治疗体制

森田在1919年将巢鸭医院的原护士长接到自己家中，通过指导她从事家务等作业治好了这位护士长的神经症，以后开始在自己家中收容患者，一边与患者生活，一边进行生活指导，让患者从事某些作业劳动。这是森田疗法的初期。但是，由于社会状况、生活习惯的变化，当时森田的治疗方法很难行得通。于是，依据各治疗设施的具体状况，森田疗法在增加若干变化的基础上建立了新的治疗体制。

森田疗法以住院为原则。这样可以明确治疗的体制。治疗过程首先分为卧褥期和作业期，作业期又分为三个阶段，全部共分为四期，即卧床期、轻作业期、重作业期（生活作业期）、实际生活训练期。再加上日记指导、医师的不问态度和患者相互之间的人际关系等构成了治疗场面。一般40～50天即可出院，但有些需要更长的时间。

第一期（约1周）：绝对卧床期。

将患者隔离在一个安静的独房里静养。除吃饭、洗涮、大小便以外，不许患者离开床铺，更不许会客、谈话、抽烟、看电视、听收音机等。在这期间，至关重要的是让患者能最大限度地面对自己的苦闷、烦恼和痛苦。即使有不安和烦恼，也不能从不安和烦恼中逃开，而是采取毅然地去除烦恼的态度，也就是说要正视烦恼存在的这一客观现实，这样就会使烦闷消退，从而开拓自我解决问题的道路。这被称为解脱法。

这一期限间患者处于一种刺激遮断状态，到第四天即可出现无聊期（或烦闷期），这是在刺激饥饿状态下所出现的生命活动的需要，这对增强活动欲求和需要的自觉、对其后作业期的治疗都具有重要的意义。

第二期（3天至1周）：轻作业期。

虽然使患者从卧床状态下解放出来，却仍使其置身于隔离状态。睡眠时间限定为每天7～8小时。卧褥期之后的一两天内应避免肌肉活动，从第四五天开始，可让患者从事扫除、洗衣、除草等轻作业劳动。这一期间的重要目的，是打破以患者的情绪为中心的做法，促使其产生自发的活动愿望。

当看到患者自身活动愿望增强并希望做重体力劳动时，即可进入第三期。

第三期（1周至两周）：重作业期。

当患者习惯了治疗活动，其自发性也得以增强时，即可安排其做一些木工、园艺等需负一定责任的工作。目的是养成患者对作业的持久力和忍耐力。

当看到患者能逐渐处理完作业劳动并能自觉到繁忙时，即可进入第四期。

第四期（1周至两周）：实际生活期。

为了让患者能自然地投入到现实社会生活中去，开始扩大治疗场面。其目的是通过现实生活的训练，脱离所有拘谨以应对外界的变化，为回归现实生活做好准备。

这一时期，与卧床期、作业期并重，患者需接受日记指导。森田指出，从卧床期结束后的第二天开始，需让患者写日记，这可以为了解患者的身体和精神状态提供帮助。森田自身并不太重视患者写日记，但现代的森田疗法则强调需最大限度地利用患者的日记，这可以使医师能直接通过患者每天的生活记录，在了解患者生活内容的同时，加上某些注释、生活态度的指导，以促进患者生活内容的改善。

森田疗法初看起来似乎非常简单，但实际上，森田疗法包含着多种精神疗法的因素，是各种治疗方法的集大成。森田疗法本身也较多地受禅的影响。由此可见，森田疗法所持有的多种多样多面的构造，不局限于某一特定的时代背景内有效，也不局限于日本或东方这一特殊的文化背景，而是一种具有某种普遍应用范围的精神疗法。

第五章

学校心理健康教育的途径（上）
——个别心理咨询

【本章要点】

1. 心理咨询和心理治疗的概念与区别；
2. 心理咨询的常见形式与原则；
3. 心理咨询前的接待、谈话、心理测验与检查；
4. 咨询八大特质的意义及使用时要注意的问题；
5. 心理咨询的参与技巧、影响技巧与非言语行为的具体运用问题。

学校心理健康教育可以通过不同的途径和形式来实施，如全面渗透、开设课程、建立家长学校和社会网络等。其中，心理咨询与辅导就是最重要的途径之一，而且，心理咨询与辅导也是心理健康教育的重要组成部分。心理咨询与辅导是一项专业性、操作性很强的理论与技术，只有了解和掌握心理咨询与辅导的基本理论、方法及技术，才能从根本上提高学校心理健康教育的效果。

第一节 心理咨询概述

一、心理咨询与心理治疗的概念

（一）心理咨询的含义

罗杰斯认为，心理咨询是通过与个体持续的、直接的接触，向其提供心理援助并力图使其行为态度化的过程。

威廉森等将心理咨询广义地解释为：A、B两个人在面对面的情况下，受过心理咨询专门训练的A，向在心理适应方面出现问题并企求解决问题的B提供援助的过程。(A是咨询员，B是来访者)

汤宜朗、许又新认为，心理咨询是通过语言、文字等媒介，给咨询对象以帮助、启发和教育的过程。

张日昇认为，心理咨询是指运用心理学的方法，对在心理适应方面出现问题并企求解决问题的求询者提供心理援助的过程。

（二）心理治疗的含义

《美国精神病学词汇表》是这样定义的："在这一过程中，一个人希望消除症状，或解决生活中出现的问题，或因寻求个人发展而进入一种含蓄的、明确的契约关系，以一种规定的方式与心理治疗家相互作用。"

北京大学陈仲庚认为，心理治疗是咨询员与来访者之间的一种合作努力行为，是一种伙伴关系；是关于人格行为的改变过程。

美籍华人曾文星、徐静认为，心理治疗是指应用心理学的方法来治疗病人的心理问题。其目的在于：通过咨询员与病人的关系，善用病人渴求求愈的愿望与潜力，改善病人的心理与适应方式，以解除病人的症状与痛苦，并帮助病人，促进其人格的成熟。

钱铭怡认为，心理治疗是在良好的治疗关系基础上，由经过专业训练的咨询员运用心理治疗的有关理论和技术，对来访者进行帮助的过程，以消除或缓解来访者的问题或障碍，促进其人格向健康、协调的方向发展。

（三）心理咨询与心理治疗的区别

1. 服务对象的构成略有不同。心理咨询的对象主要是有心理困扰的正常人或业已恢复或正在恢复的病人；而心理治疗的对象往往是有精神障碍的病人。

2. 处理的问题涉及的领域不同。心理咨询所着重处理的是正常人遇到的各种问题，主要有日常生活中的人际关系问题、职业选择方面的问题、教育求学过程中的问题、恋爱婚姻方面的问题、子女教育方面的问题等；心理治疗的适应范围则往往是某些神经症、某些性变态、心理障碍、行为障碍、心理生理障碍等。

3. 所需的时间不同。心理咨询所需的时间较短，一般为咨询一次至数次，少数可达十几次；而心理治疗则往往费时较长，常需数次、数十次不等，有的需要经年累月方可完成。

4. 涉及意识的深度不同。心理咨询涉及的意识深度较浅，大多在意识层面进行，更重视教育性、支持性、指导性工作，焦点在于找出已经存在于咨询对象自身的内在因素，并使之得到发展，或在对现存条件进行分析的基础上提供改进意见；而心理治疗主要针对无意识层面进行工作，重点在于重建病人的人格。

5. 目标不同。心理咨询的目标往往较为直接、具体、明确；而心理治疗的目标常比较模糊，它往往着眼于整个人的成长和进步。

6. 专业训练及所属专业组织不同。在国外（尤其在美国），从事心理治疗的人必须获得心理系或教育系的哲学博士学位；而心理咨询员只需硕士或学士文凭即可。此外，各自所属的专业学术团体也不相同。

7. 起源不同。心理咨询的起源主要有四个方面：①与源于20世纪初的职业指导运动有关；②与20世纪初美国比尔斯发起的心理卫生运动有关；③源于心理测量运动和心理学中对个体差异的研究；④与罗杰斯为代表的非医学、非心理分析的咨询与心理治疗有关。罗杰斯于1942年出版的《咨询与心理治疗》一书，第一次使非医学的和非心理分析的心理治疗成为现实。而心理治疗的起源则可追溯到19世纪末弗洛伊德开始心理分析的努力，甚至可以追溯到19世纪中叶催眠术的施行。

8. 工作场所不同。心理咨询工作的场所相当广泛，包括医院、诊所、学校、社区、法律部门职业培训部门等；而心理治疗则大多在医疗环境或私人诊所进行。

心理咨询追求的意境和目标是什么？

心理咨询不同于一般的安慰，它不仅要使人开心，更要使人成长。这里的成长，就是通过咨询的过程，使来访者自己想通并认清问题的实质，知道该怎样做，进而达到了心理上的平衡，即使人获得"顶峰的体验"。用岳晓东的话说就是使人有"登天的感觉"。

但心理咨询人员不会这样简单地劝说来访者忘却过去，他们要使人从挫折中认真反省自我，总结经验教训，增强生活智慧，以便能够更好地应付日后生活中可能出现的各种不快经历，在这层意义上，心理咨询就是要使人更好地认识自我，开发自我，激励自我。

说白了，心理咨询就是要使人比原来活得更轻松，更快活，更自信。

此外，心理咨询还要避免使人依赖他人，增强个人的独立性与自主性。心理咨询再三强调要尽量理解来访者的内心感受，尊重他的想法，激发他独立决策的能力，为的是什么？

为的是强化来访者的自信心。

所以，任何一个心理咨询过程，无论其性质有多大不同，时间长短上有多少差别，本质上都是要帮助来访者自己从自卑和迷茫的泥潭中挣脱出来。

即使来访者耷拉着脑袋进来，挺着腰杆出去。

（信息来源：岳晓东著《登天的感觉》，北京师范大学出版社1999年版，第6页。）

二、心理咨询的常见形式及原则

(一) 心理咨询的常见形式

1. 门诊咨询。门诊咨询是个别咨询中最常见、最主要的形式。它是咨询工作者坐等来访者上门咨询的一种形式。门诊咨询有许多优越性。它既可以使来访者进行充分详尽的倾诉，将自己心中的烦恼、焦虑、不安或困惑直接告诉咨询人员，咨询人员在耐心倾听的基础上可以与来访者进行面对面的磋商、讨论、分析和询问；又可以使咨询人员对来访者进行直接观察，有助于对来访者的个性、心理健康状况、心理问题的严重程度和当时的心态进行观察、了解与诊断。这种面谈形式与书信咨询、电话咨询等其他咨询形式相比，更为直接和自然。

2. 电话咨询。电话咨询是通过电话进行交谈。这是一种较为方便而又迅速及时的心理咨询方式。电话咨询在一些发达国家已通行多年。1960年，洛杉矶自杀防治中心开始应用电话咨询，后来其他国家也陆续使用。电话咨询在防止由于心理危机而酿成的自杀与犯罪方面起到了良好的作用。电话架起了心灵沟通的桥梁，当一个人由于一时冲动而准备采取某种冒险行为的时候，当他苦恼至极痛不欲生的时候，如果拨通了心理咨询电话，就可能得到意想不到的关怀和温暖，在心理上得到开导和慰藉，甚至能把一个人从死神手中拯救出来。因而，人们把它们称为"希望线"或"生命线"。

3. 书信咨询。通过书信形式进行心理咨询也是心理咨询的一种常见形式。其优点是可以打破空间距离的限制，向心理咨询机构请求书面帮助。也有人对自己存在的心理障碍不愿向咨询人员当面诉说，为了避免当面交谈可能带来的尴尬局面而愿意诉诸笔墨。书面咨询还有简单易行、运用方便、涉及面广等优点。但书面咨询也有不足之处：由于咨访双方不能直接见面和对话，因而不易深入了解情况、询问详由，因此，只能提出一些原则性的疏导意见，很难给予深入具体的指导；另一方面，受信询者文字表达能力的限制，有的来信存在表达不清、陈诉不详等情况，致使咨询人员无法把握要点而影响了对信询者心态的分析、帮助和指导。此外，还可能出现地址不详、邮政编码不清、署名潦草等疏漏而影响复函。为此，进行书信咨询的人，不仅要明确陈诉自己的心理感受、行为表现以及环境背景、人际关系等问题，同时切莫疏漏地址、电话、邮政编码等细节，以利复函。

4. 现场咨询。现场咨询是咨询机构的专职人员深入到基层或求询者家里，为广大求询者提供多方面服务的一种咨询形式。在国外，这种咨询形式已引起越来越多人的关注。有些国家还把现场咨询和巡回咨询有机结合起来，收到了较好的效果。例如，芬兰、冰岛等国的一些心理咨询机构，利用巡回咨询、现场咨询着力解决人们的适应问题,受到广大民众的热烈欢迎;比利时、澳大利亚、日本等国的专职咨询人员,注意在现场咨询中解决特殊人群的心理评估和指导,效果也很好。我国目前也在加大进行这方面的咨询和辅导。

5. 团体咨询。团体咨询一般有两种形式。一种是由有共同问题的来访者自愿组织为两三人或更多一些人数的小团体,前来心理咨询门诊机构询问或磋商一些共同关心的问题。这种咨询形式在大学生心理咨询中是常见的。另一种是由咨询工作者把存在共同问题的来访者组织在一起,和他们一起讨论问题,并给予切实的指导。团体咨询的人数没有固定的标准,从两三人到十几人均可。团体咨询有许多不同的方式。[具体见本书第六章"学校心理健康教育的途径(下)——团体心理辅导"]。

(二)心理咨询的基本原则

1. 交友性原则。交友性原则就是心理咨询人员和来访者建立友谊与信任的要求,也是咨询工作顺利进行并富有成效的重要保证。

一般来访者来咨询前,有一种矛盾心理。一是对咨询人员怀有特殊的期望,崇拜他们在某一方面的绝对权威,相信其对增进自己的心理健康、克服心理障碍、发挥心理潜力一定会有极大的帮助;二是对咨询人员又有所担心,担心不能遇上一位热情、有耐心、学识渊博的咨询员。因此,初来咨询时一般比较拘谨,带有观望的态度。所以,咨询者应当热情接待来访者,创造一种和谐的交往气氛,相互建立一种信任感,使来访者的紧张心理松弛下来,由观望变为信任,产生亲切感并愿与之交往的心理。只要来访者感到咨询者是可信赖的朋友时,咨询就已成功了一半。建立了这样良好的关系,来访者才会毫不保留地吐露真实情况和思想,愿意说出自己内心的秘密。这样就为顺利地完成咨询工作奠定了坚实的基础。

2. 教育性原则。教育性原则是指咨询人员在进行心理咨询的过程中,要根据具体情况提出积极中肯的分析,始终注意培养来访者积极进取的精神,帮助他们树立正确的人生观、价值观和世界观。

针对来访者在学习、生活、交往中的矛盾冲突所引起的种种心理问题,以及由此而产生的对社会中的人与事的不满言行、错误观点甚至敌对情绪与态度,咨询者不应随便附和他们的观点和思想情感,而应该进行实事求是的分析,明辨是非,帮助他们端正看问题的角度,调整看问题的方法,建立积极的思维模式,使他们能够排除各种心理困扰、解除心理问题。正是通过这样的启发教育和积极引导,培养来访者积极进取、乐观向上的精神,帮助他们树立正确的人生观、世界观和远大理想。

3. 保密性原则。保密性原则是指保守来访者谈话内容的秘密,不得对外公开来访者的姓名，拒绝任何关于来访者情况的调查，尊重来访者的合理要求。

保密性原则是心理咨询工作者必须遵守的重要原则。因为它不仅是咨访双方相互信任的基础，也是咨询成功的必要前提，同时也是对来访者隐私权以及人格的最大尊重。在心理咨询过程中，来访者会坦诚地向咨询者倾吐心声，其中包括许多个人资料、生活情况、个人隐私和缺陷等。咨询人员有责任、有义务对所有信息保密，这是咨询人员必须遵循的最基本的职业道德要求。如果失密，对咨询者来说，就是失职；对咨询机构来说，就是威信和名誉的丧失。这不仅要受到良心的折磨和舆论的谴责，而且要负法律责任。只有在下述两种情况下可以适当考虑：一是有明显自杀意图者，应与其家人或有关方面联系，尽最大可能加以挽救；二是存在伤害性人格障碍或精神疾病患者，为免于使别人受到伤害，也应做一些预防工作。

4. 发展性原则。发展性原则是指在心理咨询过程中，必须要以发展的观点来看待来访者的问题，也就是要对来访者、对人性有正确的认识和信念，认识人的潜能，尊重人的心理发展特点，辩证看待来访者的缺点和局限，对来访者的成长和未来持乐观肯定的态度。尤其是学校心理咨询，更应以发展为主，辅以预防和矫治。如果学校心理咨询只是着眼于预防心理问题的发生，矫治青少年学生的不良心理和行为，则其目标就显得被动和消极。学校心理咨询要重视防治与发展的关系，而且更应追求发展。因为发展本身就是积极的防治，只有将防治和发展结合起来，并以发展为主，才能促进青少年学生心理健康发展。

5. 整体性原则。整体性原则是指在心理咨询过程中，咨询人员要运用系统论的观点指导工作，注意心理活动的有机联系和整体性，对来访者的心理问题作全面考察和系统分析，防止和克服咨询工作中的片面性。学校心理咨询是追求学生人格的整体性发展，最终达到提高学生心理素质和整体素质的目的。从社会价值取向看，它重视学生德、智、体、美全面发展；从学生自我完善的需求看，它注重学生知、情、意、行几方面协调发展；从系统的观点出发，学校心理咨询对象又是一个个完整的活生生的人，而人的心理又是一个有机整体。所以，学校心理咨询工作，绝不能"头痛医头，脚痛医脚"，就事论事；而应从个体心理的完整性和统一性、个体身心因素与外部环境的制约性及协调性等综合因素出发，全面把握和分析学生心理问题的成因，采取相应的教育与辅导对策。只有这样，才能使学校心理咨询工作更富有成效，更有意义。

6. 差异性原则。差异性原则是指咨询人员在遵循心理咨询的一般咨询规律和特点的同时，特别要重视来访者的个别差异。

人是有差异的，不同的人具有各自的个性特点，拥有不同的社会背景、家庭环境、生活经验和价值观念。心理咨询不是要消除这些特点和差异，而是要使来访者的差异性、独特性最合适而完美地展示出来。强调差异，就是在学校心理咨询过程中，不仅要了解来访者的个别差异，如年龄差异、性别差异、学习差异、思想差异和心理差异等，而且对不同的来访者要采用不同的方法、手段和技术，切忌搞一刀切；否则，眉毛胡子一把抓，就会给咨询工作造成很大的困难，增加许多重复和无用的劳动。另外，差异性原则还要求咨询工作者要认真做好个案研究，积累资料，总结提炼，增强个别教育的实效。

7. 综合性原则。综合性原则所说的综合性含有多层意义。一是指身心的综合。即人的心理与生理是互相作用、互为因果的，咨询员应该立足于这两者的结合。有时生理状况影响心理状态并呈现为心理问题，而心理问题又会导致人的生理疾病。因此，咨询人员要善于仔细分辨，同时能站在两者辩证统一的高度来分析和对话，而不宜孤立地看问题。二是原因的综合。就是说引起来访者心理问题的原因是生理、心理、社会诸因素交互作用的结果。一因多果，一果多因，互为因果，错综复杂。原因不仅有横向的交叉，还有纵向的联系。在一个原因的背后可能还有一层又一层的原因，形成原因层。这就要求咨询者能透过现象看本质，透过表面原因看到深层原因。三是问题的综合。人的某种心理活动往往是与整个心理活动联系在一起的，牵一发而动全身。思维、情感、行为三者是互相联系的，很难把三者完全割裂开来。一般来说，一者有问题，另两者或多或少、或迟或早也会有相应的不适应。来访者的问题往往不是单一的，如人际关系的障碍也会同时表现为情绪抑郁、暴躁、烦闷，或学习注意力不集中，或对生活感到厌烦、失望等，可能是表现为这几者中的一者，也可能同时为几者之综合。咨询员要善于分析，抓住主要矛盾，寻找最合适的突破口，纲举才能目张。四是方法的综合。在实际工作中，有针对性地综合方法往往比单一的方法更有效。当然，这些方法应是相互配合、相互促进的。综合的方法往往针对人的心理的各个方面和不同层面的心理需求而采用相应解决方法，比如，实行宣泄、领悟根源、调整认知、矫正行为、模仿学习等等。有关调查表明，当今从事心理咨询的人，绝大多数采用的是综合性的方法，真正坚守一种方法的人已相当少见了。

8. 预防性原则。预防性原则是指咨询人员在明确弄清来访者心理障碍的同时，应注意来访者的整个心理特点并及早提醒预防心理障碍的加深和可能出现的其他心理障碍，向社会普及心理健康知识。

在学校心理咨询中，预防性原则具有非常重要的现实意义。预防不仅可以使具有心理障碍的学生得到应有的治疗，而且可以使更多的学生懂得心理卫生的意义，掌握自我心理保健的方法，这对于提高广大学生的心理健康水平，积极预防各种心理障碍或心理疾病，具有不可低估的作用。

心理咨询何以给人良好感觉？

心理咨询不求教训他人，而求开导他人；

心理咨询不是要替人决策，而是要帮人决策；

心理咨询首要任务是思想沟通，而非心理分析；

心理咨询是现代人的精神享受，而非见不得人的事情；

心理咨询确信人皆可自我完善，而非人是不能自我逾越的；

心理咨询应增强人的自立能力，而非增强其对他人的依赖；

心理咨询不仅可以帮助他人成长，也可以帮助自己成长；

心理咨询使人更加相信自我，而非更加迷信帮人；

心理咨询使人学会多听少言，而非少听多言。

（信息来源：岳晓东著《登天的感觉》，北京师范大学出版社1999年版，第10页。）

第二节 心理咨询前的心理诊断

心理咨询前的心理诊断主要包括初诊接待、摄入性谈话、正确使用心理测验或心理检查等几个方面。

一、初诊接待

做好咨询前的准备，这是咨询人员必须要做的工作。

1. 表现出咨询人员应有的仪态。服装整齐、坐姿端正、表情平和（既不可板面孔，又不可喜笑颜开）。与来访者谈话时，保持正常的社交距离（1.5米左右），保持正常的咨询位置，按我们的民族习俗，谈话时不可直视对方的眼睛，可扫视对方的眼神或表情。

2. 礼貌的接待方式和礼貌语言。必须起立迎接来访者，单手示意指定座位，平和地说"请进！""请坐！""非常欢迎您前来咨询，谢谢您的信任。""我很愿意向您提供心理学帮助。""如果您同意的话，请您填写这张表格。"（登记表或简单问卷表等）

3. 间接询问求助者希望得到哪方面的帮助，不可直接逼问。间接询问如："我很希望知道，我在哪方面能向您提供帮助？""您希望在哪方面得到我们的帮助？"直接逼问如："您有什么问题？说吧！""您找我们有什么事？说吧！""怎么啦？有什么问题，说吧！""出什么事啦？说吧！"

4. 询问结束后，明确表明态度，是否能向求助者提供帮助。

5. 在向求助者表明可以对他提供心理帮助之后，应立即简约地向求助者说明心理咨询的性质。确保求助者了解什么是心理咨询，心理咨询如何进行，心理咨询主要解决什么问题，而不能解决什么问题，等等。

6. 之后，应与求助者协商，确定使用哪种咨询方式及明确咨询方式的不同类别。

7. 对求助者的问题进行归类。对求助者的问题进行初步归类，有利于继续深入分析了解相关资料。不同类别的心理问题，往往有其特点。而这些类别特点，是咨询工作针对的依据。

二、摄入性谈话

使用摄入性谈话，首先要注意收集临床诊断的资料。其次要掌握操作步骤，包括：①确定谈话的目标、内容与范围；②确定提问方式；③倾听；④控制谈话方向；⑤对谈话内容归类；⑥结束谈话（结束谈话时必须申明和承诺的话）。

要使用诸如以下语言："我可以负责地说，依据我们的道德和相关法律，今天我们的全部谈话，会绝对保密，请您放心。"

如果谈话还要继续，应征求求助者的意见："今天暂时谈到这里，在今天的交谈中，我基本了解了您心理上存在的某些问题，但要我马上做出最后确切判断，还有一定困难。由于时间关系，今天无法继续（约定的谈话时间段已结束），如果您愿意的话，我建议我们再谈一次，您觉得如何？"

如果已做出诊断，而且没有时间讨论矫治方案，应以如下话语表达结束咨询："今天我们的讨论，已经有了初步结论，对这个结论您是否能同意，希望您回去后，再认真想想，是否还有需要补充说明的，我也再想想，是否还有什么不妥之处，我们就按今天的诊断共同研究一下矫治方案，您觉得如何？"

如果经摄入性谈话后，发现求助者有其他疾病（躯体或精神疾病），应向求助者说明："就您谈的情况看，恐怕您应该先到某某科做个检查，我将会根据某某科检查结果，再来考虑您目前状况是否有心理问题的因素存在。"（若发现有可能是精神疾病，可建议去精神科会诊。）

结束语："谢谢您的来访和对我们的信任，以后有什么问题，希望再联系。谢谢！"

三、正确使用心理测验或心理检查

1. 心理检查的种类。心理检查的种类很多，像龚耀先、林传鼎、张厚粲主持修订的《韦氏儿童智力量表》、《成人智力量表》，可以用来对儿童和成人的智力进行测定；宋维真主持修订的《明尼苏达多相个性问卷》，可以用来对青年学生的个性特点进行测定；吴文源主持修订的《临床症状自评量表》，可以用来对来访者的自觉心理症状进行评估；《内田—克雷佩林精神检查》则是对人在能力、工作适应性方面的一种心理检查；张日昇修订的《焦虑测查量表》和《充实感问卷》，则可用来检查心理健康和心理适应的程度、心理充实感心态。

2. 心理检查的长处和短处。对检查者（咨询者）来讲，心理检查的长处表现在：①通过检查可以确认对来访者的印象和直观感觉。②可以察知到至今所未能察知到的理解来访者的盲点。③可以发现来访者潜在的素质倾向。心理检查的短处表现在：①容易造成一次又一次地强迫来访者进行这样的心理检查或测验，或热衷于对来访者进行心理检查。②容易依据检查结果歪曲对来访者的理解。③易错误地认为没有心理检查的话，就不能达到对来访者的理解。④容易过分注意来访者的病理问题。

对被检查者（来访者）来讲，心理检查的长处表现在：①心理检查为自己提供了自我洞察、自我体味的良好机会。②自己模糊不清的一些问题可以以明确的形式提示出来。③增强来访者探究内在世界的动机。心理检查的短处表现在：①容易产生压迫感和侵害感。②容易产生检查结果是不是会被滥用或恶用的不安。③容易产生对检查者的服从或依顺。

检查者在使用心理检查时要特别注意尽量避免提及来访者的短处。为此，检查者必须接受严格的心理检查实习，精通心理检查的程序和方法。

3. 在心理咨询过程中心理检查的实施问题。一般来讲，进入正式的心理咨询之后，应尽量避免实施心理检查。原因有三。

第一，如果在心理咨询过程中交叉做心理检查的话，由此就不得不中断或者改变正在进行的心理咨询的程序。

第二，由心理检查的结果可能引起咨询者（咨询员）咨询态度的变化。例如，在心理检查之前，咨询者在咨询过程中一直是沉静地倾听来访者的谈话。而心理检查以后，在向来访者说明检查结果时心理咨询者就会变耐心倾听为解释、说明、武断或侵犯的态度，这就可能对今后的咨访关系产生不良的影响。

第三，心理检查的种类不同。有的心理检查往往没有得到来访者的任何应允而侵入到来访者的内心秘密领域，由此而引起来访者对检查者（咨询者）的不信任，进而影响正常的心理咨询的开展。

由以上可见，心理检查还是在咨访关系成立之前实施为好。当然也有例外。当咨询过程无法进行下去，或咨询者也不知该如何进行下去的时候，由心理检查的结果可以再次确认与来访者的咨访关系以更好地达到对来访者的理解。这种情况下，如果可能的话，最好将心理检查结果交给其他心理学工作者、专家实施。

4. 实施心理检查时应注意的事项。作为检查者，在实施心理检查时应注意九个问题。

（1）详尽地向来访者说明心理检查的内容是什么，检查的目的是什么，怎样利用检查结果，等等。没有得到来访者的同意，不能实施心理检查。

（2）注意实施心理检查的场所，桌子和椅子的配置，照明是否适合，等等。

（3）尽可能不要同时进行多种心理检查。

（4）注意来访者的身心状态。

（5）准备足够的心理检查时间。

（6）有些需长时间（1～2小时）的心理检查，检查者要注意来访者的疲劳度，必要时要安排休息时间。

（7）严格按照心理检查指导手续实施心理检查。

（8）充分地向来访者介绍、转告检查结果。

（9）没有得到来访者的同意不得将检查结果泄漏给第三者（家长或学校相关者）。

其中最为重要的，是在对来访者实施心理检查时，一定要向来访者详细说明检查内容并得到来访者的同意。只有这样，对来访者的心理咨询和心理治疗才可能是有效的。

第三节 咨访关系与咨询特质

一、咨访关系的意义

咨访关系指咨者与访者之间所发生的一种联系，它是人与人之间的关系。咨询即是建立在咨访关系基础上的一种活动。因此，咨访关系是咨询的核心因素。

任何咨询活动的进行都离不开基本关系的建立。特别是一些初学者，只注重方法、技巧，而忽视建立关系，认为这是可有可无的，这是不对的。因为心理咨询不同于其他工作，它是直接与人的心理接触，咨询者用任何方法都不能冷冰冰的、不能机械的，而应建立在良好咨访关系基础之上。来访者对咨询者的信任、亲近、可靠感是咨询成功的重要因素之一。只有创造良好的咨访关系，来访者才会畅所欲言，咨询员也才能多层次地把握问题，才能有效地运用各种技巧和方法，来访者也才能最大程度地接受咨询员施予的影响。良好的咨访关系是促进来访者积极改变、发挥潜力的动力。

二、影响咨访关系的因素

（一）与咨询员有关的因素

1. 咨询员本身的性格特点。自己要改善自我、真诚、关怀、协作、平易近人、情绪稳定、乐观,能理解人的本质,亲切、和蔼、对人生有良好的认识,等等。

2. 咨询特质(见本章第三节第三点"咨询特质")。

(二) 与来访者有关的因素

1. 来访者的动机(什么目的等)。

2. 合作态度(是否自愿、主动性如何)和期望程度(是否试探、不真诚)等。

3. 知觉水平、行为反应及对咨询员的反应等对咨访关系的建立都有影响。

三、咨询特质

(一) 共情

1. 共情的含义与意义。"共情"(Empathy)一词,中文有多种译法,如投情、同情、同感、共感、拟情、同情心等。简而言之,即指设身处地的意思。形象点说,就是用别人的眼睛看世界。按罗杰斯的观点,共情是体验别人内心世界的能力。共情被认为是心理咨询中咨访关系建立的首要因素,是咨询的基本特质。所以,我们首先要讨论共情。

共情包括三个方面的含义:一是咨询员借助于来访者的言谈举止,深入对方内心去体验他的情感与思维;二是咨询员借助于知识和经验,把握来访者的体验与他的经历和人格间的联系,以更好地理解问题的实质;三是咨询员运用咨询技巧,把自己的共情传达给对方,以影响对方并取得反馈。

共情在咨询中十分重要,其意义表现在四个方面。

(1) 由于共情,咨询员能设身处地地理解来访者,从而能更准确地把握材料。

(2) 由于共情,来访者感到自己被接纳被理解,从而产生一种愉快、满足心理,这有助于建立咨访关系。

(3) 由于共情,促进了来访者的自我表达、自我探索,从而达到更多的自我了解和咨访双方更深入的沟通。

(4) 对于那些迫切需要获得理解、关怀和情感倾诉的来访者,共情具有明显的助人与治疗效果。即使就一般而言,共情亦被认为是一种治疗因素。

2. 共情表达及层次。伊根(Egan)把共情分成两种类型:一是初级共情(Primary Empathy);二是高级精湛的共情(Advanced Accurate Empathy)。

卡可夫则把共情分成五种不同水平,从有害的反应(第一层次)到交换式的反应(第三层次),再到累积的共情(第四、五层次)。下面举例来说明这五种层次的反应。

来访者:……我觉得很难过、很难过,因为我从来没担心过高考,就算想,也只是估计自己能不能取得优异成绩。唉！想不到居然名落孙山，真是越想越不服气，今年的高考其实并不难，班上成绩中等的人都考入了大学，没想到一向佼佼者的我……我觉得考试根本就不能正确评估一个人的成绩，况且读书也不是为了考试，这样我也就想开了，决定工作算了，但我的父母却骂了我一顿，坚持说考上大学才是有出息，一定要我参加补习班，然后再考。和他们争了几天，都没结果，我都烦死了。

在上例咨询过程中，存在五种共情的层次。(见表5－1)

表5－1　五种共情的层次

共情层次	不同层次咨询者的回答	感受	程度	内容
一	你为什么感到如此悲伤呢	×	×	×
二	你一向成绩很好，但想不到高考却失败了	×	×	√
三	因为高考不及格，所以你感到很失望、很难过	√	×	√
四	因为高考不及格，所以你感到很失望、很难过，也不清楚前面的路该如何走，心中很混乱	√	√	√
五	你一向成绩很好，从来没想到高考会失败，因此你特别感到失望与难过，也有点气愤。与父母商量后，似乎非读书不可，但自己实在有点不甘心，因而内心很矛盾	√	√	√

3. 共情的使用及要注意的问题。

(1) 注意正确使用共情。

第一，咨询员应走出自己的参照框架而进入来访者的参照框架，把自己放在来访者的地位和处境上来尝试感受他的喜怒哀乐。对此感受越准确、越深入，共情层次就越高。有些初学者往往以自己为参照标准，这样就无法设身处地地感受来访者的心情，也就无共情可言。因此，初学者可多提醒自己："我是否主观性很强？""我是否对来访者抱一种开放接纳理解的态度？""我是否做到了设身处地地进入到来访者的内心世界中去？"这有助于提高共情。

第二，当咨询员不太肯定自己的理解是否准确、是否达到了共情时，可使用尝试性、探索性的语气来表达，请来访者检验并做出修正。如下例：

咨询员：听你的话，你好像对你的班主任很反感，但又敢怒不敢言，是不是这样？

来访者：噢！不是这样的，我对他的印象并不那样坏。

咨询员：噢，对不起，我可能听错了，但由于这一点很重要，我希望你能举些例子，好让我更清楚你对班主任的感受。(来访者列举了几个与班主任相处的典型例子，于是咨询员对他的共情便更准确了。）

第三，共情的表达应适时适度，因人而异；否则，会适得其反。比如，一位把述说作为目的的来访者与一位把述说主要作为提供资料手段的来访者比较，前者更需要共情、给予理解；一般来说，情绪反应强烈的与情绪稳定的，表达比较杂乱的与表达清楚的，寻求理解愿望强的与平平的，前者应给予更多的共情。此外，共情应适时适度，不宜在谈话中间随便插入，否则容易破坏情绪。共情反应的程度应与来访者的问题程度、感受程度成正比；过度会让人感到咨询员小题大做、画蛇添足、过度渲染情绪；不足亦会让人觉得理解不够。

第四，共情的表达除了言语表达外，还有非言语行为，如目光、面部表情、身体姿势、动作变化等等。有时运用非言语行为来表达共情比言语表达更有效，而且简便，咨询中应重视把两者结合起来。

第五，角色把握在共情时显得特别有意义，咨询员既要能进，也要能出，出入自如，恰到好处，才能达到最佳境界。有些咨询员确实做到了设身处地，以致同喜同悲，而完全忘记了咨询员的角色，这样就可能失去客观性。咨询员应能保持客观公正的立场，即参与观察，防止完全受来访者情绪影响。咨询员的共情是指体验来访者的内心"如同"体验自己的内心，但永远不要变成"就是"。这就是共情的真谛。

第六，共情表达应考虑到文化背景及来访者的某些特点。比如西方心理咨询员有时可以用拥抱、抚摸甚至亲吻表达自己的共情，但中国的文化背景一般不允许这样。

（2）共情障碍。一些初学者在传达自己的共情时，可能会出现这样那样的不足。除了前面已提到的诸如以自己为参考框架、共情过度或不足、未因人适时、忘记自己角色、忽视文化背景和性别特点等因素外，还有以下一些易出现的问题：①直接的指导和引导。如"你应该这样"、"你应该谈这个问题，而不是谈那个问题"等等。②简单的判断和评价。如"我认为那是错的"、"你太骄傲自大"等等。③空洞的说教和劝诫。如"青年人应该志向远大，以工作为重，爱情应服从事业"等等。④贴标签和诊断。如"你有自卑情绪"、"你的行为方式是神经症性的"等等。⑤许诺的保证，想使来访者高兴。如"你的明天一定会比今天好"、"你一定能考入大学的"等等。⑥排斥消极的情感，不能接纳来访者的全部情感。如"你不应该吹牛"、"人不应悲观沉沦"等等。

此外，还有过多的解释、不恰当的自我开放、过于理智等等。

（二）积极关注

1. 积极关注的含义。对来访者的言语和行为的积极面、光明面或长处予以有选择性的关注，从而使来访者拥有正向价值观。

积极关注既是一种观念，亦是一种方法。咨询员对来访者的积极关注不仅有助于建立咨访关系，促进沟通，而且本身就具有咨询的效果。尤其对那些自卑感强或因面临挫折而"一叶障目，不见泰山"者，咨询员的积极关注往往能帮助他们全面地认识自己和周围，看到自己的长处、光明面和未来的希望，从而树立信心、走出迷雾。

2. 使用积极关注时需要注意的问题。

（1）避免盲目乐观。有些咨询者片面理解积极关注的含义，表现出对来访者的过分乐观。如："我发现你身上有好多长处，你所面临的困难算不上什么，黑暗过去就是光明。"如果在面谈中总是这个反应，次数多了，就变成了一种形式的教条的反应，淡化了来访者的问题，同时表现出对来访者缺乏共情。

（2）要有针对性。在使用积极关注时，要避免泛泛而谈。要针对来访者的实际问题，客观地分析其现有的不足，同时帮助分析其拥有的优势和长处。有些来访者面临挫折时往往只看到失败与缺点，并用放大镜把它们扩大，陷入其中而难以自拔。要帮助他从只注意失败面转到客观分析形势，立足自己长度，立足自己所拥有的资源上来。

（3）反对过分消极。与盲目乐观相反，有些咨询员则是另一种极端的态度。比如："你所面临的困难确实很大，你的处境很不乐观，这样下去你会越来越糟糕的。"如果咨询员在咨询过程中不断地用这种方式，就会使来访者感到越来越灰暗与消极，从而产生沮丧、困惑、绝望甚至轻生的念头。

（4）立足实事求是。积极关注不能无中生有，应建立在来访者客观实际的基础上，否则来访者会觉得咨询员是在哄自己，安慰自己，这是咨询员无能的表现，其结果会适得其反。

咨询员应善于发现、发掘来访者身上的闪光点。咨询员不仅要让来访者多关注自己的光明面，自己也要多立足于来访者的潜力和价值，这正是建立在对来访者乐观的基础上。促进来访者的自我发现与潜能开发，从而促进自我成长，是咨询的最高目标。咨询员应把积极关注贯串于咨询全过程。

（三）尊重

即尊重来访者的现状以及他们的价值观、人格和权益，对其接纳、关注与爱护，这是建立良好咨访关系的重要条件，是有效助人的基础。

1. 尊重的意义。人本主义心理咨询特别强调尊重的意义。罗杰斯甚至提出"无条件的尊重"的倡议，并将这视为使来访者人格产生建设性改变的关键条件之一。尊重来访者，其意义在于可以给来访者创造一个安全、温暖的氛围，这样的氛围使其可以最大限度地表达自己。尊重来访者，可使来访者感到自己受尊重、被接纳，获得一种自我价值感，特别是对那些急需获得尊重、接纳、信任的来访者来说，尊重具有明显的效果。

尊重是咨询特质之一，是咨询成功的基础。

2. 使用尊重时需要注意的问题。

（1）尊重意味着完整地接纳一个人。咨询员应把每一个来访者作为人来看待——一个有人权、有价值、有感情、有独立人格的人，这是建立人们互相尊重、互相平等的基础。每个人都有其长处，也有其短处，而尊重就意味着接纳一个有优点又有缺点的人，不仅接受他的积极面，也接受他的消极面。尊重意味着接纳一个价值观和自己不同甚至差距很大的来访者，并与之平等交流。

（2）尊重意味着一视同仁。来访者有各种各样的人，有年轻的、年老的、男的、女的、城市的、农村的、漂亮的、丑的、高文化的、低学历的、富裕的、清贫的、善谈的、木讷的等，对咨询员来说，他们都是咨询的对象，是朋友，都应予以尊重，不能轻视或奉承。

（3）尊重意味着以礼待人。来访者都是客人，所以来访者亦称"咨客"。咨询员应以礼待之，言语行动都要有礼，不说脏话，不对来访者发脾气，要克制，不嘲笑、不动怒、不贬抑、不惩罚。既使来访者的言谈举止有些失礼，咨询员也应始终以礼相待。

（4）尊重意味着信任对方。信任对方是尊重的心理基础之一，无信任也就很难有尊重。不应认为来访者故意隐瞒什么，有时咨访关系还未完全建立，来访者在涉及某些敏感问题时会有所顾虑，而有所掩饰或犹豫，咨询员应尊重他的顾虑，并借助于尊重、理解、温暖来消除来访者的顾虑。有时来访者的言语会出现矛盾，咨询员可协助予以澄清，不可简单地认为其故意不诚实，只有这样才能换来他的诚实。

（5）尊重意味着保护隐私。每个人都可能有或多或少的秘密或隐私，来访者或透露或会继续保密。对来访者所讲的秘密或隐私，咨询员应予以尊重、保护，不应随便外传；而对他暂时不愿透露但又与咨询密切相关的隐私，咨询员应耐心等待，不可强迫他讲；至于与咨询无关或关系不大的秘密或隐私，咨询员不得随便干预，不可出于好奇的念头去探问，这是不尊重的表现。

（6）尊重应以真诚为基础。尊重并不意味着一味地迁就来访者，没有原则，没有是非。在咨询中，咨询员常会发现自己对来访者的某些言行有不同意见。这时，就要实事求是，表明自己的意见；否则，就违背了真诚的原则。

有不同意见，不等于不尊重或否认来访者，而是对事不对人。在咨访关系已建立的情况下，适度地表达对来访者言行的看法，不仅无损于咨询的进程，而且还会起积极促进作用。同时，让来访者正确认识这两者的关系，也很有必要，因为咨询的后期，咨询员常能对来访者作面质，若能使他及早树立对事不对人的观念，是很有必要的。若实在是自己难以接纳的来访者，则可转介给别人咨询，这也是对来访者的尊重和负责。

（四）温暖

有些学者认为，积极关注、尊重和温暖、热情有时交错在一起使用，表示类似的意义。如果要区别的话，温暖、热情比尊重与来访者的距离更近些，尊重是以礼待人，平等交流，富有理性的色彩，而温暖则充满了浓厚的感情色彩。仅有尊重，没有温暖与热情，咨访间就会显得公事公办似的；只有两者结合，才能情理交融，感人至深。

温暖和热情应充满整个咨询过程。咨询员对从来访者进门到咨询完后的迎送其态度都应热情、周到，让来访者感到自己受到了最友好的对待。

一般来访者大多带着不安、疑虑、自卑、紧张、犹豫前来的，有些人会表现出拘谨、手足无措。这时咨询员给他以热情、友好的接待往往能有效地消除或减弱来访者的不安心理，使其感到自己被接纳、被欢迎。

双方坐下后可适当寒暄几句，如问来访者是骑车来的还是走路来的，寒暄无须太长时间，几分钟后即可。有些咨询员喜欢对方先开口，有些则直接开口问并启动咨询进程，如："我能帮你什么吗？"在来访者叙述过程中要注意倾听，重视语言表达，尤其是非言语行为的表达。目光应注视来访者，不宜东张西望或漫不经心，面部表情、身体姿势都应传达出对来访者的一种关注和共情。

温暖体现在咨询时的耐心、认真与不厌其烦。当来访者思维不清、语无伦次，不知从何说起时，咨询员的宽容与热情会让来访者放松下来，理清头绪。

在对来访者作指导、解释、训练时，咨询员更应充满热情，必要时要反复讲解；同时，要多注意来访者的意见。

在咨询结束时，咨询员应送别来访者，告之有关注意事项，感谢对方的密切配合，这会让来访者感到一种温暖。

温暖是咨询员真情实感的流露，只有对人充满爱心，对来访者充满关切，视帮助人为自己崇高职责的人，才能最大程度地表达出对来访者的温暖和热情。

（五）真诚

1. 真诚的意义。真诚在咨询活动中具有重要意义。一方面，咨询员的真诚可信以及共情、尊重，可以为来访者提供一个安全自由的氛围，能让他知道自己可以坦白表露自己的软弱、失败、过错、隐私等而无须顾忌，这是因为来访者切实感到自己被接纳、被信任、被爱护；另一方面，咨询员本身的真诚坦白为来访者提供了一个良好的榜样，来访者可以因此而受到鼓励，以真实的自我和咨询员相交，坦然地表露自己的喜怒哀乐，得以情感的宣泄，也可能因而发现、认识真正的自己，并在咨询员的帮助下，面对和改进自己。咨询员的坦诚会促进来访者

第五章 学校心理健康教育的途径（上）——个别心理咨询

的相应改变，而这种改变会减少面谈过程中的混淆和模糊，并使双方的沟通更清晰和准确。

2. 如何表达真诚。虽说表达真诚贵在真和诚，不应有掩饰、虚假，但实际上问题并不那么简单，若运用不当，有时会起反作用。我们把咨询员在表达真诚时容易出现的问题归纳为四点。

（1）真诚不等于说实话。两者之间有联系，但不能画等号。有些初学者以为，真诚就是有什么说什么，想到什么说什么。其实这是一种教条的、绝对化的理解。真诚要符合一个基本原则，即对来访者负责，有助于来访者的成长，并不是什么都可以说出来，而是所说的应该是真实的，而且真诚不仅仅表现在言语中，非言语行为尤其是咨询中的实际表现更是表达真诚的最好方法。因此，那些有害于来访者或有损于咨访关系的话，一般就不宜说。比如："你这个人真是蛮不讲理！""你的这种行为真令人厌恶！""你的性格、道德品质有问题，难怪大家都不喜欢你。"尽管这些很可能是事实，是咨询员当时的真实感受，但从有利于咨询的角度看，不宜直接表达，可用另一种表达方式。比如，把上句改为："我觉得你刚才那番话的道理不是很充分，有点按自己意愿在评判，是不是这样？""你的这种行为人们或许会接受不了，从而有可能引起不良评价。""你的有些言行容易引起一些人的误解，引起矛盾，不知道我的这种感觉对不对？"这样叙述，一来表达了咨询员的感觉，二来容易为来访者所接受，三是后者的描述比前者更准确、更符合合理性的判断，避免了给人贴标签和过分概括化与绝对化等不足。

当然有时候也可能需要某些比较激烈的言语，其目的是为了刺激来访者，促使其对自己及问题的严重性有个认识。这时，敲敲警钟亦有好处。但一般不宜多用，而且要有良好咨访关系为基础。

（2）真诚不是自我发泄。咨询员也是有血有肉的个体，在咨询过程中，很可能会遇到自己动感情的情况。例如，一个失恋的咨询员，在咨询过程中，来访者的叙述勾起了她伤心的往事，于是她花半个小时，滔滔不绝地、非常激动地向来访者叙述了她的失恋经过及其痛苦。

这位咨询员的真情流露并非坏事，但她忘记了咨询时间是相当宝贵的，不应该随便地占有。咨询员流露自己的情感，表达自己的真诚，为的是帮助来访者而不是为了自我发泄，或宣传自己的主张，或表明自己的立场；再者，这种表达似乎是强迫来访者听，可能会产生负效应，也使来访者对咨询员的权威性产生怀疑。

（3）真诚应实事求是。有些咨询员为了表明自己知识渊博，或掩饰自己在某些方面知识与技能的薄弱、欠缺，可能会不懂装懂。有位来访者因十几年前曾被狗咬过，现得了"疑狂犬病症"，老担心自己得了狂犬病，到处求医诊治，均无效，总怀疑有毒素存在。后经人介绍来咨询。但因咨询员对狂犬病知之甚少，建议他去做血液检查。来访者一听，大不以为然，转身就走，因为这一年来他查阅了大量有关狂犬病知识（疑病者大多如此），所以听咨询员这么一说，马上就失去对咨询员的信赖。这个来访者问题的实质是心理上的而不是生理上的，仅做生理性检查对他是无效的。

（4）真诚应适度。有些人认为既然真诚是好的特性，那么表达得越多越好。其实并非如此，太多太滥的真诚往往使来访者觉得受不了，尤其是在咨询初期，如同对人热情一样要适度。

真诚是内心的自然流露，不是靠技巧所能获得的，真诚建立在对人的乐观看法、对人有基本的信任、对来访者充满关切和爱护的基础上，同时也建立在接纳自己、自信谦和的基础上。真诚是咨询员的一种素质，这种素质是潜心修养、不断实践的结果。

（六）具体性

具体性指咨询员协助来访者清楚、准确地表述他们的观点、所用的概念、所体验到的情感以及所经历的事件。

1. 具体性的意义。不少来访者所叙述的思想、情感、事件往往是模糊、混乱、矛盾、不合理的。这些常常是引起来访者困扰的重要原因之一，同时也使问题变得越来越复杂，越来越纠缠不清。咨询员借助于具体性这一咨询特质，澄清来访者所表达的那些模糊不清的观念及问题，把握真实情况；在这同时，亦使来访者弄清自己的所思所感。没有这一步，咨询员就难以有针对性地工作，因为把握到的信息很可能是模糊的、错误的。这就是具体性的意义。

2. 对来访者可能出现的问题要采用的"具体性"对策。

（1）问题模糊不清。有些来访者谈到自己的问题时，喜欢用一些含糊的、很大很普通的字眼，如"我烦死了"、"我感到绝望"等。当他被自己所界定的这种情绪笼罩的时候，往往就陷入困扰之中。在他表达不清楚自己想要表达的思想、情感和事情经过，或者自己也搞不清事情是怎样的，自己究竟是怎么思考的时候，体验到的往往是一种不确定的、模糊的感觉。咨询员对此的任务就是要设法使这种模糊的情绪、思想逐渐清晰起来。

（2）过分概括化。引起来访者心理困扰的另一个原因是过分概括化，即以偏概全、以一概十的思维方式。比如，把对个别事件的意见上升为一般性的结论，把偶然看成必然，把对事的看法发展到对某人的看法，把一次当做永远，把有时演变为经常，把过去扩大到现在和未来。这就需要咨询员予以澄清。

（3）概念不清。同样一句话、一个概念、一个词，其含义其程度会因人而异,有时甚至相距甚远。有位来访者叙述自己得了神经衰弱,很担心会影响学习,损害健康,导致休学,甚至会发展为神经病。(问:"有何症状?"答:"睡不着。"问:"要多长时间才能入睡?"答:"半个小时左右。")除此之外,没有其他症状。医生却说他是神经衰弱,给他开了点安眠药,并开了"休息三天"的病假条,于是他更觉得自己是神经衰弱了。原因是,听说系里有同学因睡眠困难,得了神经衰弱而休学了,忽然觉得自己似乎也会躺下后翻来覆去不能安然入睡。当晚因老想着这个便难于入寝,之后的几个晚上也是如此,后来发展到白天也提心吊胆。

另外,咨询员对来访者的反应也要有针对性,不要使用过于含混、大而空的词语或随便给人贴标签。例如:"我觉得你太自卑"、"你的性格过于内向"、"你是个悲观主义者"等。因为咨询员的反应往往会对来访者产生很大影响,会起到暗示、强化、评判的作用,使原有的问题更复杂。

(七) 即刻性

1. 即刻性的含义。即刻性又称直接性、即时性。它在心理咨询中有两个方面的含义。

即刻性的第一个含义是指咨询员帮助来访者注意此时此地的状况,而不要过分地注意过去和未来。咨询中,常会发现有的来访者一味地讲述过去的经历以及对未来的种种看法,却自觉不自觉地淡化、回避现在。这有可能是来访者不够坦率、不敢自我暴露,或者是借过去和未来以逃避现在;也有可能是来访者本身的思路不清楚或人际交往能力欠缺。为此,咨询员应帮助来访者表达出他们现在和此时此地的想法与感受。

即刻性的第二个含义是当来访者涉及咨访关系时,咨询员对此做出的反应。咨询中,不仅有咨询员对来访者的情感反应,也有来访者对咨询员的情感反应,这时,咨询员会面临来访者对咨询员角色与能力的评判,这对咨询员而言是一种严峻的考验。假如咨询员逃避或采取自我防卫,就可能被来访者视为能力不够、软弱、坏榜样,而且他们之间的关系也会受到严重的威胁;假如咨询员是开放的、讲理的、关心的,即使来访者觉得他们的关系不够完美,咨询员仍被视为合格的、强大的、一个好的榜样。如果咨询员能通过此考验,那么咨访间的关系才会继续,并得以加强。假如咨访关系尚未建立,那么咨访之间的互动应着重在来访者身上,而非两者间的关系,即咨询员所给予的反应侧重在引发反应方面,而在即刻性反应上只需层次二的程度即可,若太早把注意力转移到此时此刻关系上,则以前所建立的关系基础就会被破坏。层次三和层次四必须等到彼此间关系已经良好,才有效益。

2. 即刻性的层次。根据即刻性的第二个含义,可把即刻性分为四个层次。

（见表5-2）

表5-2 即刻性的层次

层次	注　释
一	忽略。即咨询员忽视来访者所提出的有关彼此间关系的所有线索
二	拖延、搁置。即咨询员能体会到来访者所说的彼此间关系的问题，但想拖延到以后再谈，或很表面地提到而不深谈
三	不具体但开放。即咨询员讨论他与来访者间的关系，但很笼统而没有针对具体问题谈。这一层次的咨询员愿意分担彼此间关系上发生的任何不足
四	明了的，即时的。即咨询员和来访者坦然公开地讨论彼此间的关系

这里所指的即刻性反应需建立在两个条件上：一是来访者谈到了咨访之间的关系；二是咨访关系已经建立。

例：咨询员与高中男学生（来访者）

来访者：到目前为止，关于我的学习问题，我们已经谈了好几次了，但好像对我一点用也没有，我不想再来了，事实上，今天我也不打算来的。

咨询员A：我想我这边有件东西你会感兴趣的，就是我上星期告诉你的那本破案小说。

咨询员B：你认为我们没有完成任何事情，也许以后我们可以谈谈这个问题。

咨询员C：不要放弃，这是长期咨询中常见的现象。

咨询员D：你不满意现在进行的情形，你有这种感觉是很正常的，大多数的辅导关系常有这种现象发生。

咨询员E：没有任何进展，你感到失望。听起来好像你认为我在这方面没法帮助你，也许现在我们应该来讨论这个问题。

下面，根据上述即刻性的层次标准分析以上五位咨询员的做法：

咨询员A属层次一。因为咨询员并未针对来访者的问题来谈，而是把话题转到破案小说，目的是想借此作为使来访者再来的诱饵而已。

咨询员B属层次二。咨询员表示接受来访者提出的问题，但是他想把讨论的时间拖后。

咨询员C属层次二。因为咨询员只是很表面地接受当事人的问题，就好像这一点也不重要，提出后就把它置之一旁。

咨询员D属层次三。因为咨询员接受了来访者提出的问题，并进行讨论，但是却说得很不具体。咨询员讨论一般人有时候有的情形，而非此时此刻来访者对他们面谈的挫折感和灰心感。不具体地讨论对咨询员来说是常有的,但这样的讨论不如对眼前发生的事情的感觉作一番讨论更好。

咨询员E属层次四。因为咨询员对来访者当时所表现的感觉做出反应,并且愿意讨论来访者对他们彼此间关系的评价。

(八)面质

1. 面质的含义。面质,又称对立、对质、对峙、对抗、正视现实等,是指咨询员指出来访者身上存在的矛盾。

在咨询中来访者会出现一些矛盾的现象。常见的矛盾归纳如下,引号内的话即为咨询员的面质。

(1)言行不一致。来访者咨询时的言行不一致。如:"你说当你和妻子分手时你很痛苦,可你在谈论这件事时却面带喜色。"

(2)理想与现实不一致。来访者希望成为的自己与现实的自己不一致。如:"你说你应该是个受人欢迎、尊重的人,可实际上别人常常疏离你,甚至歧视你。"

(3)前后言语不一致。来访者前后叙述的事实有出入。如:"你上次说你有一门课不及格,可今天你怎么说都及格了呢?"

(4)咨访意见不一致。咨询员对来访者的评价与来访者的自我评价不一样。如:"你说自己丑,可我觉得你是漂亮的。"

需要指出的是,上述引号内的咨询员面质是为了叙述的方便而简化了的表述;而实际咨询中,需根据具体情境尤其是咨访关系程度选择适当的用词、语气、态度,因为面质具有一定的威胁性。

2. 面质的目的。面质的目的在于协助来访者促进对自己的感受、信念、行为及所处境况的深入了解;在于激励来访者放下自己有意无意的防卫心理、掩饰心理来面对自己、面对现实,并由此产生富有建设性的活动;在于促进来访者实现言语与行动的统一,理想自我与现实自我的一致;在于使来访者明了自己所具有而又被自己掩盖的能力、优势,即自己的资源,并善加利用;在于通过咨询员的面质给来访者树立学习、模仿面质的榜样,以便将来自己有能力去对他人或自己作面质,而这一点是健康人生所需学习的课题。

3. 使用面质时需要注意的事项。面质的使用务必谨慎、适当。如果过分小心、害怕使用面质,对来访者的成长不利;而过分使用,则可能伤害来访者的感情,影响咨访关系,甚至引起咨询失败。因此,使用面质时,要注意五个方面的问题。

(1)以事实为依据。当事实不充分、不明显时,一般不宜采用面质。

(2)避免个人发泄。面质的目的是为了澄清问题,促进来访者成长,故应

以来访者利益为重,不可将面质变成咨询员发泄情绪乃至攻击对方的工具。如:"你一会儿说好,你一会儿又说不好,到底是好还是不好?说话怎么可以这样出尔反尔的?"等等,这样的面质是不妥当的。

(3) 避免无情攻击。有些咨询员不是在诚恳、理解、关怀的基础上应用面质,而是把面质当做表现自己智慧与能力的机会,所以不考虑来访者的感情,一味地、无情地使用面质,常使来访者无法招架,陷入尴尬、痛苦状态。如:"你说你爱她,可你为什么最终又离开了她?你自认为自己是个爱情至上者,为什么就不能排除父母的反对意见呢?你不是认为自己是个品行优秀的青年吗?可为什么在她有病、急需你关怀与照顾的时候,你反而在她的心上捅了一刀?"如此的面质,像在法庭上辩驳,而不是在咨询。

(4) 应建立在良好的咨访关系基础上。因为面质所涉及的问题对来访者来说,有可能具有应激性,具有一定程度的威胁,甚至导致危机出现。故咨询员的共情、尊重、温暖、真诚等是非常重要的,因为良好的咨访关系会给来访者以心理支持,而充满理解、真诚的面质会减弱面质中的有害与危险成分。

(5) 可以用尝试性面质。一般来说,咨访关系没建立好,应尽量避免面质;若不得不用,也应用一些尝试性的面质。如:"我不知道我是否误会了你的意思,你上次似乎说你学习挺轻松,成绩亦好,可刚才你的意思却是学得很累,老担心学习成绩,不知哪一种情况更确切?"这里"似乎"是一不肯定的用词,而开始先说明自己可能误会了对方的意思,最后又用问题作结束,这样的面质就为来访者留有了余地。若来访者不愿意面对面质中所提出的问题,也可有机会避开。若来访者故意避开,这时就不必再追问下去,以免使其难堪、恐慌,可到适当的时候再作尝试。

第四节 心理咨询的一般技巧

一、咨询的参与技巧(倾听的技巧)

倾听是每个咨询员的基本功,不会倾听的咨询员就不能称为咨询员。

(一) 倾听的含义

初学者有时不知道咨询员最重要的是"听",而不是"讲"。因为听不仅是为了明了情况,也是为了建立咨访关系,同时,还具有助人效果。倾听并非仅仅是用耳朵听,更重要的是用心去听,去设身处地感受;不但要听懂来访者通过言语、行为所表达出来的东西,还要听出来访者在交谈中所省略的和没有表达出来的内容。比如,在中国文化背景下,性是羞于启齿的问题,因此,来访者常常只谈些皮毛的问题或打"擦边球",有时他们希望咨询员能听出问题、主动地向他们询问。

正确的倾听要求咨询员以机警和共情的态度深入来访者的烦恼中去,细心地注意来访者的所言,注意对方如何表达自己的问题,如何谈论自己与他人的关系,以及如何对所遇问题做出反应;还要注意来访者在叙述时的犹豫停顿、语调变化以及伴随言语出现的各种表情、姿势、动作等,从而对言语做出更完整的判断。

比如,来访者说到在马路上骑车时与人相撞了。能从话中听出什么:①自行车相撞了(对事件作观察的描述)。②我撞了他的车(来访者以负责的态度做了自我批评,这种人凡事易做自我归因,责任在己,好自省、易自卑、退缩)。③他撞了我的车(表明是别人过错,不是己责,这种人凡事推诿,易有攻击性)。④真晦气,自行车撞了(含有宿命论色彩,凡事易认命)。

从这些不同的表述中,可洞悉有关来访者的自我意识与人生观的线索。所以,来访者描述时所使用的字眼或结构,有时往往会比事件本身更能反映出一个人的特点。

善于倾听,不仅在于听,还在于有参与、有适当的反应。反应既可以是言语性的,也可以是非言语性的。反应的目的既是为了向来访者传达咨询员的倾听态度,鼓励来访者叙述,也是促进咨询员对来访者的理解和来访者对自己的了解。

艾维等人也曾列举了从会谈中找出来访者问题所在的有关言语引导的倾听基本技巧。这些技巧包括开放式问题、封闭式问题、鼓励、说明、对来访者情感的反应和总结等。

(二) 倾听的技巧

1. 开放式问题。开放式问题常应用包括"什么"、"怎么"、"为什么"等词在内的语句发问。让来访者对有关的问题、事件给予较为详细的反应,而不是仅仅以"是"或"不是"等几个简单的词来回答。这样的问题是引起对方话题的一种方式,使对方能更多地讲出有关情况、想法、情绪等。也就是说,它能诱导来访者从多方面来回答问题,答案不只是一个,来访者可自由回答,不受拘束。例如,"对这件事你是怎么看的?""能不能告诉我,你为什么这样生气?"

2. 封闭式问题。这类问题的特征就是可以用"是"或"不是"、"有"或"没有"、"对"或"不对"等一两个字来回答。也就是说,它的答案只有一个,或二选一,没有多回答的余地,只能回答"是"或者"不是"。例如,"你爱他吗?""这件事情你同意吗?"封闭式问题在会谈中具有收集信息、澄清事实、缩小讨论范围、使会谈能集中探讨某些特定问题等功效。封闭式问题也可帮助咨询员把来访者偏离某主要问题的话头牵引回正题上。比如,"我们还接着讨论刚才的问题,好吗?"

不过咨询员对封闭式问题的采用要恰当,要在必要时采用。因为来访者前来治疗时,总是带有希望别人分担自己的问题、理解自己的情感等愿望,而心理治疗会谈恰恰是他得以表达自己的一个时机;因为没有人愿意自己在会谈中总处于被动回答的地位,所以封闭式问题的采用如果超过一定的限度,就有可能对咨访关系产生破坏性影响。

3. 鼓励和重复语句。鼓励是指对来访者所说的话以简短的重复或仅以某些词语如"嗯……嗯"、"噢"、"是这样"或"后来呢"等来鼓励对方进一步讲下去,或强调对方所讲的某部分内容。这是最简单的技巧之一,可能因其简单,所以常常被认为是细枝末节而予以忽视。然而,正是这一简单的技巧,使咨询员得以进入来访者的精神世界,并且被研究者们认为是成功咨询员所具有的一个特征。这是因为鼓励是一种积极的方式,它能使来访者了解到咨询员在认真地听他讲话,并希望他继续讲下去。

以重复语句作为鼓励对方的一种反应,是一种很有效力的反应方式,这可以表明咨询员对来访者说话中关键词语的注意。通过这样的鼓励,可引导来访者的谈话向某一方向的纵深部位进行。例如,来访者:"我谈了一个女朋友,已谈了半年,我很苦恼要不要谈,我母亲很喜欢,但我父亲不同意,不知怎么办?"咨询者:"哦,你父亲不同意?不知怎么办?"这样一句简单的重复可对来访者产生一种强化作用,这种强化会影响到来访者进一步谈话的内容。有时,点头、目光注视等都是一种无声的鼓励。

4. 释义。释义是指咨询员把来访者的主要言谈、思想,加以综合整理后,再反馈给来访者。也就是对来访者的谈话进行实质性的说明。

咨询员选择来访者所表达的实质性内容,用自己的语言将其表达出来,最好是引用来访者言谈中最有代表性的、最敏感的、最重要的词语。释义使得来访者有机会再次剖析自己的困扰,重新组合那些零散的事件和关系,深化谈话的内容。

5. 情感反应。情感反应与释义很接近,如果说有区别的话,释义着重于来访者言谈内容的反馈,而情感反应则着重于来访者的情绪反应。情绪往往是思想的外露,经由对来访者情绪的了解可进而推测出来访者的思想、态度等。

一般来说,咨询员对来访者的情感与思想的反应是同时的。比如,"你说你的同事在背后挑拨是非",这是一句释义,而"你似乎对他非常气愤",这就是"情感反应";若是"你的同事在背后挑拨是非,你为此感到非常气愤,是这样吗?"则是综合了释义和情感反应两种技巧。

情感反应的最有效方式是针对来访者现在的而不是过去的情感。比如,"你此时的情绪似乎是对你丈夫非常不满"比另一句"你一直对你丈夫非常不满"更有效。

情感反应的最有力的功用就是捕捉来访者瞬间的际遇；但有时这种针对此刻的情感反应可能会对来访者造成过大的刺激和冲击，反而不如过去的经验作为情感反应的对象为宜，在使用时要注意。

6. 概述（总结）。概述指咨询员把来访者的言语和非言语行为包括情感综合整理后，以提纲的方式再对来访者表达出来。概述可使来访者再一次回顾自己的所述，并使面谈有一个暂停喘息的机会。

概述可用于一次面谈结束前，可用于一阶段完成时，也可用于一般情况下。只要认为对来访者所说的某一内容已基本清楚就可作一小结性的概述。

以上这些参与技巧都有利于引导来访者有序地探讨自身的种种困扰，这些技巧能促发探讨、澄清的机会，并使咨询员对来访者的种种思想、感情反应易于接受。

咨询中的倾听是咨询过程的基础，是一个主动引导、积极思考、澄清问题、建立关系、参与帮助的过程。

（三）倾听时易犯的错误（尤其是初学者易犯的错误）

1. 急于下结论。不少人在真正了解事情的真相之前，便急于下结论，提供咨询意见。这有许多弊端。一是来访者感到咨询员没耐心听自己的述说，会因为讲话被打断而扫兴，容易影响咨访关系建立。二是咨询员对来访者问题的把握会因此不够全面、准确。若来访者意识到了这一点，就会对咨询员所作的判断和提供的意见表示怀疑。三是由于倾听不够，从而影响工作的针对性和有效性。

2. 轻视来访者的问题。有些初学者缺乏共情，认为来访者的问题是小题大做、无事生非、自寻烦恼，因而流露出轻视与不耐烦的态度。

虽然来访者有些问题在他人看来是没有什么大不了的，但对来访者而言却是一个困扰他的难题，因为他的思维方式、认知模式影响了他对事物做出客观、理智的评价，这也就是心理问题的特点。对咨询员来说，重要的是如何让来访者真实地感知到问题的性质，转变其观念；轻视来访者的问题，某种意义上说明咨询员还不了解心理问题的实质，也缺乏共情的特质。

3. 干扰、转变来访者的话题。初学者由于缺乏透过现象看本质的能力，缺乏控制咨询过程的能力，面对来访者长长的叙述，往往觉得茫然无绪。为了尽快找到自己需要的资料或答案，有时会随便干扰或转移来访者的话题，有时则东一榔头西一棒子，不但自己最后一无所获，搞得来访者也无所适从，影响咨询的效果。

4. 随便进行道德或正确性的评判。有些咨询员（初学者）在倾听来访者叙述时，会随便地进行道德上的评判。例如，"你讲话怎么有这么多的口头禅"，"你这种想法是不符合社会道德的"，"你怎么能随便将女孩子带回家过夜呢"，"这件事上明明是你错了，你还说别人的不对"，"你这种价值观念是不正确的"，等等。并非说不能作这样的评判，但这样的评判一是不轻易下；二是不要在来访者还在叙述问题时就讲；三是不要仅仅只下判断而没有说服力的解释；四是尽量少用或改用别的方式。一般来说，如果咨访关系好，还有效；否则会起反作用。

5. 不适当地运用参与技巧。有些人学的书本知识在实际工作中运用不当，比如：①询问过多。让来访者觉得自己是在"答记者问"，不利于来访者的自我表达。有时，来访者都不知道自己的问题在哪儿，根源是什么，因此，询问要得当，咨询员要善于听，除非非问不可，不然宁愿听。②概述过多。这样一是占用了太多时间，二是让来访者觉得咨询员的领悟力不足，有点婆婆妈妈，非要概述才能够清楚问题，非要得到认可方才肯定。尤其对于那些文化程度较高、表达能力强的来访者，更应避免。③不适当的情感反应。比如，情感反应次数过多，程度过重，反而对来访者产生某种不良的心理暗示，强化了他的某些不良情绪。例如，"你感到很伤心"、"你觉得很委屈"、"你心里觉得受了很大的污辱"等等，有时反而煽起或扩大了来访者的情绪。他会觉得似乎真是这样。尤其当来访者比较信任或崇拜咨询员时，咨询员所讲的话就更有分量，其暗示作用就更强。而对那些自知力、判断力较强的来访者，则会觉得咨询员太啰嗦，反应不准确，心里可能会感到不舒服；而且过多的反应会打断来访者的思路，容易转移谈论的话题。

因此，适时适度地运用参与技巧很重要。这里的"度"不是指 10 次或 5 次。有些来访者对询问、概述、情感反应 20 次不算过度，而有的来访者 10 次就过多了。咨询员要多体会、多思考、多实践。一般是可问不可问时，宁愿少问；可说不可说时，宁愿少说。咨询员并非说得多才好，有时点头比说话更好些。

（四）影响倾听的因素

一是人们不愿意倾听。人虽不能堵上耳朵，但有自己的自主权，可以选择是否倾听，可以做到所谓的"充耳不闻"。无论是来访者还是咨询员都有这样的体验，一旦自己真的用心在倾听，注意到各种各样的信息和信息的不同含义，就有可能引起情绪波动，产生焦虑。如咨询员说："我明天要出差一个月了，我同事代我做……"这时来访者就会有情绪反应，产生烦恼。如来访者会想："他走了我怎么办？""如果我需要他，能否和他联系上？""他这样不关心我，我感到恼火。"那么，接下的话他就"不听"了。

二是缺乏平静的心态。有的咨询员表面上在听来访者的话，可实际上在倾听自己，或在酝酿自己那篇正在构思中的学术论文，想着晚上和妻子要说的话，等等。

三是瞻前顾后的态度。如咨询员花上几十秒或一两分钟时间，反复考虑来访者刚说过的话："您说的是什么意思？"或咨询员花上同样的时间考虑自己下一步该说什么样的话，才能万无一失地起到帮助来访者的作用。这样就会失掉信息，没有倾听到来访者的意思。这样，哪怕几个词没听见，对整体的咨询都可能是重大损失。

二、咨询的影响技巧

面谈时的参与技巧对帮助来访者的成长十分重要，但仅用参与技巧，这种成长进步是缓慢而费力的。若咨询员能积极地投身于面谈中，主动采用影响技巧，那么来访者的改变将会快些。咨询员自身所具有的人生经验、所接受的咨询训练、所具有的洞察力与感受力以及所拥有的专业知识和技术都可用以丰富来访者的人生体验并促进其成熟。咨询员可凭借影响技巧来分担来访者的一切，当咨询员这样做时，交谈就成了一种人与人之间相互作用、相互影响的过程。

影响技巧包括六个方面。

1. 指导。指导即咨询员直接地指示来访者做某件事、说某些话或以某种方式行动。指导技巧是影响力最明显的一种技巧。

心理分析学派咨询员常指导来访者进行自由联想，以寻找问题的根源；行为学派咨询员常对来访者作各种训练，如系统脱敏法、满灌法、放松训练、自信训练等，指导来访者如何做；人本主义中的完形学派咨询员习惯于作角色扮演指导，使来访者体验不同角色下的思想、情感、行为；理性情绪学派的咨询员则针对来访者的各种不合理观念予以指导，用合理的观念代替不合理的观念。

尽管有一些咨询员不赞同用指导技巧，比如非指导型咨询员，他们反对操纵和支配来访者，很少提问题，避免代替来访者做决定，从来不给以回答，在任何时候都让来访者自己确定讨论的问题，不提出需要矫正的问题，也不要求来访者执行推荐的活动。总之，他们不赞成用指导技巧，认为这是把咨询员的意志强加在来访者身上。但多数咨询员仍然经常使用指导技巧，认为它是最有助于来访者对生活方向做决定的方法。

使用指导性技巧时，咨询员应十分明了自己对来访者指导些什么、效果怎样，叙述应清楚，让来访者真正理解指导的内容；同时，不能以权威的身份出现，强迫来访者执行，若来访者不理解、不接受，则不仅效果差甚至无效，而且还会引起反感；指导时的言语和非言语行为都会同时对来访者产生影响。

2. 内容表达。内容表达常用于咨询员传递信息、提出建议、提供忠告，给予保证、进行褒贬和反馈等等。

其实，咨询过程中各项影响技巧都离不开内容表达，都是通过内容表达起作用。广而言之，指导、解释、影响性概述、自我开放等都是一种内容表达。

影响技巧中的内容表达与参与技巧中的内容反应（即释义）是不同的，后者是咨询员反映来访者的叙述，而前者则是咨询员表达自己的意见。虽然内容反应中也含有咨询员所施加的影响，但比起内容表达来，则要显得隐蔽、间接、薄弱得多。来访者中心学派、非指导型咨询员多用内容反应，而希望直接施加影响、表达自己观点的咨询员则多喜欢内容表达。

反馈是一种内容表达，反映咨询员对来访者的种种看法，借此可使来访者了解自己的状况，也可从来访者的言语和非言语反应中得知自己的反馈是否正确，从而相应地做出调整。

提出忠告和建议也是咨询员内容表达的一种形式，但应注意措辞的和缓、尊重。比如说"我希望你……"、"如果你能……或许就会更好"，切不可说"你必须……"、"你一定要……"、"只有……才能……"，要不然，来访者听了会不舒服，像是被人强迫似的。同时，咨询员不应该认为自己的忠告、意见是唯一正确的、必须实现的，否则会影响咨访关系。

3. 情感表达。咨询员告知自己的情绪、情感活动状况，让来访者明了，即为情感表达。

情感表达与参与技巧中的情感反应有所不同。前者是咨询员表达自己的喜怒哀乐，而后者即是咨询员反映来访者叙述中的情感内容。

咨询员的情感表达既可以是针对来访者的，如"我觉得你很坦然"，也可以是针对自己的，如"我很抱歉没有听清你刚才说的话"，或针对其他的事物，如"我很喜欢跳舞"等。

正确使用情感表达，既能体现对来访者设身处地的反应，又能传达自己的感受，使来访者感受到一个活生生的咨询员形象，了解咨询员的人生观；同时，咨询员这种开放的情绪分担方式为来访者做出了示范，易于促进来访者的自我表达。

咨询员所作的情感反应，其目的是为来访者服务的，而不是为作反应而反应，或者为了自己的表达、宣泄。因此，其所表达的内容、方式应有助于咨询的进行。

4. 影响性概述。影响性概述是指咨询员将自己所叙述的主题、意见等经组织整理后，以简明扼要的形式表达出来。

影响性概述可以使来访者有机会重温咨询员所说的话，加深印象，亦可使咨询员有机会回顾讨论的内容，加入新的资料，强调某些特殊内容，提出重点所在，为后续的交谈奠定基础。

影响性概述与参与性概述这两者的不同之处在于，前者概述的是咨询员表达的观点，而后者概述的是来访者叙述的内容，因而，前者较后者对来访者的影响更为主动、积极和深广。

影响性概述既可在面谈中间使用，也可在结束时使用；有时常和参与性概述一起使用。比如，当用于面谈结束时，咨询员可总结来访者的主要问题、问题的原因及带来的影响等，然后小结咨访双方所做的工作，概述自己所阐述的主要观点。这样会使整个咨询过程脉络清楚，条理分明，有利于来访者把握咨询全局，加深印象。当然，有时也可以让来访者做这一工作，咨询员可因此了解来访者所把握、所理解的程度，咨询员可在此基础上做出概述或某些修正。

5. 解释。解释即运用某一理论来描述出来访者的思想、情感和行为的原因、过程、实质等。解释使来访者从一个新的、更全面的角度重新面对自己的困扰、自己的周围环境以及自己，并借助于新的观念、系统化的思想来加深了解自身的行为、思想和情感，产生领悟，提高认识，促进变化。

解释被认为是面谈技巧中最复杂的一种，解释与释义的区别在于：释义是从来访者的参考框架来说明来访者表述的实质性内容，而解释则是咨询员站在自己的参考框架上，运用自己的理论和人生经验来为来访者提供一种认识自身问题以及认识自己和周围关系的新思维、新理论、新方法。解释与内容表达也有关系，但解释侧重于对某一问题进行理论上的分析，而内容表达则是指咨询员提供信息、建议、反馈等等。

咨询员凭借自己的理论和经验，针对不同来访者的问题做出各种不同的解释，这是一项富有创造性的工作。咨询员水平的高低很大程度上取决于理论联系实际的程度。

初学者往往以为记住了某几种理论流派的概念、条文、方法就能应付自如，却忘了书本知识和实际应用之间还有很大差异。有些咨询员只是简单地拿理论去套实际，甚至削足适履，却不懂得如何灵活地掌握理论，灵活地运用知识，忽视了现实中遇到的人是形形色色的，问题是千变万化的。因而初学者容易显得说服力不强，解释过于牵强、千篇一律，甚至张冠李戴或无法解释。有些咨询员用弗洛伊德的幼年性体验去解释一切问题，而有些则是一律用行为矫正。事实上，有些问题的根源在过去，甚至在幼年，或许是性心理发育的偏离或是其他的不良刺激（环境的潜移默化、个体的遭遇等），而有些问题的根源则在最近实际问题中。咨询员应把握真相，结合具体的问题来进行具体分析。

所以，咨询员在进行解释时，首先应了解情况，把握准确，否则，解释势必偏离；同时，应明了自己想解释的内容是什么，若自己对此也模糊不清或前后矛盾，则效果就差；再者，要把握对什么样的人、在什么时间、运用什么理论、怎样解释最好。解释时应因人而异。比如，对有些水平较高、有一定的心理学修养、领悟能力较强的来访者，解释时可以深些、系统些、全面些；而对一些理解能力不够强、文化水平低的来访者，应尽量解释得通俗易懂，少用专业术语，多打比方，多举例子，这样更容易为来访者接受。

此外，咨询员的解释不能强加在来访者身上。如："你的问题就是这样，你不理解是因为你不懂"、"你不同意我的解释，我就没办法了，你懂还是我懂？"等等。强迫来访者接受，这样做的效果不好。最有效的解释是与来访者的思想基础、理论取向有某种程度的吻合。

6. 自我开放。自我开放，也叫自我暴露，指咨询员提出自己的情感、思想、经验与来访者共同分担。它与情感表达和内容表达十分相似，是这两者的一种特殊组合。

自我开放在面谈中十分重要。心理咨询原来只强调来访者的自我开放，以后逐渐认识到咨询员的自我开放和来访者的自我开放有相等的价值。自我开放可以建立并且促进咨访关系，能使来访者感到有人分担了他的困扰，感受到咨询员是一个普通的人，能使来访者借助于咨询员的自我开放来实现更多的自我开放。

自我开放的形式有两种。第一种是咨询员把自己对来访者的体验与感受告诉来访者。若告知的信息是积极的、正面的、赞扬性的，则为正信息，如"对于你刚才的坦率，我非常高兴"，一般说来，正信息能使来访者得到正强化，能使来访者愉悦、受到鼓舞，但咨询员传达的正信息须是实际的、适度的、真诚的，不然会适得其反；若表达的是消极的、反面的、批评的信息，则为负信息，如"你迟到了20分钟，我觉得有些不愉快。或许你有什么原因，你能告诉我吗？"传达负信息的自我开放时，应注意到它可能会产生的负面作用，比如上例中后半句是必要的。

第二种是咨询员暴露与来访者所谈内容有关的个人经验。例如，"你所提到的考试前紧张，我以前也有这种体验，每到大考前，我就开始不安、烦躁，晚上睡不好……但不知这时候你的看书效率怎么样？"一般说来，咨询员的这种自我开放应比较简洁，因为目的不在于谈论自己，而在于借自我开放来表明自己理解并愿意分担来访者的困扰，促进来访者更多地自我开放。为此，咨询员的自我开放不是目的而是手段，应始终把重点放在来访者身上。

此外，自我开放必须建立在一定的咨访关系上，要有一定的谈话背景。如果过于突如其来，可能会超出来访者的心理准备，反而起不到好效果。自我开放的内容、深度、广度都应与来访者所涉及的主题有关，若咨询员自我开放的数量太多，就可能占用太多来访者的时间，故应适可而止。

总之，自我开放应以有助于促进咨访关系、促进来访者进一步自我开放和深入地了解自己、加强咨询效果为准则。

> **信息视窗**
>
> **心理咨询的魅力为什么有时会成为负担**
>
> 在心理咨询中，来访者对咨询者产生特殊的好感，做出某些情不自禁的表示，是入道的心理咨询之人迟早要面临的考验。其处理妥善与否，不仅会影响心理咨询的顺利进展，也会影响人们对整个心理咨询的评价。
>
> 来访者之所以会对咨询者产生好感，主要是因为后者在前者头脑混乱、情绪低落之际，给予了对方由衷的理解和支持。这种心理上的安慰与精神上的支持，很容易使来访者神化咨询者的形象和作用，把对方看做是智慧和温暖的化身。
>
> 此外，心理咨询非常强调同感、尊重与耐心等要素的表现，心理咨询的专业和实践过程，也可使咨询者变得待人诚恳，善解人意。应该说，这种表现对于那些受过感情、心灵挫伤的人来讲，是很有吸引力的。
>
> 所以，在咨询谈话中，其言者声泪俱下，其闻者深表理解。不需多久，诉苦人就可能会喜欢上听话人，因为此时此刻，听话人懂得怎样去关心对方，尊重对方，理解对方。这就够了！而当来访者与咨询者是异性，且年龄相仿时，则更容易使前者对后者产生种种的浪漫幻想。
>
> （信息来源：岳晓东著《登天的感觉》，北京师范大学出版社1999年版，第162页。）

三、非言语行为

在咨询过程中，一个咨询员不仅要善于运用言语表达（交流），而且要善于运用非言语行为。有的人甚至认为，非言语行为比言语表达更重要。

言语表达是咨访双方交流信息、沟通感情、建立关系的基本条件之一，也是咨询员帮助来访者的主要工具之一。而在咨询过程中会出现大量的非言语行为，这些非言语行为或伴随言语内容一起出现，对言语内容做补充、修正，或独立地出现，代表独立的意义。有时往往可通过非言语行为来体会来访者的真实想法，特别是当言语内容与非言语行为不协调时，往往非言语行为更真实。因此，对于咨询员来说，了解不同非言语行为的含义，有助于把握在咨询过程中自己的非言语行为对来访者的影响，以扬长避短；有助于明了来访者非言语行为所传达的信息，从而深入了解来访者的思想、感情、行为等，这对于咨询都是十分必要的。

咨询是由言语内容和非言语行为交互作用而达成的。许多时候，非言语行为所表达的内容、情感比言语所表达的内容更多、更准确。人的思想、感情、行

为、言语和身体动作是一种复合的过程,当人们收到的各种信息不一致时,其公式为:

总体效果 = 7%的言语 + 38%的声音 + 55%的面部表情

(一)非言语行为的功能

非言语行为在咨询中有其独特的作用,主要表现在四个方面。

1. 加强言语。声音、手势和面部表情与言语一起出现,可使言语意义更丰富、更加强,并赋之某种情绪色彩,表明这是一个严肃的或有趣的或是其他类型的话题。

2. 配合言语。其方法是点头、视线的转移和其他信号。例如,讲话者如果想继续下去,那么在一句话的末尾他不会抬起头,他会把手停在空中;如果有人打断他的话,他会提高声调。

3. 实现反馈。听话者对讲话者做出持续的反应,如用嘴和眉毛做出相应的面部表情表示同意、理解、惊讶、不满等。

4. 传达情感。交往者常用非言语形式表达自己对对方的喜欢、理解、尊重、信任的程度,像面部表情和声调这样的非言语暗示比言语信号影响更大。

咨询中,来访者或咨询员的某种情绪状态,比如愤怒、压抑、焦虑、恐惧、不安、厌恶、鄙视、愉悦、兴奋、满意等,若用非言语信号交流往往会更清楚,有时交往者也许会试图隐藏其真实情感,但却无意识地通过难以控制的非言语行为而暴露出来。

作为咨询员,非言语行为也是表达共情、积极关注、尊重等的有效方式之一。非言语行为与咨询精微技巧(即参与技巧和影响技巧)间指向的一致性是提高咨询效果的重要保证,不然会削弱、破坏咨询技巧的使用。

因此,咨询员在咨询过程中不仅要讲、要听、要看,还要想。这几者缺一不可,只有协调使用、合理搭配,才能最大程度地发挥整体效益。

(二)非言语行为的种类

1. 目光注视。"眼睛是心灵的窗户。"眼睛是发射信息的最重要的部位,它可以传递最细微的感情。如眼睛往往能传递一个人想表达的、想回避的信息,能反映一个人的喜怒哀乐和内心活动。

咨询员与来访者在面谈时,常会有目光的接触;但不同的目光接触常代表了不同的含义。

一般来说,当一方倾听另一方叙述时,目光往往直接注视着对方的双眼;而当自己在讲话时,这种视线的接触会比听对方讲话时少些。也就是说,讲话多的人比听话多的人更少注视对方。如果人们开始说话了,就会先把目光从对方身上移开,说话结束时,则一般又会重新看着对方。

第五章 学校心理健康教育的途径（上）——个别心理咨询

为什么许多人在说话时避免看着对方？这主要是为了避免出现岔开话题的情况。如果在说话过程中正视一下对方，则表示在他说话停顿时，对方也可以打断他的话；假若他停顿了，但不看对方，说明他的思路还没有断，这种信号表示："这不是我要讲的全部内容，我只是在略作考虑。"咨询员如果不合时宜地打断来访者的叙述，会使来访者不快，感到自己不被接纳，而咨询员此时的插话、问话、反应等，可能会转移来访者叙述的主题，甚至会使一些重要的线索中断。

如果听者对讲者扫视一下，那很可能是说："我对你所说的不十分同意"；"我对你的话表示怀疑"。如果配上摇头、皱眉等其他非言语行为，那么这种含义就更清楚了，如果作为听者的咨询员做出这一动作而被来访者发现，就可能影响到他的叙述。而正在讲述中的咨询员若发现了来访者的这一目光，就应及时做出某种调整，比如询问一下来访者的意见，或更严谨地思考一下自己的观点。

如果交谈中，说话者讲完某段话、某句话或某个词后将目光移开，这可能表示："我对自己所说的也不太有把握。"如果其他表情、动作以及声音也透露出讲话者的心虚、疑惑，那么听者就会对此抱一种不太信任或疑惑的态度。咨询员若如此表述意见，尤其是解释、指导性的意见，则会大大地削弱其影响力。

若听对方说话时，看着对方，则含有这样的意思："我也是这个看法"；"我对你说的很感兴趣"。如果说话者看着听者，那就是说："我对我讲的很有把握。"

若咨询员问来访者某些问题，而使来访者感到不舒服或有厌恶感、羞怯感时，来访者也会不愿注视咨询员，借以作为一种逃避和隐瞒。

当一个人被询问时，或者对他人言行产生防卫性、攻击性或者敌意时，视线相交的机会便会增加。当一个人被激怒时，有时候可发现他的瞳孔张得好大，当然还会有其他一系列的面部表情。一个性格内向、羞怯的来访者会不习惯目光过多的接触，他既不敢太多注视别人，也不愿别人看着自己。

一般来说，对使自己感到愉悦的人，人们更愿意注视；比起同性来，对异性的注视应适度，不然有可能使一些人感到不礼貌或带来困扰，尤其面对异性敏感者时更应谨慎。

在咨询过程中，咨询员是否善于利用目光参与听和讲，这直接影响到咨询的效果。与来访者交谈时，有些咨询员眼睛看着地面或房顶，或者脸侧向一方，这会不礼貌，显得对对方不够重视；有些人则死死地盯着来访者的眼睛，这样会使对方感到窘迫不安、透不过气来，有话也说不出；还有些人则在对方身上扫视，甚至会扫视对方身后，弄得对方惶惑莫名。当来访者正在说话时，若咨询员把目光随意移向一旁，最会引起来访者的注意，来访者会从咨询员这一特定神情中看出咨询员没有认真倾听自己讲话，心里会产生不安、不被信任的想法，心灵的大门可能会因此而关闭。

眼睛应注视对方的哪些部位为好？一般来说，目光大体在对方的嘴、头顶和脸颊两侧这个范围活动为好，给对方一种很适当地、很有礼貌地看着他面部的感觉，并且表情要轻松自然。目光范围过小会使对方有压迫感；而目光范围过大，则目光会显得太散漫、随意。

目光可以表达不同的情感和意义，咨询员应恰如其分地使用。如表达安慰时，目光充满了关切；给予支持时，目光放射出力量；提供解释时，目光蕴涵着智慧。

2. 面部表情。面部表情与一个人的情绪息息有关，一个人内心的喜怒哀乐无不在脸部的方方面面以这样或那样的方式透露出来。咨询中，人们观察一个人的非言语行为首先主要是集中在面部表情上，目光注视其实也是面部表情的一部分。

心理学家珍·登布列顿谈到推销员如何了解顾客的心理时说，假如一个顾客的眼睛向下看，而脸转向旁边，表示你被拒绝了；如果他的嘴是放松的，没有机械式的笑容，下颚向前，他就可能会考虑你的提议；假如他注视你的眼睛几秒钟，嘴巴乃至鼻子的部位带着浅浅的笑意，笑容轻松，而且看起来很热心，这个买卖便做成了。[①]

达尔文在他的著作《人和动物感情的表达》中，探讨"是否相同的表情和姿态，通用于人类的各个种族"，他对世界各地的观察材料进行分析，认为人类在面部表情的沟通上极为相似。也就是说，眼睛和嘴巴张大，眉毛上扬，是惊愕的表情；害羞会刺激脸红；人在愤慨或挑衅时会皱眉头、昂首挺胸并紧握拳头；人在深思问题或竭力解开疑惑时会皱起眉头或眯起眼睛。[②]

一般来说，不愉快或迷惑可以借助皱眉来表达，嫉妒或不信任时会将眉毛上扬。研究发现，一条眉毛扬起是传统的怀疑信号，两条眉毛扬起是惊讶的信号，两条眉毛下垂则是沮丧和悲忧的信号。

冲突、挑战、敌对的态度用绷紧下颚的肌肉和斜眼瞪视来表示；而这时他的嘴唇也是紧绷着的，表示已摆出一种防御姿态；同时多伴有头和下颚常挑衅地向前挺出、眉毛下垂、眉头皱起等面部表情。

笑是脸部表情中重要的一点。不同的笑可体现当事人不同的心情，有会心的、愉悦的、满足的、兴奋的、害羞的、不自然的、尴尬的、解嘲的等等。

在理解面部表情时，同样需要注意的是，有些人体动作在某种情况下可能根

[①] 参见马建青著《辅导人生——心理咨询学》，山东教育出版社1996年版，第259页。
[②] 参见马建青著《辅导人生——心理咨询学》，山东教育出版社1996年版，第259页。

本没意思，而在另一种情况下却十分有内容，但内容含义可能很不一样。比如，皱眉可以简单地理解为一句话的中间停顿，在另一种情况下也可能是"心里冒火"或"讨厌"的信号，或者是思想集中的表现。如果仅仅研究皱眉或面部表情，就难以确切把握其含义，还要知道这位皱眉者在干什么，要联系其他一系列的非言语行为所表达出来的含义。

3. 身体语言。咨询员和来访者身体、手势的运动和位置在相互沟通中起着重要作用。它们的变化往往能反映咨询状况的某种变化。

一般来说，低头表示陈述句的结束，抬头表示问句的结束，而较大幅度的体态改变表示相互关系的结束或表示思维过程或较长的表达的结束。如果体态的改变到了不再正视对方的地步，则往往表示不愿再交谈下去，想把注意力转移到其他对象上去。如同小孩在听父母训斥时，嘴巴在说："是的，是的，我知道了。"同时把身子转了过去，其实是在发射另一种信号："够了，够了，我要走了。"咨询员要善于发现来访者通过身体传达的信息。

有时，咨询员会发现来访者移动身体，把脚及整个身体对着门口，这个姿态很可能是来访者想结束交谈，他的体态正是想告诉咨询员：我想离开。

人们有时借用摊开双手、解开外衣纽扣或脱掉外套，表达一种真诚、坦白；而双手交叉在胸前则常表明一种防卫，表示否定、拒绝或疏远。

有些来访者很慢地、细心地把眼镜摘下来，并且小心地擦擦镜片（即使镜片根本不需要擦），这种情况常表明来访者想在提出反对意见、澄清问题或提出问题之前，拖延些时间以便多做些思考；而有的则把眼镜摘下，嘴巴咬着一条镜腿，嘴上衔着东西讲话就不方便，因此，借此动作注意倾听或避免说什么，一方面又可多多思考，把东西放在嘴里也意味着这个人需要寻找新的资料。

不同的手指手势，可能传达一个人的焦虑、内心冲突和忧愁。小孩要恢复信心、鼓起勇气就吸吮大拇指；学生担心考试会咬指甲或咬钢笔、铅笔等；而成人遇到棘手的事情，可能会猛地扯头发。

咨询中，若来访者的双手紧绞在一起，或反复摆动，加之身体坐立不安，往往表明来访者情绪紧张而难以接近。遇到这种来访者，咨询员应设法使其放松。颇为简单的方法是在谈话时略微倾身于来访者，会使他感到被接近、被理解。

面谈过程中，来访者若搓起两只手来，很可能是有所期待。例如，由于咨询员给予的理解、尊重和真诚，使来访者受到感动而期望得到更多的共情或得到某种指点；若来访者移坐到了椅子的前端，踮起脚尖，很可能是来访者跃跃欲试，有某种行为即将发生。

来访者在听或讲的过程中，若握紧了拳头，则既可能表示一种强调，表示郑重其事，也可能表示一种决心，当然也可以是一种愤怒的信息。咨询员应善于结合其他的信息来综合判断：若代表决心，则咨询员应及时在言行上给予支持、鼓励；若是愤怒，则应及时查清原因，予以疏导。

若来访者的身体由紧缩、僵化转为松弛自在，紧靠在一起的双腿开始分开，交叉的双手放了下来时，往往是来访者内心由紧张、不安、害怕、封闭开始变得平静、轻松、开放。如果这一步骤反过来了，则表明咨询增加了来访者的紧张情绪，可能是咨询员言谈举止（包括表情等）不当或不被对方所接受，或触动了对方的敏感、要害处，也可能是来访者将涉及或已经涉及了自己痛苦的、隐秘的问题。这种信息对于咨询员来说具有重要的价值。

当来访者想要压抑自己强烈的感觉或情感时，往往会不自觉地采取脚踝交叠、双手抓紧手臂等，来拼命地克制自己的欲望、冲动。

当来访者对咨询员说的话兴趣不大或想早点结束会谈时，他可能会在座位上反复扭动、坐立不安，让人觉得是椅子不舒服，其实问题并不在椅子，而在于所处的情况；也有的人会交叉双腿，另一只脚不住地轻轻晃荡；有的则是不停地用手指敲弹桌子或椅子，或拿着纸胡乱涂鸦；有些则显得目光空洞，心不在焉，对问话没反应或答非所问。咨询员发现这些情况后，应及时调整内容和方式。有时，咨询员也可能表现出这类行为，若被来访者感知，就会使他产生想法。

4. 声音特质。咨访双方的声音都是交流信息的重要窗口。声音伴随言语产生，有第二言语的功能，它对言语起着或加强或削弱的作用。如果声音所传递的信息与言语所表达的信息一致，则肯定、加强言语所传递的意思；反之，则起削弱、否定的作用。因此，言不由衷的讲话，既可能被身体语言所暴露，也可能被声音所揭穿。当来访者叙述某一件痛苦、忧愁的事情时，咨询员说："我理解了你的痛苦，我愿意为你分担。"然而，语气却是冷冷的、随便的、像是打发人似的。虽然语言表达的是关怀，而声音却是淡漠的，来访者可能更相信声音的含义而不是语言，因为语言比声音更容易作假。

声音包括嗓音的音质、音量、音调和言语速度，如节奏、停顿、强度等。一般来说，音调的提高表明对所谈内容的强调，也表明某种情绪如激动、兴奋，这既可以是愤怒也可以是惊喜；而音调降低既可以是一种强调，以引起听者注意，也可以表示一种怀疑、回避，或者是因为涉及自己或他人敏感、痛苦、伤心的事情。声音强度增大，则表明一种强调，一种激动的情绪；而声音强度减轻，则可能表示一种失望、不快或软弱、心虚。节奏加快表明紧张和激动；节奏变慢则有可能是因为冷漠、沮丧，或正在思考是不是要表述，如何表述。

一个人的个性也可以透过声音外露出来。急性还是慢性、自信还是自卑、坦率还是躲闪，都能在声音上流露出来。来访者叙述自己、谈论自己和他人的语气，尤其是咨询过程中，声音的突然变化，都可能给咨询员提供不少有用的信息。

因此，咨询员要善于运用声音的效果加强自己所表达内容的意义或情感，作解释、指导、概述时，应尽量保持平和的语气，中等语速，这样可给来访者稳重、自信、可靠的感觉。作情感反应和情感表达时，应有与内容相吻合的情感语气。咨询员的语言速度太快或太慢、语气太重或太轻、音调太高或太低都是不妥当的。

5. 空间距离及其他。咨询时咨访双方的空间距离也具有非言语行为的特征。每个人都拥有一个自己的空间，以保持自己的独立、安全和隐私的需要。如果他人不适宜地闯入，就可能引起不满、愤怒甚至反抗。咨访之间也是如此。双方距离是彼此关系的反映。

一般来说，在门诊咨询室里，座位可能相对固定，咨访按各自位置就座即可。但座位的布置则应符合有助于咨访关系建立、彼此感到适宜的原则，距离以1米左右为好。若在室外，双方的距离常因环境而异，若是比较空旷的场地，则其间的距离会大于处在公共场所中的距离。

不仅因地而异，双方距离其实也因人、因时、因事而异。比如，一般来说，若双方同性别时，其间的距离会小于异性间的空间距离，而且两女性间的距离会小于两男性间的距离；青年或成年男性咨询员在面对年轻的女性来访者时距离会大于面对儿童、少年时的距离；有些对此敏感、防御性强的来访者希望距离大些；有些希望寻求依靠、帮助的来访者则希望距离小一些，以得到一种安慰。一般来说，初次见面，彼此不了解，间距会大一些；随着咨访关系的建立，间距会小一些。若来访者对咨询员不那么信任，或对效果不那么满意，来访者会自觉不自觉地加大彼此间的距离；然而另一方面，适当地缩短距离是一种希望加强关系的表示，若使用得当，有助于咨询。但无论如何，咨询员不可忘记彼此间是咨访关系，而不是一般的朋友关系。

如果面对的是危机咨询或寻求感情支持的来访者，则缩短距离可以最大程度地表示咨询员的关切，咨询员微微前倾的身姿能使来访者感到咨询员愿意接纳他、帮助他。

另外，衣着也可以视为非言语交流的一部分。因为衣饰能反映一个人的个性、经济地位、文化修养、审美情趣等等，尤其是较能体现出来访者来访时的某种心情。比如，一位来访者穿着一件较脏的衣服，皱巴巴而且衣衫不整，从这或许可以反映出该来访者心中的困扰已经干扰了他的正常生活，致使他没有时间、没有精力去料理自己的生活，而且他对此也不在乎；或者反映了他的一贯生活风格，即随随便便，缺乏料理自己、管理自己的能力……这样的人在集体生活中可能被一些人看不惯，因而可能会产生矛盾。有经验的咨询员往往能借助来访者的某一点做出一系列有价值的判断。

此外，来访者进咨询室的步骤、动作、神情，对于咨询员把握来访者也是有价值的。那些垂头丧气、痛苦不堪的来访者从他们进门的一刹那就暴露无遗。如一位来访者进门之后，又退出去，之后又进来，这样反复好几次才坐下来，其进门的举动显示了他有强迫症状。

有些来访者见到咨询员后，手足无措，站立不安，支支吾吾，脸涨得通红，反映了其内心的紧张不安。这样的来访者常可能出现人际交往上的困难，给人以缺乏自信、胆小害怕的感觉，也可能面临着难以自我调节的冲突和紧张情绪。

一个人的个性、心理健康状况以及此时此刻的情绪，往往可以通过其一言一行、一举一动表现出来，咨询员要善于观察，往往能窥视到来访者内心的活动，这对于咨询是非常必要的。

(三) 如何正确把握非言语行为

如何正确把握非言语行为，这是一个优秀咨询员的基本功。因为非言语行为能提供许多言语不能直接提供的信息，甚至是言语想要回避、隐藏、作假的内容。因此，咨询员要注意把握三个方面的问题。

第一，要善于全面观察非言语行为。因为它是一种既复杂又微妙的技术，涉及一系列因素。例如，人有不同的个性差异，有的人低头是因为个性内向，而一个外向的人低头也许是因为羞愧。我们不能根据一个简单的动作来判断，要观察一个人的动作群，即一连串相配合的动作。如果不把他前后、上下的动作加以融会贯通，单凭某个表情就下结论，难免会断章取义，误解对方。比如，一位来访者在咨询中总是把脚踝交叠，或许只是为了掩饰袜子上的破洞；一位对咨询员斜视的来访者，仅仅是因为当他表示赞同时，他就是这样斜视，而绝非对咨询员有所不恭。如果咨询员想当然，很可能就会判断失误。因此，咨询员要做到看在眼里，记在心里，先保留看法，看看是否确实如此，而不宜马上表现出来。有些咨询员为了显示自己的观察敏锐、判断准确而轻率地表露自己的看法，这是不妥当的。即使判断正确了，也不应该随便表露，可以在自己态度、言行上有所调整，因为让来访者发现咨询员时时在注意自己的一言一行，会给他带来压力和不安。

第二，要妥善应用非言语行为。咨询员能否赢得来访者的信任与好感，很大程度上取决于非言语行为的传达。咨询时，如果咨询员嘴上说"我尊重你，我关心你的喜怒哀乐"，然而眼睛却是东张西望，跷着二郎腿，双手交叉在胸前，或者嘴上吐着烟圈，这种动作、神态很难使来访者相信咨询员对他的关注。有时来访者正兴致勃勃地叙述着什么，而咨询员对叙述的东西不感兴趣或心中有事，就会有意无意地表现出不耐烦，这种信息会影响到来访者的积极性，让他觉得扫兴或失望。

第三，要正确看待言语与非言语的不一致。一般情况下，一个人的非言语行为所暴露的信息应该和言语表达的意义是一致的，当来访者说听了咨询员的话后，心里踏实多了时，他的一系列紧张动作应有所松弛。如果来访者说他多么热爱他的集体，然而与此同时却下意识地摇摇头，嘴角涌起一丝嘲笑，从而否定了他自己的言语；一个母亲诉说她的儿子是如何的不听话、打架、尽给自己添麻烦，然而她的脸上一直带着一种欣赏般的微笑。对于这种不一致，咨询员需要分析为什么会出现不一致？来访者的真实意图是什么？是有意识的隐藏，还是无意识的流露？抓住这种不一致，有时会发现心理问题的根源。咨询员要善于发现并找出这种不一致，往往从这里可以捕捉到不少有用的信息。

第六章

学校心理健康教育的途径（下）
——团体心理辅导

【本章要点】
1. 什么是团体心理辅导；
2. 团体心理辅导的功能和类型；
3. 团体心理辅导的设计原则与目标设置；
4. 团体心理辅导的组织与实施。

第一节 团体心理辅导概述

学校心理健康教育的途径除了个别咨询外，还有一个重要途径就是团体心理辅导。

一、团体心理辅导的概念与特点

（一）团体心理辅导的概念

团体心理辅导是在团体情境下提供心理帮助与指导的一种辅导形式，即由辅导员根据求询者问题的相似性，组成课题小组，通过共同商讨、训练、引导，解决成员共同的发展或共有的心理障碍。通常由一位或两位辅导员主持，或称为团体指导者，有多个求询者参加，或称为团体成员。团体的规模因辅导目标的不同而不等，少则三五人，多则十几人，甚至几十人。通过几次或十几次团体聚会、活动，参加成员互相交往，共同讨论大家关心的问题，彼此启发、相互反应、相互支持鼓励，使成员了解自己的心理，了解他人的心理，以便改善人际关系，增加社会适应性，促进人格成长。团体心理辅导既是一种有效的心理治疗方式，也是一种有效的教育活动。

（二）团体心理辅导的特点

团体心理辅导与个别心理咨询最大的区别，在于当事人是在团体中通过成员间的交流、相互作用、相互影响来实现对自己问题的认识，从而解决自己的问题。与个别心理咨询相比，团体心理辅导具有四大特点。

第一,团体心理辅导感染力强,影响广泛。个别心理咨询是咨询员与当事人单向或双向沟通的过程,而团体心理辅导是多向沟通的过程。对每一个当事人来说,都存在多个影响源。每个成员不仅自己接受他人的帮助,也可以帮助其他成员。此外,在团体情境中,每个成员可以同时学习模仿多个团体成员的适应行为,从多个角度洞察自己。在团体心理辅导过程中,成员之间相互支持,集思广益,共同探寻解决问题的办法,减少了对咨询员的依赖。

第二,团体心理辅导效率高,省时、省力。与个别心理咨询相比,团体心理辅导是一个咨询者对多个成员,比一对一的个别心理咨询,不但增加了咨询的人数,而且节省咨询的时间与人力。团体心理辅导的经济效能还体现在防患于未然,避免问题的发生,利用集思广益的研讨方法,谋求问题发生后的处理方式,这是解决问题最经济的方法。

第三,团体心理辅导的效果容易巩固。团体心理辅导创造了一个类似真实的社会生活情境,为参加者提供了社交的机会,为他们真实地表现自己提供了情境。在充满信任的良好气氛中,通过示范、模仿训练等方法,参加者可以尝试与他人建立良好的人际关系。如果在团体中的行为能有所改变,这种改变会延伸到团体之外的现实生活中去,即是辅导的结果容易迁移到日常生活中去。

第四,团体心理辅导特别适用于人际适应不良的人。团体心理辅导对于人际适应不良的人有特殊的作用。一般的青少年缺乏社会化的经验,在学校或社会上,经常发生人际关系冲突或不愿与人接触的现象,这样的青少年可以参加团体心理辅导。那些长年与同桌、同事不能相处的人,可经由团体心理辅导改善对人际关系的适应。有些人因缺乏客观的自我评价、缺乏对他人的信任、过分依赖或过分武断,难以与他人建立和保持良好、协调的人际关系,也可以通过团体心理辅导予以矫正。

(三)团体心理辅导与个别心理咨询的关系

团体心理辅导与个别心理咨询既有联系,又有区别。

1. 团体心理辅导与个别心理咨询的联系。团体心理辅导与个别咨询的联系主要体现在五个方面。

(1)两者目标相似,均是帮助求询者自我指导与自我发展。两者的方法都是援助求询者接纳自己,增强自信。

(2)两者都强调提供接纳的、自由宽容的气氛,可以使求询者自由表现自己的感情和经验,培养自我选择的责任。

(3)两者都需要咨询员熟练掌握接纳、感情反射等技术,从而使求询者能够观察自己,了解自己。

(4)两者的对象都是有正常发展问题的个人,两者都针对个人的要求、兴趣与经验来解决问题。

（5）两者都有益于探索个人情绪与生活的变化，可以增进个人控制自己情绪的信心。

2. 团体心理辅导与个别心理咨询的区别。团体心理辅导与个别心理咨询的区别主要体现在三个方面。

（1）团体的情境可以提供尝试与他人交往的机会，使求询者获得他人对于行为交互作用的反应与启示。而个别心理咨询则不提供与他人交往的机会。

（2）团体心理辅导的条件下，求询者不仅可以得到接纳、援助，并且对于别人也给予援助，这种合作的、参与的关系有利于成员增进亲近感。成员的相互作用可以促进互相教育、互相表明感情，使感情的意义明确而影响其行为。而个别心理咨询不存在与他人合作的机会。

（3）团体心理辅导的指导者面临的问题非常复杂。指导者不仅要了解求询者的感情，帮助他认识自己的感情，而且还要观察咨询的内容对其他成员带来什么影响，引导各个成员参与讨论。所以，团体心理辅导指导者不仅要了解讨论的内容，同时还要关心成员的相互作用及关系；而个别心理咨询中，咨询员考虑的问题相对简单。

二、团体心理辅导的功能

团体心理辅导具有教育、发展、预防及治疗四大功能。这四大功能相互联系，相互渗透，在咨询过程中共同起作用。

1. 教育功能。团体心理辅导的过程被认为是一个通过学生之间的相互作用，来协助他们自我了解、自我抉择、自我发展，进而自我实现的一个学习过程。咨询学家边耐特（M. E. Bennett）认为，学生在团体心理辅导中的学习内容有10项：①学习对于真正的问题有所了解，并且能够面对它；②学习分析问题的技术；③学习在问题的研究和解决上能够利用许多资源；④学习对于内心的了解，并改进行为；⑤学习对于别人的了解，以及与人共处的方法；⑥学习拟订长期的人生计划；⑦学习对于当前的目标和长期的目标保持均衡；⑧学习选择经验标准；⑨学习将知识、计划付诸实施；⑩学习评价进步情形及修正目标与计划。从边耐特的表述中可以看出，团体心理辅导十分重视成员的主动学习、自我评估、自我改进，有助于学生自我教育。此外，团体心理辅导的过程，还有助于培养学生的社会性，学习社会规范及适应社会生活的态度与习惯，相互尊重，相互了解，培养少数服从多数的民主作风，促进学生德、智、体全面发展。

2. 发展功能。发展功能指的是以学生的整体发展为主，辅导对象遍及全体学生。团体心理辅导的活动不但提供给学生必要的资料,改进其不成熟的偏差态度与行为,而且促进其良好的发展与心理成熟,可以培养其健全的人格及协调的人际关系。可以说,团体心理辅导的核心功能就在于它有益于正常人的健康发展。例如,目前学校进行的对学生的个性培养、意志力的训练、人际关系训练以及职业指导等,都充分体现了团体心理辅导的发展功能。

在学校里,教师不仅要加强对有问题学生的辅导和咨询,更要注意对正常学生的引导。团体心理辅导应给予正常学生启发引导,以满足他们的社会需要和自我需要,促进他们自我了解,改善人际关系,学习建立充满信任关系所需掌握的技巧和方法,养成积极面对问题的态度,对自己充满信任,对生活充满信心,对未来充满希望。

3. 预防功能。团体心理辅导通过对可能有适应问题或正遭遇此类问题的学生进行辅导与咨询,从而预防问题的发生。通过辅导,使学生对自己有更多的了解,懂得什么是适应性行为,什么是不适应性行为。团体心理辅导为学生提供了更多的机会,让学生之间彼此交换意见,互诉心声,研讨以后会遇到的难题以及切实可行的办法,提高对问题的处理能力,以预防问题的发生。同时,在团体心理辅导中,指导教师不仅可以发现那些需要个别咨询的人,并及时予以援助;同时,还能使所有学生对心理咨询有正确的认识和积极的态度,在心理上有所准备,一旦需要帮助,主动求助。这也起到了预防心理问题发生、防患于未然的作用。

4. 治疗功能。团体心理辅导的目的在于克服已经严重妨碍个人发展的问题,如有的学生因考试焦虑而不能应考,或有的学生逃学、拒学,等等。一般而言,治疗可以减轻或消除已经表现在外的不正常的行为。许多心理治疗专家强调人类行为的社会交互作用。在团体方式下,由于治疗的情境比较接近日常生活与现实状况,以此处理情绪困扰与心理偏差行为,易收到效果。目前,学校中心理疾病患者很少,但情绪不稳、适应不良的学生为数较多。这些受心理困扰的学生,经过团体心理辅导,使他们的问题不再恶化甚至有所减轻,或使他们的心理问题及时得到矫正,这充分体现了团体心理辅导的治疗功能。

三、团体心理辅导的类型

团体心理辅导按不同的角度,可分为不同的类型。

(一) 根据团体心理辅导所遵循的模式及目标来分

团体心理辅导可分为发展性团体心理辅导、训练性团体心理辅导和治疗性团体心理辅导。

1. 发展性团体心理辅导。发展性团体心理辅导是应用最为广泛的团体心理辅导形式,特别在学校教育中更受到关注。发展性团体心理辅导的主要目的是通过团体成员的主动参与和表达自己，从而找到大家共同的兴趣与目标，重点放在自我成长与自我完善。发展性团体心理辅导基于这样的认识：在人生成长过程中，每个人都会不断遇到困难，如果克服一些不可避免的困难，人便获得心智成长。因此，这种类型的团体心理辅导中一切活动都将有助于个人的成长，特别是通过成员互动可以互相学习和互相借鉴，取长补短，迈向新的成长。团体心理辅导的发展功能体现在：①使个别成员已失去的社会功能与技巧得到集体修正；②使成员能够掌握社会技巧以便自我解决问题；③团体可以帮助成员迈向自我完善，发挥潜能的境界。

发展性团体心理辅导应用范围广泛，尤其在培养领袖人才、协助个人成长方面；同时，也适用于帮助那些缺乏自信或社会适应有问题的人。

2. 训练性团体心理辅导。训练性团体心理辅导所着重的是人际关系技巧的培养，强调通过团体环境中的行为实验来帮助成员如何解决问题，如何做决定，怎样表达自己的意见，等等。与发展性团体心理辅导相比，训练性团体不着重个人成长，而重视团体发展的过程，如每个阶段中成员互动的方式，它引导成员如何观察并改进自己的行为。

训练性团体心理辅导的主要功能在于：为成员提供一个实验室，着重帮助成员去学习新的行为，改变不适应的行为，并通过练习使新行为得到巩固。

训练性团体心理辅导是在一个平和的气氛中，帮助成员认识自己特有的行为，并亲身体验自身的行为能否达到自己预期的目标。例如，一个希望得到别人同情的人，可以在训练性团体中表现某一行为，看看是否能获得别人的同情。同时，他也可以做出相反的另一个行为，而从其他成员的反馈中，得知此种行为在他们心中的反应，从而找到适当的行为方式。严格地讲，团体成员在学习中不是以改变自己的行为为目的，而是了解"改变"能否使个人在团体中及人际关系中生活得更充实、更满足。

由此可见，训练性团体心理辅导就是通过团体成员相互作用的体验，学习对自己、对他人、对团体的理解和洞察，并掌握如何处理这些人际关系的技能。它有三个特性：①强调此时此地，不涉及成员过去的行为；②强调过程不强调内容；③强调真实的人际关系，尊重他人，有利于他人的成长。夏思（E. H. Schein）曾把整个过程归纳为三个阶段，即：旧态度解冻阶段、加强敏感性训练阶段以及新态度和行为方式的巩固阶段。训练性团体一般人数不多，由10～15人组成。

3. 治疗性团体心理辅导。治疗性团体心理辅导是指通过团体特有的治疗因素，如团体中所提供的支持、关心、感情宣泄等，改变成员的人格结构，使他们达到康复的功能。治疗性团体一般持续的时间较长，所处理的问题也较重，往往针对某种行为异常，如焦虑、抑郁、性问题等。团体心理辅导的重点在于过去的经验影响以及潜意识的因素，同时或多或少必须改变个人的人格结构。因此，治疗性团体心理辅导对指导者的要求要比发展性团体心理辅导更严格。

需要说明的是，参加治疗性团体心理辅导的成员并不一定比发展性团体心理辅导和训练性团体心理辅导的成员更有问题。许多心智健康的人也参加治疗性团体，而且觉得有所收获。因为，治疗性团体心理辅导也非常需要提供一种特殊的团体气氛，使不健康的人走向健康，使健康的人更加健康。

（二）根据团体心理辅导的活动方式来分

根据团体心理辅导的活动方式不同，团体心理辅导可分为家庭治疗和心理剧治疗。

1. 家庭治疗。家庭治疗是团体心理辅导与治疗的一种形式，它是通过在家庭成员内部的情感交流和相互作用，使每个家庭成员了解家庭中病态情感结构及不良人际关系，以促进谅解，纠正共有的心理问题，改善家庭功能，产生治疗性影响，达到和谐相处，使家庭成员正常发展。

家庭是社会的细胞。每个人一生中各个阶段的心理发展与其家庭影响有密切关系。家庭中每个成员的个性、价值观以及对社会的适应模式等，都是在家庭环境熏陶下形成的。家庭成员之间的关系如何对成员会产生正向或负向的影响，如果家庭功能不良、家庭关系扭曲、家庭交流不畅都会引发家庭成员的不适应情感和行为。因此，家庭治疗强调三个基本原则：①针对家庭全体成员进行团体治疗，纠正共有的心理病态；②家庭中某一成员存在的问题不过是症状，真正的患者是家庭本身；③家庭治疗的任务在于使每个家庭成员了解家庭病态情感结构与不协调人际关系，从而改善和重整家庭功能。

家庭治疗的参加对象除了指导者与家庭成员外，有时还有与家庭功能紊乱有关的其他成员参加，甚至包括家庭成员的朋友等社会成员。家庭治疗非常强调治疗的气氛，以便使成员能自由地、心平气和地发表意见。指导者可以通过成员选择座位的方式以及发言的频度，其他成员的反应而了解家庭成员的问题。最后采取团体心理辅导的形式，共同分析、讨论，找出问题的症结，提出解决问题的方法。

健康家庭的标准

家庭是社会的细胞，也是每个人必须赖以生存的重要环境。现代心理学和团体动力学在客观描述和分析的基础上，提出健康家庭的六条标准。

1. 感情交融与理解

在健康的家庭中，家庭成员之间能够自然地交流各自的消极或积极的感受、想法与情绪。这种感情的沟通是开放、真诚和坦然的，不需要任何形式的隐藏与心理戒备。

在健康的家庭中，每个成员都能够理解和接受其他成员的感情。这种理解表现为耐心地倾听其他成员的看法与心声，即使彼此间出现分歧；宽容地对待其他成员的行为，即使是过分的行为。

2. 接纳成员的差异性

在健康的家庭中，是允许和支持家庭成员各自的特点和差异的。每个家庭成员都具有按照自己的方式来表达自己独特行为的权利。家庭成员的个性和积极的自我认识都是会受到尊重和鼓励的。

3. 体贴、关心与互助

在健康的家庭中，每个家庭成员之间都有着相互的体贴与关心，这种体贴与关心并不一定要表达出来，而是一种每个成员都具有的内在态度，一种表现出来的最基本的家庭氛围。

在健康的家庭中，每个家庭成员都能够认识到自己对家庭应该承担的责任；不管是平时的家务，还是大的家庭活动以及家庭决策，都能够积极而自觉地投入和参与；同时，又能心甘情愿地帮助其他成员。

4. 幽默的家庭气氛

在健康的家庭中，家庭成员之间是开怀的和开心的，他们能够尽情地笑，轻松地对待家庭中所发生的一切事情，表现出一种和谐而幽默的气氛；即使是发生暂时的某种争吵时，也倾向于用这种幽默的方式来化解。

5. 有基本的生活保障

健康家庭在一些基本的生活需要，例如食物、住房、衣物、教育费用以及其他生活开支等，都是能够得到保障的，至少不会让家庭成员每天都为家庭的基本生活需要而忧心忡忡。

6. 有生活原则

健康的家庭是有其自己的生活原则与价值标准的，这种原则与标准可能来自成员共同接受的某种信仰或某种哲学，而每个家庭成员又都能够自觉地遵守这种生活原则。

（信息来源：刘勇著《团体心理辅导与训练》，中山大学出版社2008年版，第276页。）

第六章 学校心理健康教育的途径（下）——团体心理辅导

2. 心理剧治疗。心理剧（Psychodrama）是20世纪20年代初由莫雷诺首创的一种团体心理辅导和集体心理治疗的形式，它不是以谈话为主，而是通过特殊的戏剧化形式，让参加者扮演某种角色，以某种心理冲突情境下的自发表演为主。在表演过程中，主角的人格结构、人际关系、心理冲突和情绪问题逐渐呈现于舞台，达到精神宣泄，消除思想上的压力和自卑感，诱导其主动性，使主角及其他参加者从中找到自己的现实生活，增强适应环境和克服危机的能力。

心理剧也有人称为社会剧（Socialdrama）。两者的区别在于：以消除个体内心的矛盾冲突和混乱为目的的是心理剧；以消除群体内的冲突而组织的是社会剧。

心理剧的诞生在心理咨询与治疗的发展历史中是一个重要的转折点，标志着对个体进行的单独治疗转向在团体中治疗个体。可以说，它是团体心理辅导与治疗的重要开端。现在，心理剧已成为各种团体心理辅导和治疗最常用的技术；同时，也被用于职业训练中。

心理剧的构成要素

1. 导演

导演就是心理剧团体的领导者或咨询员。导演的角色是制作者、催化者、促进者、观察者和分析者。导演的功能表现在：①拟订心理剧团体的活动计划；②提供接纳、宽容的团体气氛；③帮助选择角色，并为主角提供支持与指导，决定主角使用哪种心理剧技术来表演；④鼓励自发性与宣泄性，帮助主角解释他在心理剧中的各种体验；⑤提出可探讨的人际关系，可供表演的情景以及可以尝试的实验；⑥保护主角免遭其他成员的言论攻击；⑦必要时终止表演，帮助其他成员从经验中获得治疗性效果；⑧组织团体讨论，鼓励成员对主角给予反馈，并表达心理剧中的各自体验与收获。

2. 主角

主角是自愿担任或由团体和导演选出来的焦点成员。心理剧的主题是由主角来选择所要探究的事件。主角按照导演的要求运用行为动作，与过去或预期事件中的重要人物进行互动。这种此时此地的表演，强化了情感体验，提供了有关主角与事件中重要人物关系的新认识，并使主角的恐惧和想象浮现，从而改变个人内心和人际关系的过程。一般情况下，主角要挑选辅助性

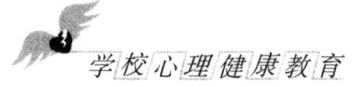

自我的团体成员作为配角,并教导配角如何扮演事件中重要人物的角色。心理剧中的主角实质上是团体的一个工具,团体问题会在主角身上得到最清楚的具体化表现。

3. 配角

配角是指团体中辅助导演和主角进行心理剧创造的任何成员。配角经常扮演主角生活中具有重要意义的人物,是主角的辅助性自我。配角的功能是强化和反应主角的行为带动主角表演前的气氛,鼓励主角更深入地参与此时此地的心理剧。有效的配角可以给予心理剧更强大的力量和密度。在心理剧中,允许配角在塑造角色时自由表达情感,这样可以使配角在扮演他人角色时,接触到自我的其他方面,从而使辅助性扮演工作具有很强的治疗功能。

4. 观众

观众是指在心理剧团体中不充当主角和配角,但能以间接的方式受益的成员。观众可以与主角认同和反馈,可以体验自身情感的释放,可以领悟自己的人际关系冲突。

5. 舞台

舞台代表了主角的生活空间,可以满足主角、配角和导演的走动。舞台最好象征性地模拟主角所回忆的每一个场景。

(信息来源:刘勇著《团体心理辅导与训练》,中山大学出版社 2007 年版,第 106 页。)

第二节 团体心理辅导活动课的设计

一、团体心理辅导活动课的设计原则

团体心理辅导是以活动为中介的形式,它不同于一般的学科课程,例如数学、物理等课程,也不同于学科活动课教学。团体心理辅导活动是以学生心理发展阶段为依据,以提高学生的共性心理品质为目标,通过课程设计让每个学生在活动中感受、体验、接受训练和启示。团体心理辅导活动课的设计原则应体现在三个方面。

第一,辅导活动要符合学生的年龄特点。课程内容设计要有新颖性和兴趣性,要让学生愿意参加,喜欢参加,这可以让学生有意、无意地接受良好的心理品质教育,学生不会感到这是别人要自己这样做,而是自己要这样做,这就可以使事先设计的活动收到最佳效果。

第六章 学校心理健康教育的途径（下）——团体心理辅导

第二，辅导活动要让每一个学生都能参与。因此，在设计中要考虑到同一年龄的个别差异，要难易适中，尽量使每一个学生都能进入角色并活动起来，达到真情流露，解除自己的心理防卫机制，自觉地接受教育的要求。

第三，辅导活动的设计要与社会真实的生活相结合，让学生在社会实践活动中，接受训练。如人际交往、社会适应、升学择业等咨询活动，完全可以在真实的生活中以活动的方式给学生辅导，并在实践活动中鉴定学生的心理品质。

二、团体心理辅导活动课的目标设置

团体心理辅导活动目标对辅导活动的开展具有导向作用，确定活动课的目标就是确立活动所欲达到的最后结果。团体心理辅导活动要想达到一定的目的，必须首先对目标有一个清晰的界定。清晰的目标不但能指导团体心理辅导活动的方向，同时目标又对班级成员起到凝聚作用。一般来说，设置团体心理辅导活动课的目标时，应注意三点。

第一，应侧重于发展性目标，促使学生健康成长。团体心理辅导活动的目的在于预防学生的心理疾病，使学生学会正确地看待自我；调整学生情绪，使其形成良好的人际关系，培养良好的个性，创造性地解决学习方面的问题，促使其健康成长。因此，团体心理辅导活动目标的设置应帮助学生解决在成长过程中出现的问题，如自我意识问题（包括缺乏平等、自信、过分依赖或盲目自大等）、情绪困扰问题（如情绪不稳、情绪调整力差、不善于表达自己的喜怒哀乐、过于抑郁焦虑等）、人际关系问题（包括对人缺乏信任、多疑、不善与人合作、社交退缩、难与人亲近等）、学习问题（包括不良的学习习惯和方法、缺乏学习的热情等）等等，这些问题是从个体问题出发，其目标具有矫治性。另一方面，团体心理辅导活动更多的应着眼于发展性目标，如"如何完善自我，如何调控情绪，怎样增强记忆力、学会沟通与合作"等等。

第二，目标应具体化。团体心理辅导活动一般应有总目标、中间目标和具体目标。团体心理辅导活动的总目标就是帮助学生培养健康的心理及健全的人格。而中间目标即是根据学生存在的问题或要发展学生的一些品质而设置的，它可以包括多个方面，例如使学生正确认识自我、培养良好的个性、学会沟通、学会调整情绪、建立自信等。在每一个单元里面，又有非常具体的目标。如在心理辅导课程"现代少年"第二单元"改善人际交流，建立自信心"的单元目标是：①帮助学生认识自己的长处、建立自信心及掌握人际交流的基本技能；②学会主动、积极地赞美他人；③培养责任感，学会在团体中与他人合作。目标必须具体化，以便实践及检验。

第三，目标应得到学生的认同。教师在设计活动方案时，首先要了解学生的真实想法：他们希望从团体活动中学到什么，想解决什么问题。在此基础上，与学生磋商可能形成和达到的目标。大家探讨出来的目标，较容易被学生理解和认同，这样才更容易达成团体心理辅导活动的目标，解决自己遗留在心里的问题，促使学生健康活泼地成长与发展。

三、团体心理辅导活动课的内容与形式

一般来说，学校团体心理辅导的内容相当广泛，按团体心理辅导所涉及的心理与行为的性质，将学校团体心理辅导的内容划分为学习辅导、生活辅导和职业辅导。对于当前学生开展的心理辅导活动课来说，这种分类未免过于笼统和不够精细。因此，有的学者认为，应该以青少年学生发展中当前所面临的"关键事件"作为主题，并确定青少年学生辅导的重点内容。根据目前青少年学生的实际，可将团体心理辅导活动的内容划分为学习辅导、人格辅导、生活辅导和职业辅导等方面。学习辅导着重对学生的学习情绪、动机和学习策略与技术进行训练和辅导；人格辅导着重对学生的自我意识、情绪、意志品质、人际交往技能及青春期问题进行辅导；生活辅导侧重于休闲消费和生活适应的辅导；职业指导主要是对学生升学和职业选择的指导。也有的学者将辅导活动课程划分为情绪辅导、自我意识辅导、性问题辅导、社会行为辅导、耐挫力辅导、学习辅导等多个方面。

台湾地区的吴武典、卢台华等编撰的最新《国中辅导活动单元设计》中，将心理辅导专门活动课程的活动项目分成六类，即人际沟通，自我认识与接纳，工作与休闲，应付困难，学习态度方法，家庭生活与性教育，等等。这种分类反映了学生的特点，具有很强的针对性和实效性。[①]

台湾地区的黄月霞根据心理辅导专门活动的目标，将处于过渡期的青少年学生辅导活动的内容共分为五个单元，每一单元均要求学生共同参与活动。通过这些活动，引导他们讨论青少年时期学生的需求、目标、期望价值、情绪及其冲突。每一个活动单元包括14～22个核心活动以及一些选择性的活动。这五个单元可以个别实施，每一个单元均涉及社会性及情绪发展的有关方面，五个单元的具体内容如下。[②]

单元Ⅰ：沟通及解决问题技巧。它包括22种活动，是其他单元的基础。此单元活动鼓励学生倾听别人以及表达自己，小组讨论的重点在于强调解决问题的归纳法。

[①] 参见贾晓波、陈世平主编《学校心理辅导实用教程》，天津教育出版社2002年版，第239页。
[②] 参见贾晓波、陈世平主编《学校心理辅导实用教程》，天津教育出版社2002年版，第240页。

单元Ⅱ：鼓励开放及彼此信任。它包括几种活动。这个单元的活动鼓励学生做一个坦白及信任他人的人，乐于接受新的经验。

单元Ⅲ：语言和非语言的沟通。它包括18种活动。活动的目的在于了解沟通的不同方法，以及考虑到感觉是怎么样影响行为的。

单元Ⅳ：需求、目标及期望。它包括14种活动。这些活动的目的在于澄清人的活动动机。它主要是借助于讨论人的共同需要、工作目标以及对生活的期望来帮助过渡期的学生弄清楚人的行为动机。

单元Ⅴ：增加学生对价值的察觉。它包括17种活动。这些活动显示出价值观如何影响人做出抉择，如何影响人所采取的行动。

很显然，各个单元都是相对独立的，但这些活动课程都是按照由简单到复杂的程序排列的。例如，前三个单元主要是讨论合作信任及协同等基本概念，而后两个单元则是探讨诸如人类的动机以及价值等较复杂的概念。因此，这个课程计划是按逐渐累积的模式设置的。同样，每一单元的活动安排由简单到复杂。对于开始的活动不能忽略不做，因为它们给后来的活动提供可用的概念和方法。教师和学生间良好关系的建立就是通过这一连串共同分享经验的活动来实现的。

团体心理辅导的活动形式有很多。团体心理辅导专门活动课程大多采用讨论的方式；但有时也可采用参观、辩论、角色扮演、演讲、歌唱、表演、录音等其他方式；大多时候需综合运用各种方式。例如，在"学会调控情绪"这个单元活动里，就可以同时采用讲述、参观、演讲、讨论等方式。具体活动中究竟应用哪种方式较佳，需综合考虑活动内容的性质，学校现有的设备条件、时间、地点以及精力等各方面的因素。

第三节 团体心理辅导活动的组织与实施

凡团体性活动，都会涉及组织和实施的问题，团体咨询的组织与实施包括团体心理辅导前的准备工作、团体成员的选择、团体心理辅导活动的启动与运作、团体心理辅导效果的评估四个方面。

一、团体心理辅导前的准备工作

在团体心理辅导活动前，有一系列的准备工作。例如，确立团体心理辅导的性质和目标，确定团体的规程、团体活动的时间与频率，确定活动的场地以及必要的教学资料、教具的准备，等等。准备工作的好坏，直接影响活动的效果。具体说来，团体心理辅导应包括五项工作。

（一）确定团体心理辅导的性质和目标

在团体心理辅导之前，最重要的一环就是确定团体心理辅导的性质和目标。团体心理辅导的性质和目标大致可以分为三类。第一类是发展性团体心理辅导，它以开发心理潜能、促进人格成长、增进心理健康为目标。目前，在各级各类学校开展的心理辅导大多属于发展性团体心理辅导。参加的对象都是正常的、健康的、处在成长过程中的青少年学生。一般以班级为单位，人数30～40人，多以团体心理辅导活动课的方式进行。通过班内学生之间的讨论以及多种多样的、有趣的活动，使学生共同探讨成长发展中的问题，加深对自我及对他人的认识，开发身心潜能，促进人格健康发展。第二类是预防性团体心理辅导，它以敏感性训练为主，目的是训练学生如何有效地处理人际关系，训练生活技能，增进社会适应。如目前学校开展的预防考试焦虑的训练等即属此类。它一般以少数有问题的学生为主，也可面向全体学生。第三类是治疗性团体心理辅导，比较重视潜意识方面的问题。由于参加者必须面对层次较深的冲突和困扰，一般花费时间较多。学校主要针对心理问题比较严重的学生进行小组咨询，以解决学生的心理困扰，达到心理健康。

当团体心理辅导的性质和目标确定后，还要确定本次活动的具体目标。目标必须是具体明确、可操作的。然后再根据目标设计相应的活动，在活动中通过学生的体验讨论和感悟，达到咨询的最终目标。

（二）确定团体的人数

团体人数的多少直接影响团体心理辅导活动的效果。团体人数过多或过少，都不利于团体成员的沟通。一般认为以5～10人为宜。一个团体应该多大规模，必须考虑以下因素：①小组成员的年龄及背景。随着年龄的增加，人数可以适当增多。②指导者的经验和能力。对于经验丰富、能力较强的辅导员，团体规模可以稍微扩大。③小组类型。开放式团体心理辅导一般人数较多，封闭性团体心理辅导的人数不宜过多。④问题的类型。以治疗为目标的团体心理辅导人数不宜过多，以6～10人为宜；以训练为目标的团体心理辅导人数居中，人数10～12人即可；以发展为目标的团体心理辅导，人数可为12～20人。

（三）确定团体心理辅导的时间及频率

团体心理辅导的组织方式有两种：一种是持续式团体，一种是集中式团体。持续式团体是定期活动，活动要持续一段时间。这类团体一般活动以8～15次为宜。每周1次或两次，时间为1.5～2小时。活动的间隔及每次活动的时间长短可以依辅导对象的不同而有所不同，指导员可根据具体情况灵活掌握。对于青少年来说，每周活动次数可增多，比如每周两次，每次活动时间缩短为30～40分钟。集中式团体心理辅导常常是团体成员集中住宿，利用节假日休息时间组织活动，如假期自助夏令营等。集中时间的长短，也要视团体目标与学生特点而定，一般3～5天为宜，最多不超过1周。

（四）确定团体心理辅导的场所

团体心理辅导的场所通常有一些要求。例如，环境要安静、不受干扰；有安全感，有足够的空间，学生可以自由活动；环境舒适、优雅。一方面使学生集中精力进行活动，同时能够使学生的情绪稳定和放松，身心愉快地完成团体活动任务。进行集中式团体心理辅导活动时，往往选择远离闹市、风景优美、依山傍水的地方，如海滨、山区等。良好的自然环境可以使学生情绪放松，同时又可集中注意力从事团体活动。

（五）必要的教学资料、教具准备

因为团体心理辅导活动往往是借助于资料和教具进行的，因此，教学资料、教具的准备必不可少。指导者要提前搜集与辅导活动有关的资料，如图书、电影、电视资料等。除此之外，还要精心准备辅导活动必用的教具，如图片、饰物以及供学生角色扮演使用的服装、道具等等。借助于教学资料与教具，不但能引起学生对活动的兴趣，也能提高心理辅导活动的效果。

二、团体成员的选择

在团体心理辅导中，辅导的效果与团体成员的构成密切相关。因此，成员的选择非常重要，必须慎重从事。一般来说，成员最好是自愿的，这样辅导比较容易收到效果。因为如果学生自愿参加，团体必然有共同的意愿，可加强团体凝聚力，使学生较早地认同团体，信任其他成员，提高团体心理辅导的效果。

一般来说，指导者在计划团体心理辅导时，就应该明确服务对象：是为一般学生设立的发展性团体心理辅导，还是为有特殊问题学生（如学习问题、人际交往问题等）设立的小组辅导。参加团体心理辅导的成员可以是背景问题相同的人，叫同质团体心理辅导，比如参加的学生都是希望改善人际关系的人；也可以是背景不同的人，叫质异团体心理辅导，一般以班级为单位的团体心理辅导课即是此类。同样背景、同样问题的人可以使学生们相互认同，共同地、投入地探讨解决问题的办法；但不同背景、不同问题的人在一起，有利于他们了解不同人的心理与行为，有更多的机会模仿别人而改变自己。

从团体心理辅导的特点看，参加团体心理辅导的学生必须具备以下三个条件：①自愿报名参加，并有改变自我和发展自我的强烈愿望；②愿意与他人交流，并具有与他人交流的能力；③能坚持参加团体活动全过程，并遵守团体的各项规则。需要注意的是，那些性格过分内向、羞怯、孤僻、自我封闭和有严重心理障碍的学生，不宜参加小组辅导。

一般来说，小组成员的来源途径主要是通过宣传手段，学生自愿报名参加。

一般的宣传方法可以有三种：一是辅导员向学生直接宣传，吸引他们参加，可以利用学生集会、课堂等途径，讲解团体心理辅导的目的，这种方法比较直接，有问有答，反馈及时，这不失为一种好的宣传形式；二是在学校众人出入的地方贴海报或广告，吸引有志者参加；三是学校通过校刊、广播台和学生刊物等形式广泛宣传，吸引有志者参加。

目前，在学校开展的小组辅导中，大多数成员是心理辅导员根据在平时咨询中发现的问题而建议学生参加心理辅导，或者是由班主任在教学中发现问题转介而来的。比如，学习有困难的学生或行为有问题的学生，由于这些学生是老师挑选的，并非学生本人自愿参加的，因此，学生的防卫心理较强，团体心理辅导开始时，学生会产生较强的抗拒心理。在这种情况下，指导者必须做好工作，想方设法采用有效的技巧，吸引小组的学生喜欢团体心理辅导，由非志愿者变成志愿者。

此外，已经报名、参加团体心理辅导的申报者，并不一定都适合成为团体成员，组织者还要对申请者进行筛选。虽然此项工作耗时费力，但可以减少冒险，对整个团体的发展有帮助；同时，还可以使参加的学生心理上有所准备，对指导者建立基本的信任，对团体有适当的期望，以便在团体心理辅导中积极配合，提高团体心理辅导的效果。筛选的方法有三种。①面谈法。通过指导者与申请者一对一面谈，了解申请者的背景、个性、问题、动机类型等，对其做出有效评价，以决定其是否适合参加团体心理辅导，那些无法在团体中获益，只会阻碍和破坏团体的人以不参加为宜；同时，增加指导者与学生间彼此了解，建立信任的关系；还可通过面谈向申请者详细说明团体的规则、内容、运作及对参加者的要求、期望等等，以便申请者做出正确的选择。②心理测验法。利用心理测验，使指导者预知个别成员在团体中可能出现的行为，如明显的性格缺陷、有精神疾病的人不适合参加团体心理辅导。③书面报告法。指导者要求申请者书面回答一些问题，作为筛选的依据。常见的问题有：你为何要参加团体心理辅导？你的主要问题是什么？你对团体有什么希望？你认为自己可以对团体有哪些贡献？等等。通过申请者回答的问题，看其是否符合团体心理辅导的要求而决定取舍。

作为团体心理辅导活动的策划者在筛选成员时，无论采取哪种方法，都要认真考虑以下几个问题：①他为何要参加团体心理辅导？他的主要问题是什么？②他的自我形象如何？他是否考虑改变？③他想从团体中获得什么？团体是否能帮助达成他的目标？④他希望知道指导者或团体的哪些事情？⑤他是否了解团体的目的与性质？⑥他的受教育程度及智能水平怎样？⑦他以前是否有过团体经验？⑧他的性格特征及精神、身体健康情况如何？通过对小组成员的了解，一方面决定他是否可以参加团体心理辅导，同时也增强彼此的了解和信任，有利于日后团体活动的顺利开展。

三、团体心理辅导活动的启动与运作

一般地,团体心理辅导活动的启动与运作包括导入阶段、实施阶段和终结阶段。每个阶段都有一些具有特征的感觉与行为,相对应每个阶段都有一些活动和训练。

(一) 导入阶段

导入阶段的活动是为了让团体成员之间互相沟通而相识,逐渐形成团体合作互助的气氛。开始,互不相识的人为了参加团体心理辅导而走到一起来了,一方面很想知道团体其他成员的背景、问题等等,同时会有点恐惧感、焦虑感,怕不被人接纳,又怕在他人面前出丑。这一阶段的活动最好选取比较简单、容易的互相认识的游戏或活动。指导者最好选自己比较熟悉、对运作及可能发生的情况有所掌握的,才能顺利地带领成员投入活动。活动进行期间要让成员有轻松的感觉。

导入阶段的活动可以分为以静态讨论问题为主与以动态活动为主两类。前者适合于一些解决问题的团体;后者适合于多种类别的团体,尤其适合于青少年。活动的性质有些是利用场地使成员间表达出他们的基本行为,以便做出评估,也为了提高成员参与兴趣。特别要强调的是,导入阶段的活动应以加强成员之间的认识和沟通为主,使成员间建立信任的关系。

这一阶段常采用的活动有非语言的交流形式和语言交流的形式。非语言交流的形式有:轻松体操、放松感觉、步行者天国、微笑握手、按摩、盲行、哑口无言等活动。语言交流的形式有:自我介绍、他者介绍、关注练习、名字串联等。

随着活动的逐渐深入,成员的关系也由表及里,由浅入深,相互认同,相互信任,慢慢形成相互合作的团体气氛。

不同类型团体聚会开始的方法

领导者需要在团体聚会开始时安排一段时间,将成员的注意力聚焦于团体。常用的方法有:

1. 邀请成员讨论上一次的聚会,提示上次曾被讨论过的重要问题,然后和成员谈这次聚会的计划。

2. 邀请成员谈谈上次聚会之后的生活,包括感受、想法、反应、所观察到的。

3. 邀请成员报告自己的进步状况。
4. 询问成员是否有问题，并用几分钟时间来回答成员的问题。
5. 领导者需要掌握不同性质与目标的团体聚会开始的不同方法。

示例：教育团体与讨论团体

a. 今天，我们打算要谈谈……为使大家思考这个主题，我希望你们按照我的指示来做。这些指示是……

b. 我想先用几分钟时间谈谈……然后，我们谈一下你的反应、感受与想法。

c. 在开始今天的主题之前，有没有人对上次聚会所发资料的内容有任何疑问或反馈？

示例：治疗团体

a. 我们开始吧！上次聚会你们当中许多人谈到了一些对你们而言很重要的私人性问题，我想如果你们能谈谈从那次以后你们对这些事情的反应和想法，这对你们是很有帮助的。我们先用几分钟时间来谈谈这个部分，然后我们再转向其他的人和其他的话题。

b. 我想今天用不同的方式来开始这次聚会。我希望你们每一位想想有没有想谈的问题。然后紧接着我们用绕圈发言的方法，我只要你们简短地回答"有或没有"来表示你有无问题想谈。这个方法可以很快地让我们知道有多少人心中有事。我希望你们大部分的人都有事情想谈，不过你也可以很安心地回答"没有"。

示例：任务团体

a. 让我们先来谈谈你们每个人的进展情况，谁想先开始？
b. 让我简要地概述一下我们在什么阶段，以及所需决定的下一件事是什么。
c. 在我们开始之前，你们当中谁有合适的事情想要分享？

示例：成长团体与支持团体

a. 对上次聚会有什么看法或是谁想报告自己的进步情况？
b. 今晚你们想谈些什么？你有任何想要谈的主题或问题吗？
c. 我们开始吧！首先，我们可以先想想，自上次聚会后，在你的生活中所发生的最重要的事情是什么？一分钟后，我们进行绕圈发言，让每个人都能分享。谁想先开始？我们将倾听每一个人的想法。

（信息来源：刘勇著《团体心理辅导与训练》，中山大学出版社2007年版，第126页。）

（二）实施阶段

团体心理辅导的过程是连贯的，由一个阶段到另一个阶段是渐进的，界限不明显，难以严格区别。把每一阶段分出来是为了讨论分析方便。实施阶段，成员开始融合于团体内而不失自我，并企图找出自己在团体内的位置。他们通过互相探索、解决矛盾、互相适应来找出他们在团体内互相间的关系。由不认识到知交，学习处世待人的技巧，成员们可从参与团体当中发展潜能而有所成长。

这一阶段采取的团体活动形式和方法因辅导目的、问题类型、对象不同而不同。有的团体主要采取讲座、讨论、写体会、写日记等形式；有的团体采用自由讨论的形式；有的团体主要采用行为训练、角色扮演等方法；有的团体则采取一系列活动的形式。比如，神经衰弱者组成的团体，通常先由指导者系统讲授有关神经衰弱的知识，然后通过深入讨论，认识病情、分析原因、寻找解决对策；成员主要通过讨论交流，彼此沟通，达成共识，从他人身上领悟自身的问题，从他人意见中得到启发。最后通过写体会，深入思考，确立信心，写出改进办法。

发展性团体大多通过一些有趣的活动，比如自我探索、价值观探索、相互支持、脑力激荡等活动，以及活动后的交流分享来帮助团体成员成长。

自我探索常用的活动有：我是谁、生命线、自画像、墓志铭、生命计划等。

价值观探索常用的活动有：临终遗命、火光熊熊、生存选择、姑娘与水手等。

相互支持常用的活动有：热座、金鱼钵、戴高帽等。

团体活动是团体成员互动的媒介，也是达到目标的媒介。约翰逊（Johnson，1987）强调，团体心理辅导的专业技巧包括以团体活动、团体讨论、辅导方式作为团体程序的主体。[①]

至于团体采取什么方式互动，要根据团体目标和成员特点选择。比如，对于中老年人玩一些游戏就不适合；而对青少年常用团体讨论方式作为主要活动形式也不适宜。

这一阶段是团体心理辅导的关键阶段。尽管各类团体心理辅导依据的理论不同、活动方式不同、实施方法各异，但成员间相互影响的过程是相同的。即成员彼此谈论自己或别人的心理问题和成长体验，争取别人的理解、支持和指导；利用团体内人际互动反应，发现自己的缺点与弱点以及存在的不足，努力加以纠正；把团体作为实验场所，练习改善自己的心理与行为，以期能扩展到现实社会生活中。

---

① 参见贾晓波、陈世平主编《学校心理辅导实用教程》，天津教育出版社2002年版，第241页。

> **信息视窗**

团体活动的指导要点

在成员执行团体活动的过程中，领导者需要给予成员适时、适当和必要的指导。这包括：

1. 确定成员是否遵循指导语执行活动。如领导者发现成员配对分享一些与焦点主题和活动目的不相关的论题时，需要再次向这些成员澄清活动的内容。

2. 处理成员的情绪反应。团体活动可能会激发某些成员的强烈情绪反应。遇到这种状况，领导者要根据成员情绪反应的强度、活动类型与团体目标来选择相应的处理策略：停止活动并将焦点集中在这个成员身上，或与这位成员讨论他的情绪反应，或让活动继续进行并允许这位成员安静地在旁边观察与倾听，从其他成员对问题的讨论中学习；如果领导者觉得这位成员的情绪反应过于强烈而无法处理，可请这位成员暂时休息直到活动结束。

3. 改变或终止活动。在团体活动进行过程中，领导者可以改变或停止所进行的活动。如果领导者觉得活动的进行并没有产生他所期望的反应，或有其他更符合成员当前需求的主题出现时，领导者可以选择终止活动或改变活动方向。

4. 提醒成员时间。一般来说，团体活动会有一个限制性的时间。因此，领导者应该及时告知成员完成活动所剩余的时间，以便成员调整自己的步调，并按时结束活动。领导者也需要观察成员对活动的反应，来决定延长或缩短预定的活动时间。

5. 领导者可以选择参与或不参与团体活动。领导者不参与活动的好处在于：①可以密切注意与监督成员所进行的活动是否符合活动目标；②可以在活动结束后，在大团体中针对性地处理成员谈话的内容或行为；③有效地避免因领导者的参与而成为团体焦点，尤其是绕圈活动、语句完成活动；④领导者以观察者身份，可以有效地判定成员的活力是否正在减退或成员的工作是否已经接近尾声。有时，领导者参与团体活动也是必要的，其价值表现在：一是利于成员增加对领导者的认识程度；二是利于增加团体活动的效果，如治疗团体中领导者与工作成员配对进行个别咨询；三是参与团体活动的成员人数为奇数时，领导者可以参与活动。

6. 领导者要深知成员有不参与团体活动的权利，避免让成员产生被迫参与的感觉。如果成员对分享活动感觉不舒服，或尚未准备好作反应时，领导者可允许成员暂时先跳过不作回答，等到其他成员都做完分享后，领导者可决定是否再将团体焦点带到这些成员身上。如果有些成员选择不参与活动，领导者必须尽量让这些成员以及其他成员对这样的决定都感到舒服。领导者可以根据活动的性质，决定是否让这些成员观察团体活动的进行，或让他们暂时离开团体。

（信息来源：刘勇著《团体心理辅导与训练》，中山大学出版社2007年版，第216页。）

（三）终结阶段

"天下没有不散的筵席"，团体心理辅导也有结束的时候。终结阶段活动的目的是巩固团体心理辅导的成果，做好分别的心理准备。实际上，团体成员能否深入掌握在团体内取得的经验，对团体留下美好的回忆，以及能否把团体中的学习成果应用到正常生活中，达到真正的成长目标，很大程度上取决于团体心理辅导结束期的活动。团体结束期是一个动态过程，不完全指最后一次聚会。不同的团体，如成长团体、发展团体、治疗团体、训练团体有各自的特点，终结期也不同。一般而言，团体存在的时间越长，团体结束期要注意的事情越多，因为成员之间已建立了相当亲密、坦诚、互相支持的关系，对团体终结会有强烈的情绪反应。

团体终结阶段往往容易被忽视，但有经验的团体心理辅导指导者都会充分而有效地利用各种形式把握结束的时机，使团体心理辅导画上一个圆满的句号。过于仓促或过于拖拉的结束都会影响团体心理辅导的最终效果。

在这一阶段，常常采取的活动有总结会、联谊会、反省会、大团圆等形式。通过前两阶段的互动，原来互不相识的人已成为朋友，团体气氛和谐亲密、情绪高涨、身心放松、心情畅快、相互信任。在这种气氛下离别多少都会有些伤感。因此，指导者需要安排好结束活动。团体结束后，也可以在必要时召集成员重新聚会，进一步交流，了解团体心理辅导的实际效果。

团体心理辅导按计划完成，团体自然结束是最理想的状态。但有时也有例外。有的团体会遇到一些困难和问题而出现不得不提前终结的情况。如成员对团体失去兴趣、成员间产生不可调和的纷争、某些成员或指导者因故须离开团体，使团体计划不能完成。这时，必须尽量考虑周到，以防止突然结束给团体成员带来的新问题。

四、团体心理辅导效果的评估

对团体心理辅导的评估不同于一般的对学科课程的评估。一般来说，学科课程评估的重心是学生对学科内容的理解、掌握和运用；而团体心理辅导评估的重心是学生自身经验的变化，包括信念、情感、意志和行为。前者可以用书面测验和分数来评估；而后者就不行。一般来说，团体心理辅导活动的评估应从班级、学生个人、活动设计和教师四个方面来考虑。

（一）班级状况

班级状况包括三个方面：一是班级目标达到的情况，即通过辅导活动，班级整体是否达到预期的目标，如，是否对某些问题达成了共识？班级整体问题是否有所改观？等等；二是班级的凝聚力是否增强，包括同学们对班集体的认同感，以及班集体的一致性、整体感等；三是班级满意程度如何。这些都是反映班级面貌有否变化的敏感指标。

（二）学生个人状况

学生个人状况包括两个方面：一是学生是否对辅导活动感兴趣，表现为爱上本门课程，积极参与本门课程的活动等；二是学生的自身心理状况是否发生了变化，包括学生的自我认识、自信心、情绪、自控能力、意志、人际关系等各个方面的变化。这些可以通过学生的作业得到反映，同时也可以通过交谈、问卷、测试和观察等多种方法来评估。

（三）活动设计的质量

活动设计的质量包括三个方面：一是活动有没有科学性的错误，活动设计既要准确理解和表述心理学的基本概念，又要深入浅出；二是活动的主题和目标是否符合学生的实际情况，问题应该是学生想要解决的，活动目标应符合学生的年龄特点，既不过高，也不过低；三是设计的活动情景是否生动、活泼有趣，是否受学生欢迎。

（四）教师的表现

教师的表现包括三个方面：一是教师的角色是否到位；二是教师的情感是否投入，情绪是否乐观、开朗，是否有激情，能否通过自己的语言和非语言行为（表情、手势和其他形体动作等）给学生以感染；三是教师是否有创造性。教师开展心理咨询活动有三个阶段：第一阶段称"会模仿"，即认真学习有关材料，按部就班；第二阶段称"会设计"，即开始脱离原来的参考资料，根据学生实际来设计活动；第三阶段称"会创造"，即从活动方案的框架到活动情节的展开，都融入自己的创造灵感。

建立个人领导风格的原则

1. 经由与团体成员真诚、同理、关怀的互动，积极投入团体之中，创造一种促进改变的团体气氛。

2. 努力保持一种理性开放式的治疗风格，它以适宜的、有促进作用的自我表露为特征；防止自我表露仅仅只是为了证明领导者的人性化，或是为了赢得团体成员的好感。

3. 避免让团体成员承受过于个人化，或过于详细的自我表露的心理负担。

4. 领导者要认识到自我表露可能会对团体历程和结果产生促进性或破坏性的作用。这取决于团体类型、团体发展阶段、自我表露的内容和方式等因素。

5. 协助团体成员利用有效的角色示范，尤其是以那些表现出目标行为的成员为榜样。强化在团体中出现的适当的和敢于承担风险的行为。努力创造一种成员之间互相学习的团体气氛。

6. 教导成员如何对他人提供回馈，尤其是正性的回馈。

7. 协助团体成员互相提供支持和了解。促成一种强调主动、诚实、相互交流的团体气氛，使成员获得更多自我挑战的机会。

8. 在支持与批评之间达成一种治疗性的平衡。避免严厉的、尖锐的面质。为成员示范一种慎重敏感的、关怀性的、尊重人性的、适时的面质方法。

9. 如果与另一个人协同领导团体，有必要在这种协同关系上成为坦率榜样，并表现出你教导成员的那些行为。通过团体活动前后的会晤和在团体活动之中彼此的持续的沟通，与协同领导者保持一种良好的工作关系。

（信息来源：刘勇著《团体心理辅导与训练》，中山大学出版社 2007 年版，第 122 页。）

在台湾地区，用来评价心理辅导活动课程的内容很多，其对象主要是教师和学生。评价的方式是自我评价和团体评价相结合。教师部分包括：活动设计是否达成单元目标，活动方式的安排是否适当，活动过程的推行是否良好，活动时间的分配是否恰当，教具的使用是否发挥效果，等等。学生评价部分包括：活动前的准备是否周全，讨论或发言是否认真、踊跃，常规的遵守是否合适，活动作业的填写是否确实，课后的兴趣是否热烈，等等。

由于我国的心理咨询工作尚处于起步阶段，因此，各级各类学校虽然也制定

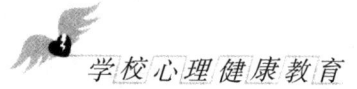

了心理咨询的评价标准和工具，但很不规范，目前学校的心理团体心理辅导活动课还没有严格规范的评估体系。相信随着学校团体心理辅导工作不断的深入，会建立起规范的适合我国国情的团体心理辅导的评估体系。

第四节 学校团体心理辅导中常见的活动

在学校团体心理辅导中，可以开展的活动很多。下面从认知、情绪、意志、个性、交往和青春期六个方面介绍团体心理辅导中常见的活动。这些活动既可在专门的团体心理辅导中进行，也可在班会活动中进行。因篇幅有限，这里只能提供一些辅导和训练素材。

一、认知心理辅导活动[①]

活动一：观察力训练

教师出示两支笔（一支铅笔、一支圆珠笔），指导学生比较两者在形状、大小、长短、颜色、材料、功能等方面的差异性和共同性。

让学生观察两只杯子、两片树叶和两只昆虫的异同，并把它们的异同点写在纸上。教师选3个学生分别比较两只杯子、两片树叶和两只昆虫，教师补充其不足。

活动二：注意力训练

1. 注意力集中训练法。找一闹钟听它的滴答声，并伴随着闹钟声，在心中默念"滴答"，第一天念10遍，第二天念15遍，第三天念20遍，第四天念20遍以上，每天做七八次。

2. 注意广度训练法。用5秒钟观看一组东西，如书桌上的、橱窗内的东西，然后闭上眼睛想或说出这些东西，越具体越好，如某物的位置、大小、颜色、质地等。

活动三：想象力训练

1. 教师让学生准备纸、笔，然后在黑板上画几个图形。

2. 让同学将每个图形想象成各种物体，想象得越多越好、越离奇越好，将所想物体的名称记在纸上。

3. 就逐个图形对学生提问。先请一位同学把自己想象出来的物体名称说出来，然后请另外的同学补充。

4. 教师总结出想象在生活、学习中的重要作用，以及如何培养自己的想象

[①] 参见刘晓明、张明编著《中小学心理健康教育》，东北师范大学出版社2004年版，第154页。

力。要求同学在想象过程中,尽量想象出图形的象征性含义。

活动四:思维能力训练

1. 一题多解训练法。即寻求一个问题的多种解决方法。无论在学习中还是在生活中,许多问题的解决方法不止一个。学生在解决问题时,找到一个解决方法后应尽量去考虑该问题的其他解决方法。多想出一个方法,你的思维就多前进一步。

2. 推测训练法。即对一种现象产生的原因及发展情况进行推测。例如,"某某同学为什么学习这么好","某某班在运动会上为什么会取得好成绩","我长期心情不好,原因何在","如果将这篇文章接着写下去,我该怎么写","明天我都有些什么事需要做",等等。

活动五:创造力训练

1. 逆向边缘思考。采取与通常认为理所当然的想法完全相反的方向去思考,以寻求全新的结局。

2. 大脑风暴法。其主要特征是:在讨论中进行,每个参与者必须明确地阐述意见,即使所述意见从表面上看来是无稽之谈,甚至可笑。其目的是以集思广益的方式,在一定时间内采用联想方法,大量产生各种主意。因而"大脑风暴法"被定义为一组人员运用开会的方式将所有与会人员对某一问题的主意聚积起来以解决问题。

3. 类别变动法。这种方法可以用来克服定势和功能固定的影响,提高思维的变通性。例如,教师给出"盒子"的概念,让学生首先想到它的一种特殊用途,如装水果,然后归纳为容器类,并细想它尽可能多的特殊用途。

二、情绪心理辅导活动[①]

活动一:默想对抗法

首先要求焦虑者采取卧姿或坐姿,然后闭目,调整呼吸,放松肢体,开始默想:"……自己正坐在一个宁静的湖畔,周围山清水秀,看不见一个人影,林间偶尔看见小鸟在枝头跳跃,那湖水真清,时而有成群的小鱼游过,它们自由自在。那湖水很静,静得不起一丝波纹。现在,我往湖里扔了一颗小石子,湖面泛起了一圈圈的涟漪,一圈、二圈、三圈……它们慢慢地推向湖岸,消失在岸边的水草丛中,多么宁静的气氛,置身其中真是心旷神怡。"

在进行默想时,可以轻声地言语,以帮助导入情景。默想的内容应是安静的环境或让人平静和愉悦的情景。

[①] 参见刘晓明、张明编著《中小学心理健康教育》,东北师范大学出版社2004年版,第174页。

活动二：松弛疗法

此活动要求想象一些最能令人松弛和愉快的情景，同时伴以言语指导的暗示（由辅导者执行或放录音带皆可），最后使焦虑者肌肉高度松弛，随之紧张情绪得到缓解。

其指导常用语是："现在请坐（或躺）好，尽可能使自己的姿势舒适些，尽可能让自己放松……现在，首先握紧你的右手，把右拳逐渐握紧，并体会紧张的感觉，请继续握紧拳头，体会右手和右臂的紧张。现在，请放松右拳，体会放松的感觉……现在，你的左手也像这样做一遍。"以同样的方法放松面肌、颈、上背部，然后是胸、腹和下背部，再接着是大腿、小腿，最后全身放松。其步骤与顺序是：握紧拳头——放松；伸展五指——放松；收紧二头肌——放松；收紧三头肌——放松；耸肩向后——放松；保持肩部平直向右——放松；屈颈使下颌触胸部——放松；尽力张大嘴巴——放松；紧闭嘴并咬紧牙关——放松；尽可能伸舌——放松；用力睁大眼睛——放松；尽可能深吸一口气——放松（呼气）；拱背，抬肩——放松；收紧腹部肌肉——放松；收紧臀部肌肉——放松；伸腿——放松；足趾上翘，脚背屈——放松。如果一遍放松训练达不到训练效果，可重复一两遍。

三、意志心理辅导活动①

活动一：挫折应对训练

此训练的目的是使学生认识到困难和挫折是我们生活中不可避免的事情，帮助学生树立对待挫折的正确态度，掌握基本的应对方法。

1. 组织辩论赛。

正方：挫折是成功的前奏。

反方：挫折使人失败。

教师小结：人生是所学校，在这里，挫折是最好的老师。当你遇到挫折时，有一个基本原则可用，而且永远适用，即决不放弃。尽了最大的努力还没成功，那么换一种方法，不行再换一种方法，直至找到解决问题的办法为止。任何问题都是可以解决的。从这个意义上说，挫折、失败是成功的前奏。

2. 结合辩论赛进行讨论。①如何理解挫折的含义？②如何正确面对挫折？

3. 寻找名人小故事或生活中真实的例子，看看他们是怎样应对挫折的，对你有什么启发？

4. 回想自己遇到过哪些挫折，自己是怎样解决的？同学间交流一下，想想

---

① 参见刘晓明、张明编著《中小学心理健康教育》，东北师范大学出版社2004年版，第190页。

第六章 学校心理健康教育的途径（下）——团体心理辅导

还有没有别的办法来应对挫折？

5. 教师设置受挫情境，观察同学们的反应。例如，无故受老师批评；解题时老师故意给错数，怎么也解不出来。结合他们的表现，教师讲解有关挫折的知识，指导应对方法。

6. 总结。每一个人都会遇到挫折和困难，知道了这一点，我们就应该使自己有所准备，多掌握一些本领，用以战胜将要面临的困难。

活动二：意志独立性训练

此活动目的是帮助学生避免盲目依从别人，培养独立性和自主性，了解社会的从众心理。

1. 教师事先画好两张图片（图 6-1 中的线段 a 同图 6-2 中的线段 c 长度相等），然后找 7 位同学，让他们都按照教师的意图回答。实验前必须保密，回答时要自然严肃。

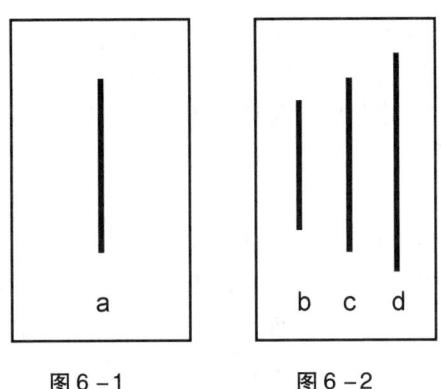

图 6-1　　　　图 6-2

2. 教师将两张图片挂在黑板上，然后请同学们回答，图 6-1 中的线段 a 和图 6-2 中的哪条线段相等。

先依次找布置好的 7 位同学回答，都回答为 a=d，再叫其他同学，直到连续 3 位同学回答正确为止。看看全班有多少人因受前面 7 位同学的影响而做出错误回答。

3. 教师揭示此种现象是一种从众现象，并举例说明社会上的一些从众现象，如衣服款式的流行、盲目消费、人云亦云等。

4. 全班讨论：从众对大家有什么影响？我们应如何克服盲目从众心理？

5. 教师总结，强调每个人都应该用自己的头脑去思考问题，判断是非，决定自己的行动，不要盲目地随波逐流，人云亦云。对于自己确信的目的、目标要敢于去实现、去争取，不要怕别人议论。

提示：教师找的 7 位同学，要以成绩好的同学居多；同时，要求他们绝对保密，否则实验会失败。

四、个性心理辅导活动①

活动一：小组同伴互动训练

1. 用布条把两个游戏者的左脚踝关节绑在一起，让两人都用右脚站在地上，每个人都用右手叉腰，左手扶在对方的腰间。游戏中，两个人的双手都不得离开规定的位置。游戏开始后，两人通过脚和腰用力，试图让对方的左脚触地，同时保证自己的左脚不触地。

这个游戏本是以竞争为目的的，但教师要求学生在游戏中伙伴跌倒时，一定要主动地去扶。学生可塑性强，实际地重复几次这种助人行为，同伴的感谢，会让他记忆深刻，缩短形成优良个性的时间。

2. 在地上按学生跨步的距离前后共放3块砖，要求两个人站在这3块砖上，而且两个人必须各有一只脚站在同一块砖上。游戏要求两人齐心协力地站在砖上"走"到另一端（目的地）去，两人的脚都不能落地。要完成这个游戏，必须两个人互相扶持，时时保证脚不落地，还要运用智慧研究怎样一步步地先移砖再挪步。

这个游戏既充满趣味又有教育意义，必须要两人通力合作、心有默契才能顺利完成。教师可以安排动作灵活的和较不灵活的学生在一起，培养他们相互帮助的个性品质。

3. 词语接龙。由教师规定一段时间，要求小组成员挨个进行循环性的词语接龙，在这段时间内不许间断，间断组算输。可以视年级高低和学生词汇水平来确定词语接龙的类型：成语、三字词、双字词等。因为三字词、双字词比较多，所以一般还要附加一些条件，如不许带"着"、"了"、"过"等。当本组成员中断时，可以由另一名组员提供帮助，但必须迅速。

活动二：故事教育法

在进行自我意识训练时，教师可以先讲这样一个笑话：甲从乙的门口经过，突然听见乙和丙在屋里谈论自己，说甲这个人其他方面都挺好的，就是脾气太暴躁了。甲听到这里，勃然大怒，一脚把虚掩的门踹开，大喝："我脾气怎么暴躁了？"讲过此笑话之后，教师可以提示学生思考：甲了解自己吗？甲是个什么样的人？

接下来，教师可以再讲一个《伊索寓言》中的故事：一头驴子爬到屋顶上跳舞，结果踏碎了瓦，主人因此追上去立刻把它赶下来，并用大棒痛打它。驴很委曲："为什么要打我呢？我昨天看见猴子也是这样玩着，你们都非常快乐，而且直夸它呢。"讲述此故事之后，教师可以提一个开放性的问题：这个故事有什

---

① 参见刘晓明、张明编著《中小学心理健康教育》，东北师范大学出版社2004年版，第210页。

么寓意呢?

广泛讨论之后,教师可以进行总结:人必须了解自己,不了解自己而盲目尝试的人是劳而无功的,但人人内心都有保护自己的倾向,所以认识自己也会有一定的难度,必须有勇气和决心。

活动三:讨论法

教师在组织自我意识训练时,可以先让个人作书面自评,总结自己的特点、最大的优点和缺点,然后教师随机把自评交叉分发给全班同学,让每个同学对其他同学的自评作匿名复评,然后再收回自评表,分小组讨论,有不同意见出现时,只作事例证明,不作优劣评判。教师在小组讨论的过程中,适时参与每个小组的总结评议,最后进行全班讨论,鼓励大家不断地剖析自我,拥有认识自我的勇气、能力和方法,尤其要善于听取同学、家长和教师的意见与建议。

五、交往心理辅导活动[①]

活动一:朋友知多少

1. 组合游戏。教师于活动前把本班座号写成纸条,每张纸条上只写一个座号,按 A1、A2、B1、B2……标号,然后把写有座号的纸条充分混合后让同学随机抽取。全班同学按所持座号重新入座,随机结成新的伙伴关系。(提示:本项活动可有多种组合,如 A1、B1 一组,B1、B2 一组,也可 A1、B2 一组,A2、B2 一组,还可 4 人一组、6 人一组或 8 人一组。)

教师提出活动要求,请重新组合的伙伴相互作自我介绍。内容包括自己的姓名、年龄、家庭住址、性格特点和兴趣爱好等,每人时间至少为 1 分钟。要求在听同学介绍时不得记笔记,完全凭记忆力记住。然后前后两桌同学一起,由每一个同学向对面同学介绍自己的新同桌,内容必须是自己刚才听到的,如有遗漏可由本人补充,剩余的时间可让同学自由交谈。当活动结束时教师可作简短总结,希望大家珍视和保持这种友谊,增强相互信任和理解。教师也可以普通一员的身份参加活动,从而密切师生关系。

2. 角色扮演。请有表演天分的同学排练小品,表现学生日常交往中发生的一些小事,然后组织同学讨论,谈谈自己受到的启发。教师进行小结,说明真正的友谊是朋友之间在思想、情感上的互相体贴、关心和帮助。

3. 互助游戏。将学生分成两人一组,一人为甲,一人为乙。首先,要求甲向乙说一句求助的话,然后要求乙向甲表达一句助人的话。如甲:"哎呀,我今天忘了带数学课本了,这可怎么办?"乙:"别着急,咱俩合用一本吧。"随后要

[①] 参见刘晓明、张明编著《中小学心理健康教育》,东北师范大学出版社 2004 年版,第 255 页。

求甲乙两人角色互换,并请几组同学到前面进行表演。还可分成多人组,一人求助,其他同学分别表达助人的话。

这个游戏可以使同学认识到每个人在学习和生活的过程中,都会遇到这样那样的困难,好朋友就应该互相帮助,还可培养学生的人际互动本领与同情心、责任感。

活动二:学会赞美

1. 称赞游戏。可分两步进行:第一步将学生分成两人一组,要求每人有感情地说一句称赞对方的话;第二步将学生分成8人或多人一组,依次称赞下一位同学。例如,"×××是我们班最讲清洁的人","×××是我们班跑得最快的人",等等。可以请几名同学向全班同学谈自己受到称赞的感受,教师要从旁指导,然后进行小结。

2. 作业法。每个同学找一个自己愿意交往的人,可以是熟悉的,也可以是不太熟的人,还可以是自己不常给对方赞美的人。

要求:①每天赞美他一次,持续两周;②真诚赞美对方;③赞美时看着对方的眼睛;④给出具体的赞美(见表6-1)。

表6-1

天 数	对方值得赞美的地方	你赞美的内容	对方反应

活动三:学会宽容

1. 听故事,谈感受。古时候,有个骑马赶路的年轻人,时至黄昏住处还没着落,忽见迎面来了一老农,便在马上高声喊道:"喂,老头儿,离旅店还有多远?"老人回答:"五里。"年轻人策马飞奔向前驶去,结果跑了十多里仍不见人烟。年轻人暗想这老头真可恶,并自言自语道:"五里、五里,什么五里!"他猛然醒悟过来,"五里"不是"无礼"的谐音?于是他拨转马头往回赶,见那老人还在那儿等候,他急忙翻身下马,亲热地叫了一声"老大爷",话没说完,老人说:"你错过了路,如不嫌弃,可到我家一住。"面对年轻人的无礼,老人并没有以牙还牙,而老人所表现出的宽容态度想必对年轻人的教育更深刻。

提问:年轻人什么地方做得不对?老农哪些地方值得我们学习?如果我是老农,我会怎么办?

2. 完成句子。

在日常生活中,别人曾经误会过我(   ),我做了(   ),这种做法(   ),我应该(   )。我曾经误会别人(   ),他是(   ),这种做法

(　　)，我应该(　　)。

3. 消除嫉妒。

（1）由老师讲解嫉妒的危害性，师生共同搜集历史上及现实生活中的例子，并进行讨论，请同学谈自己体会。

（2）各有所长训练。你列出自己的三个优点，也写出班上某个同学的三个优点，交给老师，由老师总结公布，看看自己和同学是否具有这些优点。然后，每天大声对自己说："人各有所长，我有些地方不如别人，也有些地方比别人强。"

六、青春期心理辅导活动[①]

活动一：代沟究竟有多深

代沟是我们经常谈到的一个话题，指两代人之间在思想观念上的差距与隔阂。那么，代沟究竟有多深呢？我们想象中的代沟和实际中的代沟，哪一个更深呢？

表6-2中陈述了一些观念。请同学们根据自己的态度在"我的意见"一栏中填入"同意"或"不同意"。然后再根据自己对父母的意见猜测去填写"我所猜测的父母的意见"一栏。最后，请父母填写"父母的意见"一栏。

表6-2全部填好后，先比较一下"我的意见"和"父母的意见"之间的差别，然后再比较一下"我所猜测的父母的意见"和"父母的意见"之间的差别。想一想：是实际中的代沟深还是想象中的代沟深？为什么？

全部做完以后，同学们之间可以相互交流，最后拿出缩小代沟的最佳方案来，请老师评价。

表6-2

观　念	我的意见	我所猜测的父母的意见	父母的意见
初中生除了学习之外，其他兴趣都不该有			
有些流行歌曲很好听			
父母不应该用对待小学生的态度对待已上初中的孩子			
父母应该支持孩子与同学间的正常友谊			
中学生可以有自己的隐私			
初中生都很幼稚			
父母有权查看孩子的日记			
年轻人应该养成勤俭节约的习惯			
孝敬父母是一种美德			

[①] 参见刘晓明、张明编著《中小学心理健康教育》，东北师范大学出版社2004年版，第277页。

活动二：心目中的父母

此活动目的是增进学生与家长之间的相互了解，协调学生与家长之间的关系。

1. 让学生根据日常生活中的观察和实际体验，写出自己的父母在教子方面的优缺点以及自己的希望。

我的父母在教子方面的优点：

我的父母在教子方面的缺点：

我的希望：

2. 结合父母在教子方面的优缺点，组织学生讨论："如果你是家长，如何教育孩子？"要求学生将讨论的意见列在评价单上父母的优缺点之后。

3. 老师收集学生的意见，在每张评价单上签上自己的名字，要求学生在活动后把评价单交给父母参考。

4. 老师小结：强调这次活动有助于子女与父母之间的沟通，增进彼此间的相互了解和信任，并引导学生充分认识家长抚育子女的甘苦，增进学生对父母的理解和体谅。

提示：在学生列举评价意见时，必须要求他们首先充分肯定父母在教育子女方面的优点或成绩，然后再提出不足或需要改进的地方（语气宜尽量平和，以体现对家长的尊重），这样可以收到更好的效果，并可避免意外的麻烦或负效应。

活动三：男女生之间的友谊

此目的是引导学生学会如何与异性保持正常交往，教育学生正确对待早恋。

1. 老师给学生提供反映男女生交往的若干情境。例如，某女生认为自己喜欢上了一男生，感觉这就是爱，于是决定要与他成为永久的伴侣；某男生接到一女生的条子，上面写的是要和他交朋友，弄得男生不知如何是好，几天内学习、生活都很紧张；某同学一和异性同学说话，便觉得脸红，十分别扭。

2. 让每位同学选择一情境，或根据情况自己另行设计，写出自己或他人遇到这种情况时，应怎样解决，应对的态度和应对的措施，最后上交老师。

3. 老师从中挑选若干，向全体学生宣读，并对学生的建议进行简要讲评。

4. 老师总结。在青春期，对异性的好奇、好感，希望相互交往，建立友谊，这是十分正常自然的，并不是什么不健康的思想，更不应看成早恋。教育学生认识早恋的危害，如情感不稳定、影响学习甚至为此而失足等等。提出希望，激励学生不要掉队。

提示：在活动开始时，为解除学生顾忌，可以采取无记名方式设计。

活动四：他长大了吗

此活动目的是帮助学生理解父母对自己的关心、热爱和期望，引导学生掌握

第六章 学校心理健康教育的途径（下）——团体心理辅导

处理亲子矛盾或冲突的正确方法。

1. 老师描述下列事件：王军是某中学初三的学生，由于期中考试成绩不很理想，由原来的第8名一下子降到第34名。家长平时对他要求非常严格，他害怕家长责骂，回到家，给父母写了封信，拿着自己的零用钱就走了。信中说：我无脸见父母，反正自己也长大了，可以独立了，出去找工作，请父母不用担心。父母见信后非常焦急，四处寻找，老师和同学也都帮助寻找。一周过去了，王军还没有回来。王军的母亲由于着急，生病住院。后来，王军偶尔碰到了一位同学的家长，才知道母亲为他生病住院，他很焦急，赶忙回家。到了医院，母子俩抱头痛哭。

2. 组织全班同学分组讨论："王军该不该离家出走？为什么？""如果你和父母有矛盾，或担心父母责备你，应该怎么办？""你了解家长对你的关心吗？""自己真的已经长大了吗？"

3. 请各组同学发表自己的看法，最后教师总结。

提示：总结中应对学生正确的认识加以肯定，同时进一步使学生明确——父母对子女情深似海，即使有时责备甚至打骂，也是出自一片爱心。讨论中，有的同学可能对王军持同情、支持的态度，教师要耐心教育他们，使他们明确认识到离家出走不但无助于问题的解决，反而会使问题加剧或发生意外。

团体心理辅导活动举例

一、促进成员相识的活动

"良好的开端是成功的一半。"团体形成初期，成员能否尽快相识，直接影响到团体凝聚力的形成。但是，初入一个陌生的团体，一般人都会多少有些紧张、焦虑，不知道周围是些什么人，他们会对自己带来什么影响，是伤害还是帮助。因此，采用一些轻松的活动，有助于成员在第一次聚会时有所认识，在以后的活动中互相配合、支持、协作。

1. 轻柔体操。

目的：放松，减轻焦虑，活跃气氛。体操与运动也是心理生理治疗的一部分。体操可以协助成员对自己身体更加敏感，对自己的存在更有实质的把握。

时间：酌情而定。15～30分钟。

准备：全体成员围成圆圈，面对圆心，指导者也在队伍里。要求有足够的活动空间。

进行：指导者先带头做一个动作，要求成员不评价不思考，模仿做3遍。然后，每个人依次做一个自己想出来的动作，大家一起模仿。无论什么动作都可以达到放松、减轻紧张气氛。有时，一些极富创造性的动作会引起大家愉快的笑声。

2. 两人一组自我介绍。

目的：初步相识。

时间：约8分钟。

准备：足够的空间，可以挪动的椅子，如折叠椅。

进行：指导者先让团体成员男女在房间里自由漫步，见到其他成员，微笑着握握手。给一定的时间让成员自然相遇，鼓励成员尽可能多地与其他人握手。当指导者说："停！"每个成员与面对的或正在握手的人就成了朋友。两人一组，席地而坐，或拿折叠椅面对面坐下，各自作自我介绍。介绍的内容包括：姓名，所属部门，身份，性格特点，个人兴趣爱好，家庭情况，以及个人愿意让对方了解的有关自我的资料。每人3分钟，然后漫谈几分钟。当对方自我介绍时，倾听者要全身心地投入，通过语言与非语言的观察，尽可能多地了解对方。（如图6-3）

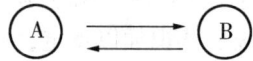

图6-3 两人组自我介绍

3. 4人组他者介绍。

目的：扩大交往圈子，拓展相识面。

时间：约10分钟。

进行：刚才自我介绍的两个组合并，形成4人组，每位成员将自己刚才认识的朋友向另外两位新朋友介绍，每人2～3分钟。例如A向C和D介绍B。然后4人一起自由交谈几分钟。（如图6-4）

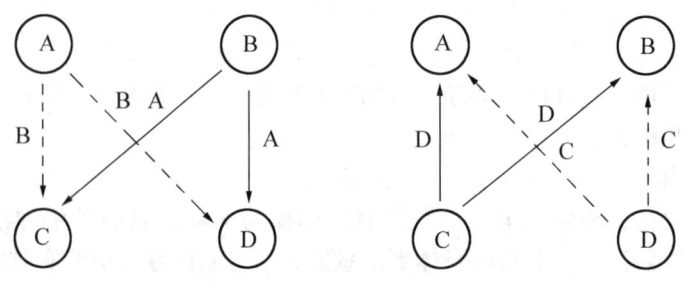

图6-4 4人组他者介绍

4. 8人组自我介绍。

目的：进一步扩大交往范围，引发个人参与团体的兴趣。

时间：8～10分钟。

第六章 学校心理健康教育的途径（下）——团体心理辅导

操作：两个4人小组合并，8人围坐。从其中一个人开始，每人用一句话介绍自己。一句话中必须包含3个内容：姓名、所属部门（班级）、自己与众不同的特征。规则是：当第1个人说完后，第2个人必须从第1个人开始讲起，第3个人一直到第8个人都必须从第1个人开始讲起，这样做使全组注意力集中，相互有协助他人表达完整正确的倾向，而且在多次重复中，不知不觉地记住了他人的信息。（如图6-5）

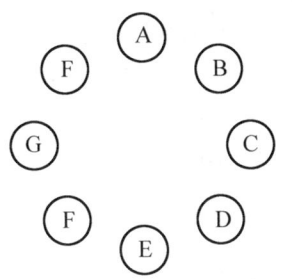

A：我是○○学校，性格○○的○○。
B：我是○○学校，性格○○的○○；旁边的是△△学校，喜欢△△的△△。
C：我是○○学校，性格○○的○○；旁边的是△△学校，喜欢△△的△△；旁边的是□□学校，性格□□的□□。

图6-5 8人组自我介绍

二、建立相互信任与彼此接纳的活动

人与人之间需要理解，需要沟通，需要建立相互信任的关系，彼此接纳。"分享的喜悦是加倍的，分担的痛苦是减半的。"进入团体内的成员在初步相识后，需要进一步相互接触、相互了解，以逐渐建立信任的关系，相互接纳，减少防卫心理。以下的活动就是以此为目的，遵循人际交往由浅入深、由表及里的规律而设计的，通过活动可以增加成员之间的理解。

1. 信任之旅。

目的：通过助人与受助的体验，增加对他人的信任与接纳。

时间：约60分钟。

准备：指导者事先要选择好活动路线，最好道路不是坦途，有点阻碍，如上楼、下坡、拐弯，室内室外结合。每人准备蒙眼睛用的毛巾或头巾。

操作：团体成员两人一组，一位做盲人，一位做帮助盲人的人。盲人蒙上眼睛，原地转3圈，暂时失去方向感，然后在帮助人的搀扶下，沿着指导者选定的路线，带领"盲人"绕室内外活动。其间不能讲话，只能用手势、动作帮助"盲人"体验各种感觉。活动结束后，两人坐下交流当"盲人"的感觉与帮助别人的感觉，并在团体内交流。然后互换角色，再来一遍，再互相交流。交流讨论集中在以下几个方面：对于"盲人"，你看不见后是什么感觉？这使你想起什么？你对你伙伴的帮助是否满意，为什么？你对自己或他人有什么新发现？对于助人者，你怎样理解你的伙伴？你是怎样想方设法帮助他的？这使你想起什么？

2. 戴高帽子。

目的：学习发现别人的优点并欣赏，促进相互肯定与接纳。

时间：约50分钟。

操作：5～10人一组围圈坐。请一位成员坐或站在团体中央，其他人轮流说出他的优点及欣赏之处（如性格、相貌、处事等）。然后被称赞的成员说出哪些优点是自己以前察觉的，哪些是不知道的。每个成员到中央戴一次"高帽"。规则是必须说优点，态度要真诚，努力去发现他人的长处；但不能毫无根据地吹捧，因为这样反而会伤害别人。参加者要注意体验被人称赞时的感受如何？怎样用心去发现他人的长处？怎样做一个乐于欣赏他人的人？活动结束时，大家心情愉快，相互接纳性增高。此活动一般适合比较熟悉的成员应用。

三、澄清价值观的活动

一个适应社会、身心健康、人格成熟的人应该清楚自己的价值观，并了解自己价值体系的建立过程与基础，且不断内省。价值观不仅影响人对事物的选择，也影响与他人的相处与沟通，最终影响人的生活，影响人的发展。在团体咨询过程中，澄清自己的价值观，了解他人的价值观，在比较、交流之中，确立正确的价值观，是各种目标的团体咨询必须采用的活动。

1. 火光熊熊。

目的：明确自己的价值观，理解他人的价值观。

时间：30～45分钟。

准备：纸、笔。

操作：指导者将团体分成5人左右的小组，然后告诉大家，现在你的宿舍正被烈火吞噬，情况危殆，时间只够你冲进火海取出3样东西，你会选择哪3样？先后顺序是怎样的？为什么选择这3样？它们对你有什么价值？还有没有重要的物品不在抢救之列？为什么？然后给成员一定时间让他们想一想，并写在纸上。最后在小组内交流，告诉其他人你为什么如此选择的原因。

2. 临终遗命。

目的：对个人的人生价值观作具体的探索并协助成员在生活中作明智的抉择。

时间：45～60分钟。

准备：白纸、笔。

操作：指导者告诉团体成员，由于种种原因，你正面临着死亡。终期将至，时间只允许你再做最后10件事，你会做哪10件事，并排出先后次序；然后写下你的遗嘱（只写50字以内）。每个成员认真思索后写下你的决定和遗嘱，再向团体内其他成员说出,并解释原因,谈一谈你在写的时候有什么感受,这感受对你今后的生活有什么影响?通过活动,可以帮助团体成员对自己的人生观和价值观进行整理,也可以通过他人的交流,启发自己。①

---

① 参见樊富民编著《团体咨询的理论与实践》,清华大学出版社1996年版,第198页。

第七章

教师心理健康

【本章要点】
1. 教师心理健康的标准;
2. 教师心理健康的意义;
3. 教师心理问题有哪些;
4. 教师心理问题产生的原因;
5. 什么是教师职业倦怠;
6. 教师职业倦怠产生的原因;
7. 教师心理健康的维护与增进。

学校心理健康教育的对象不仅仅是学生,也应包括教师。教育部1999年8月颁布的《关于加强中小学心理健康教育的若干意见》非常明确地指出:"搞好师资队伍的建设,提高广大教师的心理健康水平,是保持心理健康教育正常、健康开展的重要条件。"因此,教师心理健康水平的提高和心理素质的优化,是学校心理健康教育的重要任务之一。

第一节 教师心理健康的标准及意义

一、教师心理健康的标准

教师心理健康的标准是衡量教师心理健康状况和水平的依据。教师职业的特殊性,决定了教师从业者自身所独有的衡量心理健康标准的特殊性。从某种意义上说,教师心理健康的指标,既要符合一般人心理健康的要求,又要体现教师工作的特殊性。这种特殊性包括教师对教育事业的态度,对自身职业的认同,对学生的情感和对社会期望的反应。

由于教师职业的特殊性,关于教师心理健康的标准众说纷纭。这里我们采用比较有代表性的俞国良的观点。俞国良在《北京师范大学学报》2001年第1期发表的文章《论教师心理健康及其促进》中认为,教师心理健康的标准有五条。

(一)教师角色认同

教师要勤于教育工作,热爱教育工作;能积极投入到工作中去,将自身的才能在教育工作中表现出来,并由此获得成就感和满足感,免除不必要的忧虑。

(二) 有良好和谐的人际关系

良好和谐的人际关系具体表现在:①了解彼此的权利和义务,将关系建立在互惠的基础上,其个人思想、目标、行为能与社会要求相互协调;②能客观地了解和评价别人,不以貌取人,也不以偏概全;③与人相处时,尊重、信任、赞美、喜悦等正面态度多于仇恨、疑惧、忌妒、厌恶等反面态度;④积极与他人真诚沟通。教师良好的人际关系在师生互动中则表现为师生关系融洽,教师能建立自己的威信,善于领导学生,能够理解并乐于帮助学生,不满、惩戒、犹豫行为较少。

(三) 能正确地了解自我、体验自我和控制自我

对现实环境有正确的感知,能平衡自我与现实的关系。在教育活动中主要表现为:①能根据自身的实际情况确定工作目标和个人抱负;②具有较高的个人教育效能感;③能在教学活动中进行自我监控,并据此调整自己的教育观念,完善自己的知识结构,做出更适当的教学行为;④能通过他人认识自己,学生、同事的评价与自我评价较为一致;⑤具有自我控制、自我调适的能力。

(四) 具有教育独创性

在教学活动中不断学习、不断进步、不断创造。能根据学生的生理、心理和社会性特点富有创造性地理解教材,选择教学方法,设计教学环节,使用语言,布置作业,等等。

(五) 能真实地感受情绪并恰如其分地控制情绪

在教育活动和日常生活中,教师要能真实地感受情绪并恰如其分地控制情绪。由于教师劳动和服务的对象是人,因此情绪健康对于教师而言尤为重要。具体表现在:①保持乐观积极的心态;②不将生活中不愉快的情绪带入课堂,不迁怒于学生;③能冷静地处理课堂情境中的不良事件;④克制偏爱情绪,一视同仁地对待学生;⑤不将工作中的不良情绪带入家庭。

学生心目中好教师的标准

根据调查资料发现,不管是国内和国外,学生心目中好教师的标准基本上是一致的。如下列材料:

1984年管前均等人采用问卷调查的形式,研究了学生心目中有威信的教师所具备的条件,结果发现教师威信表现在六个方面。

(1) 思想品质:思想好,对自己要求严格,有道德修养,讲文明,生活正派,言行一致,以身作则,为人师表。

(2) 知识水平：有真才实学，知识丰富，精通所教学科，能回答学生提出的问题。

(3) 教学能力：教学方法好，口齿清楚，表达力强，讲课生动，讲课富于启发性，教学效果好。

(4) 教育热情：热爱教育事业，关心学生，爱护学生，与学生同甘共苦，师生关系融洽。

(5) 工作态度：尽教师职责，工作认真，要求学生严格，勤勤恳恳，任劳任怨，治学严谨，诲人不倦。

(6) 教育作风：对人和蔼，平易近人，不体罚学生，不粗暴对待学生，不偏爱学生，处事公正，作风民主，能听取学生意见，常参加学生活动。

日本学者村濑隆二曾做过这样的调查：让中学生从理想教师的80项条件中任选自认为最重要的10项条件，结果发现理想的男教师与理想的女教师条件不一样。理想的男教师前七条是：正义感强，要求严格；性格开朗，富于幽默感；精力充沛，动作利索；责任心强，可以信赖；头脑灵活；衣着打扮干净利落；给人以亲切、温和之感。而理想的女教师前六条是：给人以亲切、温和之感；性格开朗、富于幽默感；衣着打扮干净利落；责任心强，可以信赖；精力充沛，动作利索；头脑灵活。

（信息来源：胡永萍主编《学校心理健康教育》，中山大学出版社2005年版，第278页，有改动。）

二、教师心理健康的意义

教师心理健康对其自身的身体健康、提高工作效率以及教书育人具有重要的意义。

（一）教师心理健康有助于身体健康

心理健康与生理健康的关系极为密切。一方面，良好的心理寓于良好的身体之中。一个人的身体健康会影响其心理健康。人的躯体性疾病、生理缺陷都能影响人的心理特点和心理状态，使人产生焦虑、忧愁、烦恼、抑郁等不良情绪，影响人的情感、意志、性格，乃至和谐的人际关系，容易形成不健康的心理。另一方面，良好的身体寓于良好的心理之中。据研究表明，80%的身体疾病是由心理因素导致的。只有健康的心理才能培养健康的身体。例如，喜爱、愉快、自信、平和的心态有助于提高人的免疫能力，使人有效地抵抗疾病的侵袭，从而促进身体健康；而心理上的不健康，如长期的过度焦虑、忧愁、烦恼、抑郁、愤怒，会导致生理上的异常或病变，如高血压、神经官能症、失眠、偏头痛、胃病等。人们常说"病从心生"。精神的瓦解必将导致身体的崩溃。

（二）教师心理健康有助于提高工作效率

教师的心理健康有助于提高其工作效率。一个心理健康水平较高的教师，在智力、情感、意志和个性等方面都会有正常的、健康的发展，容易形成健全的人格，并能自如地运用自己的智慧和才能去应付客观环境，使教师的心理倾向和行为与社会大众的要求协调一致，并获得与环境的积极平衡，这样便会有利于教师的学习和工作，从而提高工作效率。另外，一个心理健康的教师能以正确的态度对待矛盾和解决问题，就可能高效地化解矛盾，应对冲突，这样其工作的效率必然就高。

（三）教师心理健康有助于促进学生健康发展

1. 教师心理健康直接影响学生的心理健康。教师心理健康是影响学生心理健康的重要因素之一。只有心理健康的教师，才能培养出心理健康的学生。因为心理健康的教师能够很好地营造促进学生身心健康发展的良好环境。如果教师心理不健康，就必然会影响教育环境，并可能直接导致学生产生心理问题和心理障碍。事实表明，学生的害怕、说谎、缺乏礼貌、违抗、挑衅等心理失调，其原因之一，是与某些教师的心理不健康有关。也就是说，学生的某些心理问题和障碍是教师不健康心理的产物。对此，全美教育联合会（NEA）在《各级学校的健康问题报告》中专门指出："由于情绪不稳定的教师对于儿童有决定性的影响，就不应该让他们留在学校里，一个有不能自制的脾气、严重的忧郁、极度的偏见、凶恶不能容人、讽刺刻薄或习惯性谩骂的教师，其对于儿童心理健康的威胁，犹如肺结核或其他危险传染病对儿童身体健康的威胁一样严重。"由此可见，教师心理健康对学生心理健康的影响。

2. 教师心理健康直接影响学生的知识学习。教师心理健康水平在某种程度上会影响教学效果。一个心理健康的教师，能在课堂上创造一种和谐与温馨的气氛，使学生如沐春风，轻松愉快，学习自觉主动；而心理有障碍的教师，却在课堂中制造一种紧张或恐怖的气氛，使学生惶恐不安，心神不宁，注意力无法集中，学习消极应付。实践已证明，教师积极的心理状态，如情绪稳定、对学生富有爱心和信心等，会促使学生学习效果的提高。因为学生受积极心理的感染，大脑皮层会处于兴奋状态，容易激发学习兴趣，从而加速知识的学习。

3. 教师心理健康直接影响师生关系。作为一个心理健康的教师，他能平等友好地对待学生，热爱和尊重学生，这样就会赢得学生的积极回报，双方容易建立起良好的关系。如果教师心理不健康，就难以正确理解学生的心理与行为，往往会采取不合常理的态度、方法来对待问题，会使师生间冲突与矛盾越来越多，这样就会影响正常的师生交往和人际关系。只有健康的心理，才会有正常的交

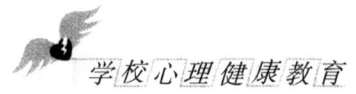

往，也才会有良好的人际关系，教师与学生之间的交往及人际关系也是如此。

4. 教师心理健康直接影响学生个性的发展。学生的心理发展水平及健康程度，与教师的心理健康和成熟水平有着密切的关系，因为学生具有强烈的"向师性"。作为榜样和楷模，教师友好的态度、高尚的品质、浓厚的兴趣、得体的行为、适当的表情、合理的语言等，无时不为学生所观察、注意和模仿，为其健康人格的形成和发展提供素材，并逐渐内化为学生个人的特质，从而促进个性的发展；反之，教师因心理上的障碍所带来的不当行为、冷漠表情、敌视态度、暴躁性格、沮丧情绪等也会感染学生，使其产生心理和行为上的各种问题，以致产生心理障碍和疾病。据有关统计和研究，90%的学校恐惧症就是由教师的不正常教学行为引起的。

第二节 教师的心理问题及其成因

大量的统计调查表明，教师群体多数人的心理健康状况良好，但也存在一些问题。教师心理问题主要体现在不适应行为和心理异常两方面。

一、教师常见的不适应行为

我国医学心理学家丁瓒教授认为，人类的心理适应，最主要的就是对人际关系的适应，所以，人类的心理病态主要是由于人际关系失调而来。① 研究发现，许多人的社会适应不良，是由自己的异常行为引起的对应反应，自己所遇到的周围伤害，往往是自己不良行为的一种反弹。而教师的以下行为，大都会引起社会适应不良的后果②：

1. 对家庭背景各异的学生采取不同的态度，不能一视同仁。

2. 做观摩课失败后，把责任推到学生身上，迁怒于学生，批评斥责没让老师"露脸"或让老师"出丑"的那些学生。

3. 对回答不上问题的、学东西慢的、做事经常遇到困难的学生，有的教师常说"你真笨"一类的话。

4. 有的学生举了手却没有回答上问题，老师不是鼓励其发言的积极性，启发学生思考，而是说"你就会瞎举手，你什么都不行"。

5. 对因想到答案便大声说出或"接下碴"打断老师讲话的学生，寻找机会提出高于学生知识面的问题，使其回答不上来，羞辱并损其自尊。

---

① 参见高明书著《教师心理学》，人民教育出版社1999年版，第114页。
② 参见高明书著《教师心理学》，人民教育出版社1999年版，第114页。

6. 怂恿班里的学生攻击某一不遵守纪律的学生，或让全班不理睬某个学生，隔离孤立，使其渐渐脱离集体，丧失自信。

7. 有的教师言而无信，说话不算数，许愿不实现，搪塞学生。

8. 对乖且听话、守秩序的学生的作业给分稍高。

9. 对不注意听讲的学生给分较低，对平日行为不检点者则想办法扣分或挑剔。

10. 对不同学生同样的违纪行为，处罚有差异。

11. 学生上课不专心听讲，就将学生赶出教室，并且说："你不愿意听就给我滚出去。"

12. 学生上课稍微分心，教师就大声斥责："×××你给我站起来。"

13. 教师不在教室时，让小组长记下不守秩序学生的名字，课后交给老师。

14. 上课秩序不佳就罚全班，或用"连坐法"，少数人的不守纪律招致全班受处分。

15. 学生没有遵守纪律，就罚写作业。

16. 上课时只照课本念，声调平淡，速度过快。

17. 上课时大声吼叫或用教鞭之类的东西拍桌子，来阻止学生的吵闹。

18. 学生不能反驳老师的意见，教师的一切都是好的，任何事情都以教师为依据。

19. 教师如发现自己有问题时，如自己所教学科所教班级考试成绩不理想，便迁怒于学生，体罚学生，或向学生散布对其他教师的意见。

20、教师的尊严丝毫不能损伤，如有冒犯，便吹毛求疵，斤斤计较个人得失。

21. 性格狭隘，对学生的差错，耿耿于怀，伺机报复。

也许上述列举的教师的不适当行为未尽准确与全面，但已足以引起我们的重视。

卡耶（Kaye）在其所著《教师们是否过于神经质》一书中，曾列举学生最不能接纳的教师品质。依先后顺序排列如下。

1. 以独裁的作风管理课堂。
2. 忽略学生的个别需要。
3. 漠视学生可能有的困扰与问题。
4. 傲慢、偏见。
5. 似乎对什么都没有兴趣。
6. 往往以先入之见处理学生的问题。
7. 毫无表情。

8. 言行从不一致。

9. 从不关心学生的进步或退步。不但不给予应有鼓励，甚至还讽刺学生的表现。

10. 固执自己的看法。

11. 经常以消极的管教处理学生的问题。

12. 教学不认真，工作不努力。

二、教师的心理异常现象

教师的心理异常现象是指教师在性格方面出现的某些缺陷。它是由各种不良刺激使心理活动出现的轻度创伤。心理异常现象是偶发性的而不是经常性的，它属于正常心理活动中的局部状态。但性格缺陷与性格障碍之间并没有截然的界限，教师如果不能及时察觉，及时调整，某些性格缺陷也会发展为性格障碍，即病态人格。因此，教师要以此作为对照参考，以便预防各种人格障碍及心理疾病的发生，及早发现苗头，及时进行调整。

一般认为，心理异常表现在八个方面。

1. 狭隘。狭隘俗称"心眼窄"、"小心眼"。狭隘表现为当受到一点委屈或碰到一点很小的得失冲突时，便斤斤计较，耿耿于怀，不能自解。具有这种性格特点的人，极易受外界暗示，特别是那些与己有关的暗示，极容易引起内部心理冲突。有狭隘性格的人还爱猜疑，遇事好疑神疑鬼，神经过敏。猜疑使个人知觉严重歪曲，往往在主观上假定某一看法，然后把许多毫无联系的印象都通过所谓"合理想象"拉扯在一起，证明自己的看法正确，最后导致越猜越疑。有狭隘性格的人，感情脆弱，意志薄弱，办事刻板，谨小慎微，有时甚至发展到吝啬、自我封闭的程度，狭隘性格一经形成，就会循环往复地自我折磨，甚至会罹患忧郁症或消化系统的身心疾病。

2. 抑郁。抑郁表现为沉默寡言，孤独焦虑，郁郁寡欢，闷闷不乐。对一切事物都缺乏兴趣，对各种活动都不热心，不愿参加，对人对事冷淡无情，对未来失去信心，一点细小的过失或缺点也会带来无尽的懊悔，遇事总往坏处去想，自怨自艾，认为自己是不幸的人和被遗弃的人。这种人看上去精神萎靡，表情冷漠，严重者则食欲不振，入睡困难，甚至会萌生轻生念头。

3. 怯懦。怯懦是以胆怯和懦弱为特点的性格缺陷。怯懦的基本表现是：胆小怕事，遇事好退缩，非常害怕在别人面前行动做事，该说的话到嘴边就梗塞起来，容易屈从他人，甚至逆来顺受，无反抗精神；进取心差，意志薄弱，害怕困难，在困难面前惊慌失措；感情脆弱，经不住挫折和失败。一个人一旦形成怯懦性格后，往往从怀疑自己的能力到不能表现自己的能力，从怯于与人交往到孤僻到自我封闭，由此形成不良的人际关系，反过来又会加深怯懦。

4. 自卑。自卑表现为对个人能力和品质做出的评价偏低。具有这种性格特征的人自我感觉在一切方面都不如人，几乎没有自信心，无所作为，对前途产生渺茫之感，悲观失望，甚至对那些稍加努力就可以完成的任务，也往往自叹无能而轻易放弃。由于获得成功的可能性不大，现实中得不到满足的东西，就沉浸在幻想之中，以幻想中的满足来自慰，喜欢独居幽处，与别人交往少，孤僻寡言。

5. 敌对。敌对是个人屡遭挫折引起不满时表现出来的一种反常心理。具有敌对性格特点的人，由于屡遭挫折失败，便对别人产生不信任感，以对他人对立和反抗的态度表现出自己的不满；往往把他人有益的帮助、批评看成是与自己过不去，而置若罔闻，认为周围的人都轻视自己，伤害自己；常把自己工作不好看成是对别人的报复，对别人的失误幸灾乐祸，故意做别人不高兴的事，使人难堪。

6. 嫉妒。嫉妒是看见别人在某些方面（相貌、才华、成就）高于自己而产生的一种恼怒的情感体验。这是一种消极的心理。具有这种性格特征的人想事事在人前，样样不服输，好胜心过强，以自我为中心，耻于人下，看见别人好就生气，把别人获得的成绩看成是对自己的威胁；严重者甚至怀恨在心，不择手段地打击、诽谤、诬陷所嫉妒的对象。这种性格缺陷对己、对他人都会造成有害的影响，大部分嫉妒者都会出现一些身心疾病，如胃痛、背痛等。

7. 暴躁。暴躁表现为忍耐性极差，易激惹、冲动，爱发脾气，常常伴随有突发的行为表现。这也是一种不良的性格特点。具有这种性格缺陷的人在生活中易急躁，遇事不冷静，缺乏理智，缺乏涵养，爱发火，脾气大，哪怕是听到一句不顺耳的话，也要火冒三丈，不顾一切地攻击别人，严重者甚至骂人毁物，与发生冲突的人拳脚相加。

8. 孤僻。性格孤僻者的主要表现是不合群，不愿与人接触，对周围的人常有厌烦、鄙视或戒备的心理。这种人还常常表现出神经质的特点，其特征是做作和神经过敏。总认为别人瞧不起他，所以凡事故意漠不关心，做出一副瞧不起人的样子，使自己显得气势凌人，其实内心很虚弱，很怕被别人刺伤，于是就把自己禁锢起来不与人交往；但一旦别人真的不理睬他时，他又认为自尊心受了伤害，被所谓的"自尊心"所束缚。由于这种人猜疑心较重，办事喜欢独往独来，因而越发与别人格格不入，造成人际关系不良的结果。这种结果易使孤僻者陷入更大的孤独、寂寞、抑郁之中。长此以往，也容易导致身心疾病。

以上所列举的现象偏重于心理异常的表现，主要是指正常人出现的心理适应问题。并不包括精神神经病及神经机能失常等心理疾病，如患有严重的心理疾病，则需要到专门的医疗机构求助专业人员进行治疗。

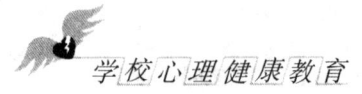

作为教师,可以参考上述列举的现象,认真地分析自己的心理,找出自己的问题,积极地克服各种心理障碍,消除不良情绪,调节心理上的失衡,创造心理健康的条件。

来自人体的压力警告

你的压力是不是很大?你能及早觉察到你的身心两方面所承受的压力吗?以下列出了生理、情绪、心理及行为指标,请你根据指标看看自己是否有过多的压力。

生理指标的压力警告:

(1) 头痛的频率与强度增加,若非生理原因引起,则很可能是压力反应。

(2) 肌肉紧张,经常发生在头部、颈部、肩膀和背部。

(3) 皮肤过于干燥,易出现斑点及过敏反应。

(4) 消化系统出问题,例如患胃溃疡。

(5) 经常心跳急促、胸痛。

情绪指标的压力警告:

(1) 容易生气,缺乏耐心。

(2) 心情忧郁,意志消沉。

(3) 当外在要求超过自己的能力时,容易失控,对自己失去信心。

(4) 对自己要求过高,因而感到心力交瘁,缺乏热情。

(5) 有疏离感。

心理指标的压力警告:

(1) 因为有太多事情萦绕心头而无法关注。

(2) 即使是做日常琐事,也常犹豫不决。

(3) 记忆力变差。

(4) 压力会影响判断力。若你常做出错误的决定,需考虑压力的影响。

(5) 经常对自己与自己的处境做出负面思考。

行为指标的压力警告:

(1) 经常睡不好、失眠或总也睡不醒。

(2) 为了舒解压力而比平常喝更多的酒,抽更多的烟。

(3) 性需求下降。可能又因此变化而引发新的忧虑,影响夫妻亲密关系。

(4) 从人际关系中退缩。

(5) 难以放松，坐立不安。

（信息来源：李虹编著《教师工作压力管理》，中国轻工业出版社2009年版，第83～84页。）

三、教师心理健康问题产生的原因

教师心理健康问题产生的原因可能是多方面的，综合起来有社会因素、学校因素、家庭因素和个人因素。

（一）社会因素

1. 社会对教师的要求不断提高。随着社会的发展，人才竞争日益激烈，而教育直接关系着人才的培养，教师则是教育成败的关键。于是，社会和大众理所当然地把国家的强盛、民族的兴衰、地区的发展，乃至家庭的幸福和孩子的未来均系于教育、学校和教师身上，对教师的要求和期望愈来愈高。一旦出现教育质量问题或学生不良现象，都要归罪于教师。这些势必会给教师造成巨大的心理压力。

2. 社会提供给教师的资源有限。尽管这些年我国的教师待遇有很大的提高，但是相对来说，教师的劳动报酬依然比较低，特别是有相当一部分农村的教师因工资被长期拖欠或"打白条"而陷入生活困境。即使是有的教师能够按时领取工资，但是诸多教师的住房、医疗保健、子女入学和就业、工作调动、办事、提供建议等现实问题还是难以得到解决。这些显示了教师社会资源拥有量的匮乏。如果这些与教师生活密切相关的问题得不到很好的解决，教师在心理上必然会产生压力和冲突。

3. 教育改革力度不断加大。当前，我国教育领域里自上而下正进行着一场轰轰烈烈的课程改革运动（以下简称"课改"）。这次课改的力度和范围可谓前所未有。面对急剧变化的教育发展形势和新的要求，如教学内容、教学方法、教学手段、教学形式等的不断更新，教师必须尽快适应。在这一适应过程中，教师就要承受巨大的心理压力，才能自如应对变革，否则就要面临种种危机。为此，教师将不断提高自我、完善自我，尤其是在提升自己的学历、能力及知识方面要付出极大的精力和财力，因此，教师产生心理负担和紧张情绪是难免的。

（二）学校因素

学校是教师学习、工作和生活的主要场所，其环境条件、气氛以及管理等对教师的心理健康都有重要的影响。根据我国情况，影响教师心理健康的学校方面因素有五个。

1. 教师的角色冲突与困惑。在社会生活中，教师要扮演很多角色，仅在学校教育中，就有十几种之多。教师作为社会提倡的价值楷模，需要的是榜样的形象，他必须以标准化、典范化的形象影响青少年学生，时刻做到自律自控，甚至强制自己控制正常的需要和行为。然而，教师到底还是一个普通的社会人、自然人，不断地在普通人和价值楷模之间进行角色转换，压抑正常的喜怒哀乐，这就使教师心理负担过大，因而对教师心理健康造成极大的危害。

2. 学校管理方式带来的压力。学校管理对教师各方面工作的影响都非常大。由于学校管理不当而引起的与教师直接相关的问题，除引起教师角色模糊和冲突以外，还使教师工作超负荷或不足，时间被占用，缺乏自主权，没有参与学校管理的机会，因个人评估标准不明确而造成失误，等等。这些都会引起或加大教师的心理压力，从而产生心理问题。近年来，随着教育改革的不断深入，学校内部管理力度也开始加大，在岗位聘任、职称评比、年度考核、奖金分配等方面的要求越来越高，竞争也越来越激烈，这些都成为教师心理上的巨大压力，稍有不慎，极有可能导致心理问题产生。

3. 学校环境与条件不良。影响教师心理健康的学校环境有自然环境和社会环境。首先，从学校的自然环境和条件来看，由于国家对教育的投入与教育实际发展的需要之间仍有很大差距，所以大多数学校的环境和条件依然很差，教室、实验器材、图书等设备简陋陈旧，绿化、卫生、通风、照明等不够理想，这些问题长期得不到解决，也容易使教师产生心理疲劳。其次，学校里关于人与事的环境和条件对教师的影响，例如班级规模过大、学生人数过多、师生比例高等，这些都是压力源。

特别要提出的是，学生的品行、学风、学习情况与教师的心理压力也密切相关。英国剑桥大学的基里亚科（C. Kyriacou）等人的研究表明：学生对教师工作的恶劣态度和学生的不良行为是教师压力的主要来源。可以推断，带一个"好班"比带一个"差班"当然要愉快轻松得多。因此，如果长期在恶劣的环境和条件下工作，想保持心理健康是很难的。

4. 学校人际关系紧张。拥有良好的人际关系是教师心理健康的重要标准，同时也是影响其心理健康的重要因素。与其他群体相比，教师由于工作繁忙，时间紧，交往范围小，与儿童的交往时间长，因而属于一个比较孤立、封闭的群体，因此与社会联系不多，人际交往能力有限，人际交往困难。这些易导致教师的狭隘、固执、自卑、怯懦等不良心理倾向，从而影响其心理健康。

5. 教师的工作任务繁重。与其他职业相比，教师的工作任务非常繁重，突出表现在三个方面。①工作时间长。除了上课以外，还要备课、批改作业、指导课外活动、辅导、家教等。②任务重。中小学教师平均每周要上课近20节，还有些诸如学校的检查、评比和考核等。③要求高。教师的自尊心都比较强，来自内外的因素时常威胁教师的自尊心，因此总想方方面面的事情都做得最好，而且任何一项工作都不能出错，这无疑使教师处于高度紧张和焦虑之中。如果教师不善于正确认识自己，自我要求过高，其结果将带来严重的挫折感。繁重的工作任务和压力，使教师的心理承受能力受到损害，身心健康得不到保证。

（三）家庭因素

家庭是人情感放松调整的最后归宿，是维系亲情、享受愉悦的场所，也是治疗人的心理和精神创伤的地方。然而，由于教师职业的特殊性，家庭中的有关因素对教师的心理健康也造成了不利的影响。如家庭牵累较多，缺少闲暇消遣时间；教师子女的升学与就业压力较大，为子女的前途操心较多；家庭在住房、工资收入、医疗等方面都不尽如人意；等等。有些教师，尤其是农村教师的家庭生活相对艰难，整体生活质量不高，这些都对教师的心理健康产生了消极影响。

（四）个人因素

如果把社会、学校和家庭因素作为影响教师心理健康的外在因素，那么教师自身则是内在因素。影响教师心理健康的内在因素除了一般因素外，主要有教师的自我期望、能力素质、感受力、人格状况以及个体自身的特点等。

首先，教师的职业特性使大多数教师有完美主义心理倾向，因此对学生的期望值较高，而这又成为教师心理压力的来源之一。因为期望值越高，与现实的冲突就越强烈，因此而遭受的挫折也就越来越多，于是产生的失望、烦恼、痛苦也就越多。如近些年来出现的一些教师对学生采用过火甚至变态的教育方法和手段，其中大多数教师承认是"为学生好"、"恨铁不成钢"的现象就是例子。其次，教师的人格因素也是影响教师心理健康的内在因素。调查显示，教师队伍中有一部分人比较自卑、怯懦、偏执，还有的缺乏自知之明，过于自尊，这些都容易导致心理问题的发生。再次，教师个人的能力问题也是教师产生职业压力的根源之一。随着信息技术的发展，当今青少年学生获取知识的渠道越来越多，教师的授课已不再是学生知识获取的唯一来源。因此，教师在学生成长中的影响力有所下降，或者说，需要教师有更强的能力和更高的知识及素质来满足青少年成长的需要，在这种情况下，有相当数量的教师感到知识能力不足，为此惶恐和紧张，内心压力增大。最后，教师过强的感受力及领悟力也带来不必要的烦恼，可谓多愁善感。因为多数教师注重精神享受，内心世界丰富而复杂，对外界变化敏感，因而也极易心理感染，同时心理也易受到污染，所以常为不必要的、无关的琐碎小事而烦恼与不安。还有，据研究，资历较浅的教师和女教师相对心理压力较大，易产生心理问题。

第三节 教师职业倦怠

一、什么是教师职业倦怠

美国心理学家弗登伯格（Freudenberger）在 1974 年首次提出了一个概念"job burnout"，专指在助人行业中工作的个体面对工作的过度要求时，所产生的身体和情绪的极度疲劳状态。可以翻译为"职业倦怠"、"工作倦怠"、"工作耗竭"或"职业枯竭"。① 目前，有关职业倦怠的研究迅速发展。虽然有关职业倦怠的定义有各种表述，但我们认为，职业倦怠是指个体无法应付外界超出个人能量和资源的过度要求而产生的身心耗竭状态。

职业倦怠的症状表现在许多方面，如躯体、智力、社会、心理等方面均会出现职业倦怠症状。职业倦怠的特质是：①倾向于极端；②反映出负向、消极的心境和态度；③广泛涉及整个人的各个方面。

在教学领域，国外曾对职业倦怠进行过大规模的研究。虽然不同的研究者给教师倦怠所下的定义不尽相同，但是所有的研究者都表明，教师职业倦怠是指教师不能顺利应付工作应激的一种反应。一般都认为教师经历着倦怠的三种心理反应。①情绪耗竭。这一反应表现为疲劳、烦躁、易怒、过敏、情绪紧张。②人格丧失。人格丧失一般表现为减少和断绝与学生的联系。③降低成就感。教师的职业是使学生获得知识，为社会培养有用的人；教师一旦发现他们的职业为他们提供较少的反馈时，就不再做出努力了。教师一旦经历这三方面的过程，就引起动机上的变化，进而在生活方面体现出失败感，这就是社会心理学称之为"习得性无助"。

二、教师职业倦怠的具体表现

有研究认为，教师具有"轻度问题行为"②。实际上，这些轻度问题行为就是教师职业倦怠的具体表现。③ 概括起来有四种。

（一）教育和教学上的敷衍行为

敷衍行为表现在对教学工作的敷衍和对学生管理的敷衍。

1. 对教学工作敷衍。教师中有一部分人或力争跳槽，或致力于考研，或谋

---

① 参见李虹编著《教师工作压力管理》，中国轻工业出版社 2009 年版，第 50 页。
② 黄继田：《别让问题行为害自己、害学生》，载《教书育人·教师新概念》2007 年第 9 期。
③ 参见李虹编著《教师工作压力管理》，中国轻工业出版社 2009 年版，第 50 页。

求第二职业,以致他们对教学工作敷衍了事,整个教学工作缺乏计划性、目的性和整体性,使学生的学习受到很大影响,从而削弱了学生学习的主动性和积极性。

2. 对学生管理敷衍。有的教师对找上门来的学生推诿,如经常对学生说"去去去,自己想办法解决";这种不负责的应对行为耽误了学生对知识的学习,不仅没能及时解决学生的问题,而且伤害了学生的自尊心和主动性,学生觉得教师不重视或不尊重自己,以后即使有再大的困难也不会向教师求助,甚至导致学生自闭或使学生问题严重化。也有的教师对学生采取忽视的态度,他们对学生很少过问、很少注意,更谈不上关心;这类学生往往是班里处于中等水平、不起眼、内向或教师主观讨厌的那些学生。还有的教师对学生很随意,凭自己的主观印象办事,不了解情况,不倾听学生的心声,不与学生换位思考,轻易袒护自己喜欢的学生,不动脑筋地将奖励或惩罚过于集中在某些学生身上。

(二) 对学生的压制行为

教师对学生的压制行为表现在苛求、乱发脾气、恐吓、不认错四个方面。苛求是指对学生要求过严,限制过多,吹毛求疵,抓住学生的一次错误会连带以前的错误一起惩罚。乱发脾气是指将自己在家里或社会上的坏心情带到课堂上,学生犯了个小错误就会大发雷霆,撕学生的作业本,扣留学生不许回家,等等。恐吓是指用一些残酷的语言警告学生以达到管教的目的,如"再犯这样的错误就找你家长来"、"下次再这样就让校长开除你"。不认错是指明知自己错了,但为了维护自己作为教师的尊严决不认错,甚至把错误推到学生身上,容不得学生有自己的见解。

教师压制学生行为,一方面会使学生的个性发展受到压抑,在以后的学习生活中缺乏主见,一味顺应别人,形成畏缩、胆怯、怕事的心理,不肯与人交往,看到教师就害怕,从而对学习失去主动性;另一方面会激起那些个性较强学生的逆反心理,使其产生厌学、逃学行为,也有可能出现对教师报复或其他故意破坏的行为。

(三) 对教育责任的推卸行为

对教育责任的推卸行为是指在处理学生问题的过程中,教师懒于管教而将责任推给学校、家长的一种行为。一是将学生问题升级交给年级组长、德育主任、教导处甚至学校领导去处理。甚至让学校以处分或开除的信息相威胁,以使学生听从自己的管教。二是向家长告状。与家长联系是必要的,但方法不当、动机不当就成了单纯的告状。向家长列举学生的种种"罪状",表面上是要求家长配合,实际上是通过家长的训斥、打骂使学生服从自己。这种行为会导致学生对教师的不信任,导致师生关系紧张,学生和家长关系紧张,使学生养成说谎的坏习

惯甚至厌学、逃学，或使学生形成胆小、怕事、抑郁的性格。

（四）对学校和校内团体成员的冷漠甚至敌对行为

有的教师表现为以一种与我无关甚至排斥、厌恶的态度对待自己所在的学校和工作，以消极的、否定的、麻木不仁的态度和情感去对待身边的领导、同事和学生等，对他们再无同情心可言；或者对学校的领导和周围的同事态度冷漠或者躲避，甚至动不动就对其进行指责、嘲笑与讽刺，或无端进行争论、攻击，等等。

三、造成教师职业倦怠的因素

造成教师职业倦怠的原因是多方面的。这些原因既与职业有关，也与个人有关，还与社会大环境相联系。

（一）职业因素

教师是一种多应激的职业。教师教书育人，责任重大。教师既承受着外在期望的压力，又面对内在的角色冲突，加上期望与现实的差距及职业的低创造性，使教师容易产生职业倦怠问题。

1. 外在的期望。从古到今，教师被认为是最崇高的职业。从古代的"传道、授业、解惑"，到当今培养跨世纪人才，无不体现教师的神圣和伟大。然而，在当今多变的社会里，价值趋向多元化，家长、学生及社会各界对教师的期望也日渐分歧，因而也无形增加了教师的工作压力。

2. 角色冲突。教师是一个多角色的职业。如果教师不能顺利地进行角色转换或面对多种角色期待，不能顺利地调节自我，就会出现角色冲突。单就教师的职业角色来说，就有多种，如教师是知识的传授者、家长的代理人、集体的领导者、朋友与知己、心理治疗工作者等等。因此，教师在各种不同的人们心目中扮演着不同的角色，所以出现角色冲突及压力是不可避免的。

3. 期望与现实的差距。教师一般都有较高的成就动机，他们追求个人成功的价值，渴望在工作中得到应有的反馈。可是，在现实生活中，教师的成功具有不可确定性，职业成就感不像其他职业那么明显，会造成理想与现实的冲突、工作责任感与工作疏离感的冲突以及自尊心与自卑感的冲突。

4. 职业的低创造性。教与学不是单向的灌输，而是一种能动的互动过程。因此，教师的教育与教学应有较高的创造性。而在教学实际中，有许多原因限制了这种创造性的发挥。例如，封闭的教育系统，使学校教育只注重对学生知识的传授，忽视对学生个性的培养；在应试教育中，教师在拼命追求升学率的过程中，承受着巨大的心理压力，长时间的压力导致了教师身心的疲惫状态。

(二) 工作环境

1. 教学情境。1979 年，美国教育协会（NEA）的民意测验发现，接受调查的 3/4 教师认为，纪律问题对他们的教学效率有很大影响。管理学生的困难已成为教师压力及倦怠的主要原因。目前，学生的问题行为日益严重，教师必须花费加倍的时间与精力来处理学生的问题。

教师工作的评价也存在着严重问题。例如，以各种"率"作为检验教师的标准，竞争的手段和方法不科学、奖励与批评机制不健全，各种考核、评比增多，等等，也增添了教师的工作负荷量。

人际关系是心理健康的重要标志。在学校环境中，教师是人际关系网的一个结。比如，教师与教师、教师与领导、教师与学生、教师与家长等。如果教师在这个关系网中不能顺利交往与沟通，就会使教师心力交瘁，导致倦怠的产生。

2. 组织气氛。研究显示，缺乏校长的支持乃是教师产生工作压力和倦怠的重要因素。教师常抱怨学校领导过于缺乏同情心、孤立、官僚、无效能。有的研究发现，缺乏欣赏与支持性回馈乃是助人工作者的重要压力来源。

（三）个人因素

1. 人格特征。个体的人格特征，在某种意义上说决定着个体的行为方式。A 型人格特征的人较易导致倦怠。A 型人格特征表现为极端的挑战性、争强好胜、力求把握环境、时间观念强、急躁等。B 型人格特征与此相反。研究发现：A 型人格特征与 B 型人格特征的人在应激反应的多项变量上有较大差异，尤其是在焦虑、疲劳、心理症状、健康指标、角色过度负荷和物质冲突上，A 型人格特征性格都比较明显，这些表现与倦怠的征兆有很高的相似性。

2. 对社会能力的知觉。对社会能力的知觉也是影响倦怠的因素。助人工作的专业人员，如教师、咨询人员等，他们所需具备的能力与一般行业的工作不同。助人工作的对象是人，因此特别需要与人互动的人际关系能力，即所谓社会能力。

专业人员工作倦怠的发生，取决于下列两个原因：①是否能觉察到当事人的问题因个人的处置而获得显著的改善；②助人目标是否达到。如果专业人员能知觉到当事人因自己的处置有所改善，则会增加他的胜任感，进而提高其助人的动机；如果预期目标不能达到，专业人员将其全部原因归咎于工作本身，那么就容易产生倦怠，因而降低助人的欲望。由上述理论可知，教师产生倦怠的原因，在于教师能否知觉到学生的问题因其努力获得改善，以及教师协助学生的目标是否达到，如果教师觉得自己的努力没有效果或无法达到目标便容易产生倦怠。例如，一个老师在新学年接一个学习成绩较差的班级，开始时立志要把这个班带好，但经过长时间努力以后，无效果或效果不显著，那么教师就容易产生倦怠。

（四）社会因素

教师工作倦怠是个人行为，但造成的原因也与社会因素有关。

1. 社会的巨变。社会的巨变使人们价值观念多元化，给人以更多的自由去选择自己的人生。于是，在选择中伴随着各种各样的焦虑与痛苦，使情绪发生变化，加上现实中生活条件的不理想，如工资待遇低、住房难、负担重、压力大等，使教师心理波动较大。

2. 群体关系。群体关系也无时无刻地影响着教师职业心理。某些教师在群体中与人的关系不够融洽，人际关系紧张，使教师产生压抑感和无归宿感，因此有的教师不能愉快地从事工作。

3. 社会支持系统。教师也是人，在遇到困苦时，能得到各种帮助，就能缓解教师的不愉快，减轻工作倦怠感。社会对教师的帮助应有多种支持形式，既有物质的，也有精神的。

给自己一个梦想

人生有梦是幸福的。正如罗素所说："成功只能是幸福的一个组成部分，如果不惜以牺牲其他一切来得到它，那么这个代价是太昂贵了。"实际上，有一些成功的教师生活并不幸福；相反，他们时常体验着一种消极的高焦虑，表现出人格的缺陷。因此，幸福的人应该有不断追求的过程，而不仅仅是不择手段追求最后的成名。

有一位住在珠穆朗玛峰脚下的退休老人，60岁大寿时对儿女们说："我要像登山运动员那样，攀登到珠峰的山顶上去。"从此，他每年必登一次。5年过去了，直到临终他也只不过攀上了珠峰不足五分之一的高度，而且还是历年攀登的累计之和。"其实，能不能到达峰顶对于我来说并不重要。重要的是，我已经在实际行动中感受到了愈难愈要登的生命喜悦……"

他出生在洛杉矶。7岁那年，他把一生想干的事情列成一张表，题名为"一生的梦想"。表上列着：到尼罗河、亚马逊河和刚果河探险；登上珠穆朗玛峰、乞力马扎罗山和麦特荷恩山；驾驭大象、骆驼，主演一部《人猿泰山》那样的电影；驾驶飞行器起飞降落；读完莎士比亚、柏拉图和亚里士多德的著作；谱一部乐曲；写一本书；游览全世界的每一个国家；结婚；参观全球的每一个博物馆。这个计划每一项都编了号，一共有127个目标。

这个人名叫约翰·戈达德，美国人，是位教授，也是英国皇家地理学会的会员和纽约探险家俱乐部的成员。截至2001年元月，他在经历了18次死里逃生和难以想象的艰难困苦后，已经实现了127个"人生梦想"中的108个。

我不知道他一生是不是活得很累，但我想如果是的话，那他也一定是累并快乐着，因为他的一生都是充满梦想的。

有的教师出现职业倦怠，原因之一就是缺少人生之梦。因为教师这一行业目前作为饭碗还是不错的，这些教师即使已经有了职业的倦怠感，但出于谋生的需要，他们仍然选择当教师。然而，这样的选择是可怕的。这些教师往往会缺乏幸福感，现实中的很多案例说明，教师职业倦怠的根本起点，不完全是待遇低下或是条件很差，更多的原因似乎是年复一年、日复一日不断地重复，重复工作，重复自己。一个教师，如果从来没有体验过教育的乐趣，如果从来没有体会到与学生交往的快乐，那么，哪怕月薪1万元，照样会倦怠。正如刘海燕教授所说："排除职业倦怠，是一个寻找精神家园的过程。"南京师范大学杨启亮教授说："教师的职业境界有四个层次，一是把教育看成是社会对教师角色的规范、要求；二是把教育看做出于职业责任的活动；三是把教育看做出于职业良心的活动；四是把教育活动当做幸福体验。"他认为，教师的最高境界是把教育当做幸福的活动，只有与人的内在情感体验相联系的活动才具有坚实的基础和永恒的活力。

（信息来源：吴增强、沈之菲主编《教师生涯中的心理成长》，上海科技教育出版社2008年版，第175～176页，题目为作者添加。）

第四节　教师心理健康的维护和增进

维护和增进教师的心理健康水平，必须从两方面着手，既要注重教师的自我保健，也要提供和改善教师的外部环境。

一、注重教师心理健康的自我保健

每位教师要提高心理健康水平，平时就应注重自我保健。

（一）塑造健康的体魄

身体健康和心理健康是相辅相成的。身体健康是心理健康的物质基础，教师要想心理健康，首先就要塑造健康的体魄。为此，教师除了注重均衡饮食，以保持各种营养素的正常供应外，还必须加强锻炼身体。适当地参加体育活动，能使人体内内啡呔的含量增加。内啡呔是一种天然的止痛物质，能使人产生欣快感。体育活动还可以消除压力反应中产生的荷尔蒙、葡萄糖等物质。因此，体育锻炼是促进教师健康和心理平衡的一种重要方法。另外,体育锻炼可以提高人体神经系统的功能,增强神经系统的兴奋性和灵活性,促使人的神经系统对外界刺激的反应迅速准确;体育锻炼活动又是一种精神娱乐,它可分散教师的注意力,使人从情感或身体的紧张中放松下来,消除烦恼和焦虑。因此,体育锻炼对教师心理健康的维护具有重要意义。

办公桌前的10分钟瑜伽术练习

①深呼吸,尽量彻底地把气呼出——清空你的肺。

②闭上眼睛,花两分钟的时间做深呼吸练习。放松你的身体,集中精力于你的呼吸。

③端坐在椅子上,脊柱挺直,将双足平放在地上,享受稳定的感觉。

④在吸气时,伸展你的双手,把它们放在你的面前,不要耸肩。真正感觉这次伸展。向一个方向旋转手腕,然后向回转,保持15秒钟。

⑤当你的伸展已经达到最大限度的时候,将双手手指相扣,手背向自己,尽力向上伸展。享受这种感觉,轻柔地释放,并打开双手和双臂。

⑤重复向上伸展,但这次轻柔地、以臀部为支点向左旋转躯干,保持臀部向前。呼气,重复以上动作,转向右边。重复这个动作3次。

⑥进行几次深呼吸作为结束。体验这次简短的瑜伽术练习所带来的积极益处和精力恢复。

⑦重返工作!

(信息来源:吴增强、沈之菲主编《教师生涯中的心理成长》,上海科技教育出版社2008年版,第128页,题目为作者添加。)

(二) 合理作息,科学用脑

人脑是心理的主要器官,心理是人脑的机能。大脑如果机能失调,就会对心理产生深刻而广泛的影响,心理健康也无法保证。因此,教师心理健康的自我维护,必须要注意科学用脑,注意用脑卫生。首先,要适度用脑,防止人脑过度疲劳。人在从事脑力劳动时,大脑皮层兴奋区域间代谢加速,脑血流量和用氧量都在增加,大脑皮层兴奋区域的代谢逐步提高。如果长时间处于这一状态,脑的血容量剧增,脑细胞负担过重,脑的用氧量也大大增加,这时大脑的工作效率下降,脑细胞和机能受到损害,从而导致头痛、头晕、健忘、失眠等神经症状。所以要学会适度用脑,合理安排生活和工作,有劳有逸,使大脑得到必要的休息。其次,要合理用脑。单调刻板的学习和工作方式,会使大脑很快由兴奋转入抑制,并产生厌烦、急躁的情绪。如果使学习和工作方式、内容进行转换交替,动静结合、难易结合、多少结合,这样可避免大脑过度疲劳。另外,要善于抓住大脑高效工作的最佳时间。每个人24小时内的工作能力曲线大体是一致的,一般在上午9~10时达到最高峰,晚上19时左右形成另一个高峰,其他时间内效率较低,尤以凌晨2~4时为最低。了解这一点,可有利于合理而科学地用脑,取得最佳的效果。当然,由于人的差异性很大,特别是每个教师的作息规律不同,可根据自己的特点来安排最佳工作时间。还有一点需提及的是,注意加强大脑的营养。合理的营养是大脑高效工作的必要条件,因此要注意饮食的质量、数量、种类及结构,以确保大脑活动有必要而合理的物质基础。

适合教师的休闲活动

1. 运动性休闲活动

教师在学校工作,学校所具备的设施,教师较能配合教学而就近使用,因此球类运动,如台球、网球、排球、羽毛球等皆为教师所喜爱。其他如慢跑、游泳、体操、武术、瑜伽、静坐等亦常为教师所从事。"水能载舟亦能覆舟",运动一旦超出自己体能的负荷,反而只有百害而无一利。因此,进行运动性休闲活动要衡量自己的体能,避免剧烈运动,练习时须循序渐进,并安排适当的休息,补充必要的营养,才能达到休闲与健身的目的。

2. 户外性休闲活动

这是最普遍的大众化休闲活动,利用假日全家扶老携幼外出寻幽访胜,参观名胜古迹,不仅怡情养性,亦能增进家人的亲密关系,享受天伦之乐。此外,旅游、爬山、赏鸟、钓鱼、露营、游览动物园等也是一般人最常过的休闲生活。

3. 艺文性休闲活动

此类休闲活动主要在于启发其他兴趣与潜能,培养欣赏能力,并借参与的机会,扩展各个不同领域的人际脉络。教师喜欢的活动项目有:演唱、演奏、歌剧、演讲、聊天、写作、品茗、棋艺、盆栽、阅读书报杂志、观赏电视电影、绘画、摄影、雕塑陶艺等。

4. 学习性休闲活动

工作之余的进修与益智性休闲活动结合,强调专业知识或各种生活技能的充实或习得,也是教师最经常的休闲方式,不但可增长见识、有助教学工作,亦可借此发展生涯的第二春。适合教师参与的活动有:钻研科学新知、电脑研习、机械电子产品的修护、金融经济信息的研读、教育与心理专业知识的探究、社会民俗采风等。

5. 服务性休闲活动

近年来,由于生活水平的提高,大家都更有余力来关心社会的事务,许多人利用休闲时间从事社会服务工作,通过精神或物质的助人历程,不但可以肯定自我的价值,满足自尊、自我实现的心理需求,亦可借由"助人为快乐之本"的真谛,提高自己的生活内涵与品质。教师如能积极参与社会服务工作,自愿担任义务工作,为需要协助的社会大众提供一己之力,不仅达到本身休闲的目的,同时也能发挥教育的专业知识,示范与带动一般民众参与社会服务工作。最常见的社会服务工作有:推展戒烟、反毒、环保、援救雏妓与妇女等活动,协助社会中的弱势团体解决生存的威胁与障碍,重新开发个人潜能,开创幸福美满的新生活。

(信息来源:王以仁、陈芳玲、林本乔著《教师心理卫生》,中国轻工业出版社1999年版,第355页。)

(三) 与他人建立良好的人际关系

建立良好的人际关系是一个人保持心理健康的重要条件。乐于合群、善于交往可以促进良好人际关系的建立。

教师是生活在各种社会关系网络中的社会成员,承担着多种社会角色。教师通过积极地与他人交往,在相互作用、相互影响的过程中,理解了人际关系的复杂性,通过这些生活的经历,教师能够从一个自我中心的人转变成为一个有能力对别人施加影响与进行调节的人。在人际交往的过程中,你表现了对别人的关注、爱、安慰、信任、鼓励、赞赏与批评,同时也得到了别人的关注、爱、安慰,从而使心理的健康发展获得了足够的营养。

在发展各种人际关系的过程中,教师的角色是多变的,需要不断转换。对此,教师要增强角色适应能力和角色转换能力,要善于调节心理状态,使自己与社会融为一体。教师应该培养对人的兴趣,主动找机会接近别人,乐于合群,要积极参加学校、教研室或学生班集体活动,与学生、同事、领导和家长友好交往,与亲朋好友和睦相处,建立和保持协调的人际关系。教师还要积极助人,与人合作,而不是消极等待别人来帮助你,求你合作。此外,还要多与别人交谈,适当地表达自己,交流思想与感情,不要自我封闭、压抑,要学会表达。人们也许会觉得自己不善于表达内心的焦虑、不安、烦恼、委屈、不满等等。其实,人们有时更不善于或更容易忽视自己对他人的好感、谢意的表达。这是应注意的。

我们可以经常与可靠、头脑清晰的朋友谈一谈,你会发现谈话可以帮助你舒缓情绪的束缚,并且把问题看得更清楚、更客观;你会发现你和别人其实有许多共同之处,并且你会修正自己的认识与观念,调整对事物的看法,学会接受你不能改变的事;你还会发现生活的境界拓宽了,精神的负担也没有原来那么重了。

和谐人际关系的十二条准则

1. 不讨厌那些曾经公开与你争论或批评你的人。

2. 不随便拒绝人,也不随便答应人。不许愿,不吊人家胃口,不在无谓的事情上炫耀自己的实力。

3. 绝对不安排别人去搜集同事、你的学生、领导在背后说了你什么。

4. 不急于表现自己,也不急于纠正别人。再听听,再看看,再思考思考。

5. 绝对不接受煽动,不接受挑拨。绝对不因 A 的煽动而与 B 为敌,也不因 B 的煽动而向着 A 冲去。

6. 对一个人或一件事感到意外时,先从好处想想,可能他做这件事是为了帮助你,至少在客观上对你无损,而千万不要立即以敌意设想别人。

7. 寻找结合点、契合点,而不是只盯着矛盾分歧。永远安然坦然,心平气和,视分歧为平常,视提意见的人为现实的诤友。

8. 绝对不在公开场合,尤其不能在自己的权利影响范围内,即利用自己的权利或者影响,召集一些人大谈别人说了你什么,那样做等于拆自己的台。

9. 不嘲笑人。人各有所长,也各有所短。在与人相处的过程中,切记不能随便拿别人的短处或缺陷开心,嘲笑别人。一个不尊重他人、随意伤害他人人格的人,实际上是对自己极大的不尊重。即使别人由于他自己的过失处在窘境当中,也要给别人面子,让他有台阶下,主动帮助他缓解尴尬的局面。

10. 不要分等级待人。对别人一视同仁,不卑不亢,不论对方地位高低、资历深浅、条件优劣,自己都要热情谦虚,既不巴结讨好,也不傲慢自居。

11. 不要了解自己不应该知道的事情。在交谈中,不可多嘴多舌,贸然打听别人的秘密或对方难以启齿的事情,使对方受窘。也忌有意无意揭穿他人的秘密。

12. 忌显示自己有恩于人。在交往中,不要多谈自己的好处,不要认为自己足够对得起人家,人家太对不起自己了,应该常提受人恩德的事,使自己心中也感到舒服。

(信息来源:李虹编著《教师工作压力管理》,中国轻工业出版社 2009 年版,第 205 页。)

(四) 善于调适自己的情绪

教师在工作和生活中难免会遇到不顺心的事情，因此教师必须学会调控自己的情绪。例如，及时告诫自己和提醒自己制怒，及时脱离现场，接受他人的劝解，换位思考，转移注意力，等等，这些都有利于遏制愤怒的情绪，避免过于冲动而酿造恶果。还有可运用一些方法来调适不良情绪，如否定、合理化、抵消、自嘲、隔离、宣泄、转移、补偿、认同、升华等，这些方法对某些方面情绪的调适具有很明显而直接的作用。当然，善于调整情绪，不仅只有自我调适，还包括寻求他人帮助来调适抚慰自己的不良情绪。教师由于自尊心强，比较爱面子，不太愿意向别人流露自己的喜怒哀乐，因此有些不良情绪长期郁闷在心，压抑累积，终而损害心理健康。所以，提倡教师在心情烦闷、不安、紧张和焦虑时，能找机会与领导、同事、朋友、同学、亲人甚至学生，还有心理咨询人员倾诉，以疏泄积郁的不良情绪，释放和缓解心理压力。这样不仅可以得到亲朋好友、领导、同事的支持和帮助，还可减少心理问题的发生，促进心理健康。

号哭族：用泪水解除焦虑

周末一个人呆在家里，拉上窗帘，放一张催人泪下的CD，找一本令人伤感的文艺作品，借着悲惨的故事情节号啕大哭。

最近，在北京的部分白领中，一个号称"周末号哭族"的群体正在兴起。"实在是工作压力太大了。"31岁的王菁面对记者说。她是一家大型公关公司的客户总监，每天要工作10小时以上，最要命的是，常常要同时应对客户、同事和领导几方面的压力。一件事情还没处理好，同事中又有临时"掉链子"的，作为项目负责人的王菁终于扛不住了。"那天我回到家，一个人喝了半瓶红酒，突然觉得非常的累，也非常委屈，就趴在枕头上大哭一场，嗓子都哭哑了，然后就睡着了，哭能让我心情变好。"

从这以后，王菁注意到，在一些会员制的俱乐部和网上论坛中，用大哭来发泄的白领还不止她一个人。这个族群被称为"周末号哭族"。他们平常一般通过短信、MSN、电子邮件等方式联系，主要是交流一下自己觉得感人的文艺作品，有的还会做出重点推荐，一般不会倾诉心情或者谈论自己的生活。

号哭族大部分是单身，自己独住，这样哭起来才会有自由。号啕大哭从某种程度上体现了现代人寻求内心宁静的单纯渴望，是为剑拔弩张、斤斤计较的生活寻找停歇喘息的机会。

> 号哭族最早是从日本兴起的。据日本"脑机能研究所"做过的一项研究表明,当眼泪流下来时,焦虑便得以解除。而故意忍住眼泪,则焦虑会变得更加深重。
>
> (信息来源:李虹编著《教师工作压力管理》,中国轻工业出版社2009年版,第116页。)

二、提供和改善教师心理健康的外部环境

教师本人注重维护和增进自己的心理健康是非常重要的,但作为全社会和学校也必须为教师提供良好的外部环境。

(一)不断改善社会环境

首先,国家和政府要进一步加大对教育的投入,提高教师的工资收入和福利待遇,改善教师的生活条件;同时,加强对教师的职前培养和在职培训,并促进教师对自我价值的认同,以进一步提高教师对自身的热情和自豪感。

其次,国家和政府要深化教育改革,减轻教师为片面追求升学率而做出的种种违背教育教学规律的行为。学校追求升学率,不仅给学生造成了巨大的心理压力,也给教师带来了严重的心理负担。另外,在分配制度、奖惩考评制度、人事制度等方面进行科学的改革,建立健全有效的竞争激励机制,使教师积极参与社会的改革,融入时代生活之中,从而轻松愉快地投入教育事业。

最后,积极开展教师心理健康教育,优化教师的心理素质。在教师的岗前培训和职后培训中,增设心理健康教育的内容,从而使教师树立心理健康的观念,并掌握维护心理健康的必要知识和技能。政府和教育行政部门要建立教师心理健康教育的组织机构,为教师提供必要的心理健康教育与服务。

(二)不断优化学校环境

良好的学校环境包括人文环境和自然环境。人文环境包括学校里的人际关系、领导方式、激励机制和目标任务等;自然环境包括教师的工作条件、学校设施和卫生绿化等。人文环境和自然环境都对教师心理健康有一定的影响,其中人文环境对教师心理健康的影响更大。因此,学校领导应加强校园人文环境的管理和建设。

首先,学校领导要端正领导作风,树立民主平等观念,实行以人为本的管理,多给教师自主性,多采取激励的措施,调动教师的积极性,真正关心教师的工作、学习和生活,为他们解决各种困难,满足其合理的要求。要尊重每个教师的人格和情感,创造条件和机会,使每个教师都有参与管理与决策的机会,获得发展与进步,杜绝管理的专横和独断,要以正直、善良、友好去感染每个教师,

避免因不良的管理方式伤害教师的身心健康。

其次,学校内部应建立健全有效的激励机制和竞争机制。对教师实行科学、规范、客观、准确的考核与评估,以调动教师的工作积极性,提高其工作效率,给教师提供各种体验成功的机会,以增进教师的心理健康。同时,学校也应建立合理适度的竞争机制,让教师通过竞争获得发展和提高。但在这一过程中,应让教师真正体会到竞争不仅仅是压力,也有乐趣,认识到竞争是公平的,机会也是均等的。

再次,学校领导应密切和改善干群关系,深入教师生活,平等与教师沟通,不断调整自己与教师在地位、兴趣爱好、生活习惯等方面的差异和距离,取得教师的心理认同。同时,学校领导还要创造条件,促进教师与教师之间、教师与学生之间的关系,及时处理和化解各种人际冲突与纠纷,使每个教师都拥有良好的人际关系环境,从而愉快地工作、生活和学习。

最后,学校应积极倡导和经常开展一些丰富多彩、形式多样的文体娱乐活动,丰富教师的业余生活,发展教师高雅情趣,从而缓解教师的心理压力。

附 录

几种常用的心理测量工具

小学生心理健康评定量表

【指导语】

一、这是一份有关小学生心理健康状况的评定量表。了解您的孩子或学生的心理健康状况，对于增进他们的心理素质，促进其全面发展是很重要的，因此，希望您能同我们密切合作，如实、认真地加以评定。

二、在您正式评定之前，请将答卷纸（家长用、班主任用两种）正文前有关儿童概况或学生概况的项目填好，注意不要遗漏。

三、请您仔细阅读量表中的每一道题目，然后根据您对孩子或学生的日常观察与了解的情况，在答卷纸的相应题号右面，按照"经常、偶尔、没有"三个等级打"√"。

例如，量表中第59题的题目内容是"咬指甲"，您的孩子或学生经常出现这种情况，那么就请您在答卷纸第59题右边"经常"一栏下面的空格里打"√"。以此类推。

四、量表的评定工作完成以后，请您在答卷纸右上角的相应栏目里填上评定日期和您的姓名。

1. 不能正确认识字母或拼读音节。
2. 不能正确辨认汉字。
3. 不懂得数的大小和序列关系。
4. 计算困难。
5. 绘画时定位不准，涂色不合规范。
6. 图画作品中有前后、左右位置颠倒的现象。
7. 一提学习即心烦意乱。
8. 课堂讨论或与家长谈论学习问题时不感兴趣。
9. 不能按时交作业或作业质量差。
10. 考试不及格。
11. 遇到一点小事也担忧。
12. 心神不定，坐立不安。
13. 食欲不振，心慌气促。

14. 头痛，失眠，汗多，尿频。
15. 害怕上学，多次逃避。
16. 不敢独自出家门。
17. 一人独处时恐慌害怕。
18. 无缘无故地闷闷不乐。
19. 精力下降，活动减少。
20. 受到重大刺激不激动、不流泪。
21. 心胸狭窄、猜疑。
22. 依赖他人。
23. 嫉妒他人。
24. 胆怯，害羞。
25. 自卑，自责。
26. 遇事犹豫不决。
27. 固执，任性。
28. 容易发火。
29. 孤僻，不合群。
30. 与人对立。
31. 交新朋友困难。
32. 在集体场合适应困难。
33. 自我中心，不遵守集体规则。
34. 不能融洽地与同学相处。
35. 与教师或家长发生冲突。
36. 被别人误解后耿耿于怀。
37. 不能和常人一样与异性交往。
38. 受到挫折后反应过分强烈或压抑。
39. 容易闯祸。
40. 面对新环境（迁居、转学等）适应困难。
41. 骂人。
42. 搞恶作剧。
43. 起哄，无理取闹。
44. 打架斗殴。
45. 故意破坏。
46. 考试作弊。
47. 说谎。

48. 偷窃。
49. 逃学。
50. 离家出走。
51. 习惯性眨眼。
52. 习惯性皱眉或皱额。
53. 习惯性努嘴或嗅鼻。
54. 习惯性点头或摇头。
55. 习惯性吞咽或打嗝。
56. 习惯性咳嗽。
57. 习惯性耸肩。
58. 吮吸手指，咀嚼衣服或其他物品。
59. 咬指甲。
60. 吸烟或饮酒。
61. 反复数课本或其他图书上人物的数目。
62. 反复检查作业是否做对了。
63. 睡觉前反复检查个人的衣服鞋袜是否放整齐了。
64. 一天洗手十几次，每次持续十几分钟。
65. 注意力不集中，做事有头无尾。
66. 上课时小动作多，干扰他人。
67. 不分场合，特别好动。
68. 做作业时边做边玩。
69. 好冲动，行动鲁莽。
70. 不知危险，好伤人或自伤。
71. 尿床。
72. 口吃。
73. 好沉默不语，甚至长时间一言不发。
74. 入睡困难。
75. 睡觉不安稳，好讲梦话。
76. 睡觉时好磨牙。
77. 睡觉中突然哭喊、惊叫。
78. 睡觉中突然起床活动，醒后对此无记忆。
79. 厌食、限食或拒食。
80. 身体无病却反复呕吐。

《小学生心理健康评定量表》答卷（家长用）：

儿童概况	姓名＿＿＿＿性别＿＿＿＿年龄＿＿＿＿兄弟姐妹几人＿＿＿＿ 排行第几＿＿＿＿习惯用手＿＿＿＿是否双胞胎＿＿＿＿ 出生时情况（在有关项目上打钩）：正常　早产　难产　有产伤

家长概况	父亲姓名＿＿＿＿父亲年龄＿＿＿父亲职业＿＿＿＿父亲文化程度＿＿＿ 母亲姓名＿＿＿＿母亲年龄＿＿＿母亲职业＿＿＿＿母亲文化程度＿＿＿ 母亲孕期情况（在有关项目上打钩）：身体健康　有病　营养欠佳　情绪不好 养育子女情况（在有关项目上打钩）：非常疼爱　温和　民主　父母一致 　　　　　　　　　　　　　　　　　支配　严厉　忽略　严重忽略

填表日期＿＿＿＿＿＿＿＿＿　　制表人＿＿＿＿＿＿＿＿＿

A			B			C			D			E			F			G			H		
经常	偶尔	没有	经常	偶尔	没有	经常	偶尔	没有	经常	偶尔	没有	经常	偶尔	没有	经常	偶尔	没有	经常	偶尔	没有	经常	偶尔	没有
1			11			21			31			41			51			61			71		
2			12			22			32			42			52			62			72		
3			13			23			33			43			53			63			73		
4			14			24			34			44			54			64			74		
5			15			25			35			45			55			65			75		
6			16			26			36			46			56			66			76		
7			17			27			37			47			57			67			77		
8			18			28			38			48			58			68			78		
9			19			29			39			49			59			69			79		
10			20			30			40			50			60			70			80		

中学生心理健康评定量表

【指导语】

下面是有关你近来心理状态的一些问题，请你仔细阅读每一道题目，根据自己的实际情况认真填写。每一道题目没有对错之分，请你尽快回答，不要在每道题上过多思索。你做完问卷之后，由你自己交给我们，我们为你绝对保密，不要有任何顾虑。每个题目后边都有五个等级供你选择，分别按照程度的高低表示。请在每个题目后的5个方格中选择一格，画一个"√"。

	从无	轻度	中度	偏重	严重
1. 我不喜欢参加学校的课外活动。	□	□	□	□	□
2. 我心情时好时坏。	□	□	□	□	□
3. 做作业必须反复检查。	□	□	□	□	□
4. 感到人们对我不友好，不喜欢我。	□	□	□	□	□
5. 我感到苦闷。	□	□	□	□	□
6. 我感到紧张或容易紧张。	□	□	□	□	□
7. 我学习劲头时高时低。	□	□	□	□	□
8. 我对现在的学校生活感到不适应。	□	□	□	□	□
9. 我看不惯现在的社会风气。	□	□	□	□	□
10. 为保证正确，做事必须做得很慢。	□	□	□	□	□
11. 我的想法总与别人不一样。	□	□	□	□	□
12. 总担心自己的衣服是否整齐。	□	□	□	□	□
13. 容易哭泣。	□	□	□	□	□
14. 我感到前途没有希望。	□	□	□	□	□
15. 我感到坐立不安，心神不定。	□	□	□	□	□
16. 经常责怪自己。	□	□	□	□	□
17. 当别人看着我或谈论我时，感到不自在。	□	□	□	□	□
18. 感到别人不理解我，不同情我。	□	□	□	□	□
19. 我常发脾气，想控制但控制不住。	□	□	□	□	□
20. 觉得别人想占我的便宜。	□	□	□	□	□
21. "大叫式"摔东西。	□	□	□	□	□
22. 总在想一些不必要的事情。	□	□	□	□	□
23. 必须反复洗手或反复数数。	□	□	□	□	□

	从无	轻度	中度	偏重	严重
24. 总感到有人在背后谈论我。	□	□	□	□	□
25. 时常与人争论、抬杠。	□	□	□	□	□
26. 我觉得大多数人都不可信任。	□	□	□	□	□
27. 我对做作业的热情忽高忽低。	□	□	□	□	□
28. 同学考试成绩比我高，我感到难过。	□	□	□	□	□
29. 我不适应老师的教学方法。	□	□	□	□	□
30. 老师对我不公平。	□	□	□	□	□
31. 我感到学习负担很重。	□	□	□	□	□
32. 我对同学忽冷忽热。	□	□	□	□	□
33. 上课时，总担心老师会提问自己。	□	□	□	□	□
34. 我无缘无故地突然感到害怕。	□	□	□	□	□
35. 我对老师时而亲近，时而疏远。	□	□	□	□	□
36. 一听说要考试，心里就感到紧张。	□	□	□	□	□
37. 别的同学穿戴比我好、有钱，我感到不舒服。	□	□	□	□	□
38. 我讨厌做作业。	□	□	□	□	□
39. 家里环境干扰我的学习。	□	□	□	□	□
40. 我讨厌上学。	□	□	□	□	□
41. 我不喜欢班里的风气。	□	□	□	□	□
42. 父母对我不公平。	□	□	□	□	□
43. 感到心里烦躁。	□	□	□	□	□
44. 我常常无精打采，提不起劲来。	□	□	□	□	□
45. 我感情容易受到别人的伤害。	□	□	□	□	□
46. 觉得心里不踏实。	□	□	□	□	□
47. 别人对我的表现评价不恰当。	□	□	□	□	□
48. 明知担心没有用，但总害怕考不好。	□	□	□	□	□
49. 总觉得别人在跟我作对。	□	□	□	□	□
50. 我容易激动和烦恼。	□	□	□	□	□
51. 同异性在一起时，感到害羞不自在。	□	□	□	□	□
52. 有想伤害他人或打人的冲动。	□	□	□	□	□
53. 我对父母时而亲热，时而冷淡。	□	□	□	□	□
54. 我对比我强的同学并不服气。	□	□	□	□	□

	从无	轻度	中度	偏重	严重
55. 我讨厌考试。	□	□	□	□	□
56. 心里总觉得有事。	□	□	□	□	□
57. 经常有自杀的念头。	□	□	□	□	□
58. 有想摔东西的冲动。	□	□	□	□	□
59. 要求别人十全十美。	□	□	□	□	□
60. 同学考试成绩比我高，但能力并不比我强。	□	□	□	□	□

【评分方法与结果解释】

《中学生心理健康评定量表》，每一项目都采用5级评分法，即"从无"为1分，"轻度"为2分，"中度"为3分，"偏重"为4分，"严重"为5分。每个因子的6项按此标准计分除以6，就是该因子的因子分。

2～2.99分，表示该因子存在轻度心理问题。

3～3.99分，表示该因子存在中等程度的心理症状。

4～4.99分，表示该因子存在较重的心理症状。

5分，表示该因子存在严重的心理症状。

如果某因子存在轻度问题，可以通过自我心理调节予以改善和消除。

如果某因子分超过3分，但不超过4分，也可以通过自我心理调适，逐步使症状减轻和消失。如果自我心理调适已经超过1个月尚没有缓解，最好找心理健康教育工作者咨询。

如果某因子分超过4分，可通过自我心理调适。1周后再用《中学生心理健康评定量表》测试一次，如果该因子分仍为4分以上，请找心理健康教育工作者咨询。

测试中学生心理健康状况，除用10个因子的分数进行判断外，还可用总均分进行总体评定。总均分的计算方法是把该量表60项各自的分数加在一起之和被60除，得出的分数便是受试者心理健康总均分。

使用总均分评定中学生心理健康状况：

2～2.99分，表示存在轻度的心理健康问题。

3～3.99分，表示存在中等程度的心理健康问题。

4～4.99分，表示存在较严重的心理健康问题。

5分，表示存在非常严重的心理健康问题。

（资料来源：姚本先、方双虎著《学校心理健康教育导论》，中国科学技术大学出版社2002年版，第436页。）

考试焦虑自我检查表

【指导语】

一、请仔细阅读每一道题，看看这种陈述是否反映出你在应试时的真实情况。如果该题目符合你的真实情况，或者你对该题目所陈述的问题表示赞同，那就请你在该题左边的横线上画"√"；如果不符合或不赞成，则不用做任何标志；如果觉得难以确认，则在该题目左边的横线上画"○"，因为它可能表明了某种潜在的问题。

二、当你答题的时候，不需花太多的时间反复思考，要尽可能按你看完题目后的第一印象来回答。

三、如果你真想了解你在考试情境下的思想、行为与感情，那就请你一定如实回答。

____1. 我希望不用参加考试便能取得成功。

____2. 在某一考试中取得的好分数，似乎不能增加我在其他考试中的自信心。

____3. 人们（家里人、朋友等）都期待我在考试中取得成功。

____4. 考试期间，有时我会产生许多对答题毫无帮助的莫名其妙的想法。

____5. 重大考试前后，我不想吃东西。

____6. 对喜欢向学生搞突然袭击考试的教师，我总感到害怕。

____7. 在我看来，考试过程似乎不应搞得太正规，因为那样容易使人紧张。

____8. 一般来说，考试成绩好的人将来必定会在社会上取得更好的地位。

____9. 重大考试之前或考试期间，我常常会想到其他人比自己强得多。

____10. 如果我考糟了，即使自己不会老是记挂着它，也会担心别人对自己的评价。

____11. 对考试结果的担忧，在考试前妨碍我准备，在考试中干扰我答题。

____12. 面临一场必须参加的重大考试，我会紧张得睡不好觉。

____13. 考试时，如果监考人来回走动注视着我，我便无法答卷。

____14. 如果考试被废除，我想我的功课实际上会学得更好。

____15. 当了解到考试结果的好坏将在一定程度上影响我的前途时，我会心烦意乱。

____16. 我知道，如果自己能集中精神，考试时我便能超过大多数人。

____17. 如果我考得不好，人们将对我的能力产生怀疑。

____18. 我似乎从来没有对应试进行过充分的准备。

____19. 考试前，我身体不能放松。

____20. 面对重大考试，我的大脑好像凝固了一样。

____21. 考场中的噪音（如日光灯的响声、送暖气或送冷气的声音、其他应试者发出的声音等等）使我烦恼。

____22. 考试前，我有一种空虚、不安的感觉。

____23. 考试使我对能否达到自己的目标产生了怀疑。

____24. 考试实际上并不能反映出一个人对知识掌握得究竟如何。

____25. 如果考试得了低分数，我不愿把自己的确切分数告诉任何人。

____26. 考试前，我常常感到还需要再充实一些知识。

____27. 重大考试之前，我的胃不舒服。

____28. 有时，在参加一次重要考试的时候，一想起某些消极的东西，我似乎都要垮了。

____29. 在即将得知考试结果前，我会感到十分焦虑或不安。

____30. 但愿我能找到一个不需要考试便能被录用的工作。

____31. 假如在这次考试中我考得不好，我想这意味着自己并不像原来所想象的那样聪明。

____32. 如果我的考试分数低，我的父亲和母亲将会感到非常失望。

____33. 对考试的焦虑简直使我不想认真准备了，这种想法又使我更加焦虑。

____34. 应试时我常常发现，自己的手指在哆嗦，或双腿在打战。

____35. 考试过后，我常常感到本来自己应考得更好些。

____36. 考试时，我情绪紧张，妨碍了注意力的集中。

____37. 在某些考试题上我费劲越多，脑子也就越乱。

____38. 如果我考糟了，且不说别人会对我有看法，就是我自己也会失去信心。

____39. 应试时，我身体某些部位的肌肉很紧张。

____40. 考试之前，我感到缺乏信心，精神紧张。

____41. 如果我的考试分数低，我的朋友们会对我感到失望。

____42. 在考前，我所存在的问题之一是不能确知自己是否做好了准备。

____43. 当我必须参加一次确实很重要的考试时，我常常感到全身恐慌。

____44. 我希望主考人能够察觉，参加考试的某些人比另一些人更为紧张，我还希望主考人在评价考试结果的时候，能对此加以考虑。

____45. 我宁愿写篇论文，也不愿参加考试。

____46. 公布我的考分之前，我很想知道别人考得怎样。

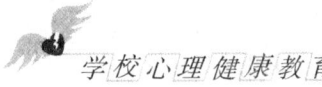

____47. 如果我得了低分数，我认识的某些人将会感到快活，这使我心烦意乱。

____48. 我想，如果我能单独进行考试，或者没有时限压力的话，那么，我的成绩便会好得多。

____49. 考试成绩直接关系到我的前途和命运。

____50. 考试期间，有时我非常紧张，以至于忘记了自己本来知道的东西。

【评分标准与结果解释】

《考试焦虑自我检查表》主要由两大部分内容组成，为了防止答题时产生心理走势，影响答题的可靠性，在编排题目序号时，将这些内容做了混合编排，下表对其内容归类与所属题目序号进行了说明。

考试焦虑自我检查表的内容归类与所属题目序号

类　别	测查内容	题目序号
考试焦虑的来源	1. 担心考糟了他人对自己的评价	3, 10, 17, 25, 32, 41, 46, 47
	2. 担心对个人的自我意象增加威胁	2, 9, 16, 24, 31, 38, 40
	3. 担心未来的前途	1, 8, 15, 23, 30, 49
	4. 担心对应试准备不足	6, 11, 18, 26, 33, 42
焦虑的表现	1. 身体反应	5, 12, 19, 27, 34, 39, 43
	2. 思维阻抑	4, 13, 20, 21, 28, 35, 36, 37, 48, 50
其他	一般性的考试焦虑	7, 14, 22, 29, 44, 45

该检查表的使用程序是：第一步，仔细阅读指导语，按照指导语的要求依次完成50个问题的回答；第二步，参照该表的内容归类与所属题目序号，看看在每类测查内容的规定题号内，自己有哪几道题打了"√"；第三步，针对自己打"√"的题目，结合其所属的类别作进一步的分析判断。例如，我对考试焦虑的第一种来源反应最强烈的方面是："我不想使我父母失望，他们望子成龙心切，我怕他们难过。"我对考试焦虑第二种来源反应最强烈的方面是："我期望在考试中得到最高分，我不能忍受在考试成绩上没有名列前茅。"……根据个人的实际情况依此类推，就能找出导致自己考试焦虑的主要原因，同时也就能抓住自己考试焦虑的主要表现，从而得出一个准确的诊断结果，为下一步的自我调节与矫治打下基础。一般来说，如果某个方面项目数有一半以上符合，即可认为存在相应方面的考试焦虑问题。

（资料来源：姚本先、方双虎著《学校心理健康教育导论》，中国科学技术大学出版社2002年版，第441页。）

气质类型测验量表

一、测验试题。

下面 60 道题可以帮助你大致确定自己的气质类型。在回答这些问题时，应实事求是，怎样想的、怎样做的就怎样填写。看清题目以后，你认为很符合自己情况的记 2 分；比较符合的记 1 分；介于符合与不符合之间的记 0 分；比较不符合的记 -1 分；完全不符合的记 -2 分。

1. 做事力求稳妥，不做无把握的事。
2. 遇到可气的事就怒不可遏，想把心里话全说出来才痛快。
3. 宁可一个人干事，不愿很多人在一起。
4. 到一个新环境很快就能适应。
5. 厌恶那些强烈的刺激，如尖叫、噪音、危险镜头等。
6. 和人争吵时，总是先发制人，喜欢挑衅。
7. 喜欢安静的环境。
8. 善于和人交往。
9. 羡慕那些善于克制自己感情的人。
10. 生活有规律，很少违反作息制度。
11. 在多数情况下情绪是乐观的。
12. 碰到陌生人觉得很拘束。
13. 遇到令人气愤的事，能很好地自我克制。
14. 做事总是有旺盛的精力。
15. 遇到问题常常举棋不定，优柔寡断。
16. 在人群中从不觉得过分拘束。
17. 情绪高昂时，觉得干什么都有趣；情绪低落时，又觉得干什么都没意思。
18. 当注意力集中于一事物时，别的事物就很难使我分心。
19. 理解问题总比别人快。
20. 碰到危险情景时，常有一种极度恐惧感。
21. 对学习、工作、事业怀有很高的热情。
22. 能够长时间做枯燥、单调的工作。
23. 符合兴趣的事情，干起来劲头十足，否则就不想干。
24. 一点小事就能引起情绪波动。
25. 讨厌做那种需要耐心、细致的工作。
26. 与人交往不卑不亢。

27. 喜欢参加剧烈的活动。
28. 爱看感情细腻、描写人物内心活动的文学作品。
29. 工作学习时间长了，常感到疲倦。
30. 不喜欢长时间谈论一个问题，愿意实际动手干。
31. 宁愿侃侃而谈，不愿窃窃私语。
32. 别人说我总是闷闷不乐。
33. 理解问题时常比别人慢些。
34. 疲倦时只要短暂的休息就能精神抖擞，重新投入工作。
35. 心里有事，宁愿自己想，不愿说出来。
36. 认准一个目标就希望尽快实现，不达目的，誓不罢休。
37. 同样和别人学习、工作一段时间后，常比别人更疲倦。
38. 做事有些莽撞，常常不考虑后果。
39. 别人讲授新知识、新技术时，总希望他讲慢些，多重复几遍。
40. 能够很快地忘记那些不愉快的事情。
41. 做作业或完成一件工作总比别人花的时间多。
42. 喜欢运动量大的剧烈活动，或参加各种文体活动。
43. 不能很快地把注意力从一件事转移到另一件事上去。
44. 接受一个任务后，就希望把它迅速解决。
45. 认为墨守成规比冒风险强些。
46. 能够同时注意几件事物。
47. 当我烦闷的时候，别人很难使我高兴起来。
48. 爱看情节起伏跌宕、激动人心的小说。
49. 对工作抱认真严谨、始终如一的态度。
50. 和周围人们的关系总是相处不好。
51. 喜欢复习学过的知识，重复做已经掌握的工作。
52. 希望做变化大、花样多的工作。
53. 小时候会背的诗歌，我似乎比别人记得清楚。
54. 别人说我"出语伤人"，可我并不觉得这样。
55. 在学习活动中，常因反应慢而落后。
56. 反应敏捷，头脑机智。
57. 喜欢有条理而不甚麻烦的工作。
58. 兴奋的事常常使我失眠。
59. 别人讲新概念，我常常听不懂，但是弄懂以后就很难忘记。
60. 假如工作枯燥无味，马上就会情绪低落。

二、确定气质类型的方法。

1. 将每题得分填入下表相应"得分"栏内。
2. 计算每种气质类型的总的分数。
3. 气质类型的确定：如果某类气质得分明显高出其他三种，均高出4分以上，则可定为该类气质。此外，如果该类气质得分超过20分，则为典型；如果该类得分在10～20分，则为一般型。

如果两种气质类型得分接近，其差异低于3分，而且又明显高于其他两种，高出4分以上，则可定为两种气质的混合型。

如果三种气质得分均高于第四种，而且接近，则为三种气质的混合型。

胆汁质	题号	2	6	9	14	17	21	27	31	36	38	42	48	50	54	58	总分
	得分																
多血质	题号	4	8	11	16	19	23	25	29	34	40	44	46	52	56	60	总分
	得分																
黏液质	题号	1	7	10	13	18	22	26	30	33	39	43	45	49	55	57	总分
	得分																
抑郁质	题号	3	5	12	15	20	24	28	32	35	37	41	47	51	53	59	总分
	得分																

三、有关说明。

气质是心理活动的动态特征。与日常生活中所说的"脾气"、"秉性"相近。气质是人格特征的自然风貌，它的成因主要与大脑的神经活动类型及后天习惯有关。气质类型本身在社会价值评价方面无好坏优劣之分。可以说，每一种气质类型中都有积极或消极的成分，在人格的自我完善过程中，应扬长避短。气质不能决定人的思想道德素养和活动成就的高低。各种气质类型的人都可以对社会作出有价值的贡献，当然其消极成分也能对人的行为产生负面影响。

在人群中，典型的气质类型者较少，更多的人是综合型。多血质和胆汁质气质类型的人易形成外向性格；黏液质和抑郁质气质类型的人一般较文静和内向。

（资料来源：汪元宏、吴贵春、陈传万著《大学生心理健康教育》，合肥工业大学出版社2006年版，第253页。）

临床症状自评量表（SCL－90）

以下列出了有些人可能会有的问题，请仔细阅读每一条，然后根据最近一星期来自己的实际感觉，选择最符合你的一种情况，填在测验答卷中相应题号的评分栏中，其中"没有"记1分，"较轻"记2分，"中等"记3分，"较重"记4分，"严重"记5分。

1. 头痛。
2. 神经过敏，心中不踏实。
3. 头脑中有不必要的想法或字句盘旋。
4. 头痛或昏倒。
5. 对异性的兴趣减退。
6. 对旁人求全责备。
7. 感到别人能控制你的思想。
8. 责怪别人制造麻烦。
9. 忘记性大。
10. 担心自己的衣饰整齐及仪态的端正。
11. 容易烦恼和激动。
12. 胸痛。
13. 害怕空旷的场所或街道。
14. 感到自己的精力下降，活动减慢。
15. 想结束自己的生命。
16. 听到旁人听不到的声音。
17. 发抖。
18. 感到大多数人都不可信任。
19. 胃口不好。
20. 容易哭泣。
21. 同异性相处时感到害羞不自在。
22. 感到受骗、中了圈套或有人想抓住你。
23. 无缘无故地突然感到害怕。
24. 自己不能控制地大发脾气。
25. 怕单独出门。
26. 经常责怪自己。
27. 腰痛。

28. 感到难以完成任务。
29. 感到孤独。
30. 感到苦闷。
31. 过分担忧。
32. 对事物不感兴趣。
33. 感到害怕。
34. 你的感情容易受到伤害。
35. 旁人能知道你的私下想法。
36. 感到别人不理你，不同情你。
37. 感到人们对你不友好，不喜欢你。
38. 做事必须做得很慢以保证做得正确。
39. 心跳得很厉害。
40. 恶心或胃部不舒服。
41. 感到比不上他人。
42. 肌肉酸痛。
43. 感到有人在监视你、谈论你。
44. 难以入睡。
45. 做事必须反复检查。
46. 难以做出决定。
47. 怕乘电车、公共汽车、地铁或火车。
48. 呼吸有困难。
49. 一阵阵发冷或发热。
50. 因为感到害怕而避开某些东西、场合或活动。
51. 脑子变空了。
52. 身体发麻或刺痛。
53. 喉咙有梗塞感。
54. 感到前途没有希望。
55. 不能集中注意力。
56. 感到身体某一部分软弱无力。
57. 感到紧张或容易紧张。
58. 感到手或脚发重。
59. 想到死亡的事。
60. 吃得太多。
61. 当别人看着你或谈论你时就感到不自在。

62. 有一些不属于你自己的想法。
63. 有想打人或伤害他人的冲动。
64. 醒得太早。
65. 必须反复洗手、点数目或触摸某些东西。
66. 睡得不稳不深。
67. 有想摔坏或破坏东西的冲动。
68. 有一些别人没有的想法或念头。
69. 感到对别人神经过敏。
70. 在商店或电影院等人多地方感到不自在。
71. 感到任何事情都很困难。
72. 一阵阵恐惧和惊恐。
73. 感到在公共场合吃东西很不舒服。
74. 经常与人争论。
75. 单独一人时神经很紧张。
76. 感觉别人对你的成绩没有做出恰当的评价。
77. 即使和别人在一起也感到孤单。
78. 感到坐立不安、心神不定。
79. 感到自己没有什么价值。
80. 感到熟悉的东西变成陌生或不像是真的了。
81. 大叫或摔东西。
82. 害怕会在公共场合昏倒。
83. 感到别人想占你的便宜。
84. 为一些有关"性"的想法而很苦恼。
85. 你认为应该因为自己的过错而受到惩罚。
86. 感到要赶快把事情做完。
87. 感到自己的身体有严重问题。
88. 从未感到和其他人很亲近。
89. 感到自己有罪。
90. 感到自己的脑子有毛病。

附录　几种常用的心理测量工具

SCL-90 问卷答案

F1		F2		F3		F4		F5		F6	
项目	评分	项目	评分	项目	评分	项目	评分	项目	评分	项目	评分
1		3		6		5		2		11	
4		9		21		14		17		24	
12		10		34		15		23		63	
27		28		36		20		33		67	
40		38		37		22		39		74	
42		45		41		26		57		81	
48		46		61		29		72		合计	
49		51		69		30		78			
52		55		73		31		80			
53		65		合计		32		合计			
56		合计				54					
58						71					
合计						79					
						合计					

F7		F8		F9		F10		结果处理		
项目	评分	项目	评分	项目	评分	项目	评分	因素项	粗分/项目数	T分
13		8		7		19		F1	/12	
25		18		16		44		F2	/10	
47		43		35		59		F3	/9	
50		68		62		60		F4	/13	
70		76		77		64		F5	/10	
75		83		84		66		F6	/6	
82		合计		85		89		F7	/7	
合计				87		合计		F8	/6	
				88		89		F9	/10	
				90				F10	/7	
				合计						

本量表用以评定心理卫生状况。其中，测验答卷中的 F1、F2……F10 分别代表各因子，即 F1（躯体化）、F2（强迫症状）、F3（人际关系）、F4（抑郁）、F5（焦虑）、F6（敌对）、F7（恐怖）、F8（偏执）、F9（精神病性）、F10（附加因子）。T 分为因子分，为各因子的合计分除以该因子的项目数所得。分析时主要看各因子 T 分。比较简便、粗糙的判别方法是：当 T＞3 时，便认为被试的该因子症状已达中等以上严重程度。

SCL-90　国内正常成人的测验常模

项　目	$\bar{X}+SD$	项　目	$\bar{X}+SD$
躯体化	1.37＋0.48	敌　对	1.46＋0.55
强迫症状	1.62＋0.58	恐　怖	1.23＋0.41
人际关系	1.65＋0.61	偏　执	1.43＋0.57
抑　郁	1.50＋0.59	精神病性	1.29＋0.42
焦　虑	1.39＋0.43	阳性项目数（附加因子）	24.92±18.41

（资料来源：汪元宏、吴贵春、陈传万著《大学生心理健康教育》，合肥工业大学出版社2006年版，第262页。）

附录　几种常用的心理测量工具

情商自我评定量表

完整的情商包括自我意识、情绪调节、自我激励、冲动控制和人际技巧五大方面。以下小小的趣味自我测试供有兴趣的读者试一试。

1. 你经常想知道别人是怎样看待或评价自己的。　　　　a. 是　b. 否
2. 当工作进展不顺利时，你认为这预示着结局可能不妙。　a. 否　b. 是
3. 在你最好的朋友和你说话前，你就能先看出他（她）的情绪状况。

　　　　　　　　　　　　　　　　　　　　　　　　　　　a. 是　b. 否
4. 常常为一些忧心事夜不能眠。　　　　　　　　　　　　a. 否　b. 是
5. 你常会受浪漫爱情片或伤感片感染。　　　　　　　　　a. 否　b. 是
6. 如果人际关系不妙，你觉得首先应当检讨并改变自己的看法或做法。

　　　　　　　　　　　　　　　　　　　　　　　　　　　a. 否　b. 是
7. 如果你忘了恋人或爱人的生日，更可能是因为自己太忙，而不是不善于记别人的生日。　　　　　　　　　　　　　　　　a. 是　b. 否
8. 当你与自己的恋人或爱人争吵后，你能在他人面前掩饰住自己的沮丧。

　　　　　　　　　　　　　　　　　　　　　　　　　　　a. 否　b. 是
9. 你对自己几乎能使每个与自己打交道的人高兴而自豪。　a. 是　b. 否
10. 你厌烦讨价还价，尽管讨价还价能使你少花一百来块钱。a. 否　b. 是
11. 你十分相信直率说话能使一切事情变得容易解决。　　　a. 否　b. 是
12. 在讨论中，尽管知道自己是正确的，但你也会转换，不愿与对方争论。

　　　　　　　　　　　　　　　　　　　　　　　　　　　a. 否　b. 是
13. 在工作中做出一个决策，你会不时反省一下，看看它是否正确。

　　　　　　　　　　　　　　　　　　　　　　　　　　　a. 否　b. 是
14. 你不会担心环境的改变，因为你对自己的适应能力有信心。

　　　　　　　　　　　　　　　　　　　　　　　　　　　a. 是　b. 否
15. 如果有群体性的休闲娱乐活动，你往往能提出有趣的建议。

　　　　　　　　　　　　　　　　　　　　　　　　　　　a. 是　b. 否
16. 若你有一根魔棒，你将用它改变自己的外貌和个性。　　a. 否　b. 是
17. 不管你工作多努力，你的上司似乎总在催促着你。　　　a. 否　b. 是
18. 你觉得恋人或爱人的厚望会对你构成不小的压力。　　　a. 否　b. 是
19. 你认为小小一点压力是不会伤害任何人的。　　　　　　a. 否　b. 是
20. 你会把个人隐私告诉你最好的朋友。　　　　　　　　　a. 是　b. 否

21. 你会对你的合作者发火，如果他（她）总唠唠叨叨对你不放心。

a. 否　b. 是

22. 你的锻炼没有收效，是因为方法不对，而不是锻炼本身无益。

a. 是　b. 否

23. 你打牌输了，是因为牌不好，而不是打牌太难。　　　a. 是　b. 否

24. 如果你的朋友说了伤你感情的话，你会认为他（她）是个以自己为中心、言行不考虑别人的人。　　　　　　　　　　　　a. 否　b. 是

25. 如果失败，往往是因为你本不想做，而不是你无能。　a. 是　b. 否

评分方法：选 a 得 1 分，b 得 0 分，计算累积总分。

结果分析：

得 20~25 分：你对自己的才能极有信心。你不会轻易被情绪击倒，而且十分善于控制自己的情感。一般情况下，你能与他人融洽相处，并显得出类拔萃。但如果过于自信，因感觉过好令人生厌，或者忽视艰苦努力，则仍可能会成为一个失败者。

得 9~19 分：你能意识到自己与他人的情感，但有时仍显得不够关注。你对自己不断提出要求和目标，如果你能更好地分析与理解自己与别人的情感和需求，并能不怕挫折、汲取教训、扬长避短，你会显现出自己的优势的。

得 0~8 分：你太注重自己而漠视他人了。粗鲁的行为方式也许能帮你一时，但很快你就会发现这样会失大于得。你要学会尊重别人的意见和需求，学会在不损害别人利益的同时得到自己想要的东西。如果得了低分，你不要太沮丧。关注一下自己的情商，亡羊补牢，为时未晚。

本结果解释仅供参考。

（资料来源：吴建玲主编《大学生心理健康与心理素质训练》，华南理工大学出版社 2007 年版，第 112 页。）

参 考 文 献

1. 胡永萍. 教育心理学. 北京：中国商业出版社, 2003.

2. 岳晓东, 祝新华. 中小学心理辅导实用理论与技巧. 北京：北京师范大学出版社, 2001.

3. 樊富珉. 团体咨询的理论与实践. 北京：清华大学出版社, 1996.

4. 贾晓波, 陈世平. 学校心理辅导实用教程. 天津：天津教育出版社, 2002.

5. 姚本先, 方双虎. 学校心理健康教育导论. 合肥：中国科学技术大学出版社, 2002.

6. Medway, F J. School Psychology：A Social Health Perspective. Lawrence Erlbaum Associates, Publishers, 1992.

7. Stadler, H. Preface to the Special Issue. Journal of Counseling and Development, 1996.

8. Smyer, I & Michael, A. Mental Health and Aging：Programs and Evaluations. Beverly Hills, California：Sage Publishing, 1983.

9. Johnny Matson. etc. Handbook of Treatment Approaches in Childhood Psychopathology. New York：Plenum Press, 1986.

10. Kutash, Wolf. The Group Psychotherapists Handbook：Contemporary Theory and Technique. Columbia University Press, 1990.

11. Lambert, N M. Historical Perspective on School Psychology as A Scientist Practitioner Specialization in School Psychology, 1993.

12. Fagan, T K & Wise, P S School Psychology：Past, Present and Future. Longman Publishing Group, 1994.

13. 广东省中小学教师继续教育中心组. 中学生心理健康与心理咨询. 广州：广东高等教育出版社, 2000.

14. 人民教育出版社政治室. 小学心理健康教育. 北京：人民教育出版社, 1999.

15. 李丹. 学校心理卫生学. 南宁：广西教育出版社, 2001.

16. 郑日昌, 陈永胜. 学校心理咨询. 北京：人民教育出版社, 2000.

17. 高明书. 教师心理学. 北京：人民教育出版社, 1999.

18. 岳晓东，祝新华．中小学心理辅导实用理论与技巧．北京：北京师范大学出版社，2001．

19. 刘勇．团体心理辅导与训练．广州：中山大学出版社，2007．

20. 刘晓明，张明．中小学心理健康教育．沈阳：东北师范大学出版社，2004．

21. 吴建玲．大学生心理健康与心理素质训练．广州：华南理工大学出版社，2007．

22. 汪元宏，吴贵春，陈传万．大学生心理健康教育．合肥：合肥工业大学出版社，2006．

23. 边玉芳．心理健康教师用书．上海：华东师范大学出版社，2007．

24. 方方．教师心理健康研究．北京：人民教育出版社，2003．

25. 黄希庭．健康心理学．上海：华东师范大学出版社，2003．

26. 李百珍．青少年心理健康教育与心理咨询．北京：科学普及出版社，2003．

27. 赵碧野．教师心理调适．杭州：杭州出版社，2003．

28. 王登峰，崔红．心理卫生学（全国高校大学生心理健康教育教师用书）．北京：高等教育出版社，2003．

29. 樊富珉，王建中．当代大学生心理健康教程．武汉：武汉大学出版社，2006．

30. 白羽．改变心力——团体心理训练与潜能激发．杭州：浙江文艺出版社，2006．

31. 中共中央国务院关于深化教育改革全面推进素质教育的决定．人民教育，1999－06－13．

32. 王连生．教育辅导原理与技术．台北：五南图书出版公司，1994．

33. 刘勇．教师团体心理辅导．北京：科学出版社，2007．

34. 杨敏毅，鞠瑞利．学校团体心理游戏与案例．上海：上海科技普及出版社，2006．

35. 万翼，郭斯萍．小学生心理健康教育．南昌：江西高校出版社，2007．

36. 教育部人事司，教育部考试中心．教育心理学考试大纲．北京：北京师范大学出版社，2002．

37. 吴增强，沈之菲．教师生涯中的心理成长．上海：上海科技教育出版社，2008．

38. 王以仁，陈芳玲，林本乔．教师心理卫生．北京：中国轻工业出版社，1999．

39. 李虹. 教师工作压力管理. 北京：中国轻工业出版社，2009.
40. 马建青. 辅导人生——心理咨询学. 济南：山东教育出版社，1996.
41. 朱敬先. 健康心理学. 台北：五南图书出版公司，1992.
42. 张春兴. 现代心理学. 台北：东华书局，1991.
43. 冯江平. 儿童心理问题咨询与矫治. 杭州：浙江教育出版社，2000.
44. 潘叔. 教育心理学. 北京：人民教育出版社，1991.
45. 皮连生. 教育心理学. 上海：上海出版社，2005.